A mulher calada

A mulher calada

Janet Malcolm

Sylvia Plath, Ted Hughes
e os limites da biografia

TRADUÇÃO
Sergio Flaksman

POSFÁCIO DA AUTORA

JORNALISMO LITERÁRIO
COMPANHIA DE BOLSO

Copyright © 1994 by Janet Malcolm
Proibida a venda em Portugal.

Grafia atualizada segundo o Acordo Ortográfico da Língua Portuguesa de 1990, que entrou em vigor no Brasil em 2009.

TÍTULO ORIGINAL
The silent woman

CAPA E PROJETO GRÁFICO
Flávia Castanheira

FOTO DE CAPA
Sylvia Plath © Bettmann/CORBIS/Corbis (DC)/LatinStock

PREPARAÇÃO
Cecília Ramos

REVISÃO
Juliane Kaori
Larissa Lino Barbosa

ATUALIZAÇÃO ORTOGRÁFICA
Verba Editorial

Dados Internacionais de Catalogação na Publicação (CIP)
(Câmara Brasileira do Livro, SP, Brasil)

Malcolm, Janet
  A mulher calada : Sylvia Plath, Ted Hughes e os limites da biografia / Janet Malcolm ; tradução Sergio Flaksman. — 1ª ed. — São Paulo : Companhia das Letras, 2012.

  Título original: The silent woman : Sylvia Plath & Ted Hughes
  ISBN 978-85-359-2081-9

  1. Biografia como forma literária 2. Canon (Literatura) 3. Hughes, Ted, 1930-1998 4. Hughes, Ted, 1930-1998 — Casamento 5. Executores e administradores — Grã-Bretanha 6. Plath, Sylvia, 1932-1963 7. Plath, Sylvia, 1932-1963 — Casamento 8. Poetas norte-americanos — Biografia — História e crítica 9. Poetas norte-americanos — Século 20 — Biografia I. Título.

12-02465   CDD-811.54092

Índice para catálogo sistemático:
1. Poetas norte-americanos : Biografia 811.54092

2012

Todos os direitos desta edição reservados à
EDITORA SCHWARCZ S.A.
Rua Bandeira Paulista, 702, cj. 32
04532-002 — São Paulo — SP
Telefone: (11) 3707-3500
Fax: (11) 3707-3501
www.companhiadasletras.com.br
www.blogdacompanhia.com.br

A Gardner

Tanto o relator quanto aqueles de quem se relata algo precisam saber que detêm as próprias vidas nas mãos. Há segredos vetados à privacidade e ao silêncio; que sejam cultivados pela criatura acossada com pelo menos metade da insistência com que o investigador cultiva seu amor pela caça — ou podemos chamá-la senso histórico. Foram excessivamente abandonados ao homem natural e instintivo; mas serão duas vezes mais eficazes depois que começarmos a reconhecer que podem ser incluídos entre os triunfos da civilização. Então, finalmente, o jogo será justo e equilibrado e as duas forças estarão equiparadas; será um cabo de guerra e a tração mais forte proporcionará sem dúvida o resultado mais feliz. Nesse momento as artimanhas do investigador, espicaçadas pela resistência, excederão em sutileza e ferocidade tudo o que hoje imaginamos, e a vítima pálida e advertida, tendo apagado todos os rastros, queimado todos os papéis e deixado todas as cartas sem resposta, haverá de resistir sem nenhuma contrainvestida, do alto da torre da arte, granito invulnerável, ao cerco de todos os anos.

Henry James, "George Sand" (1897)

Liz Taylor roubou Eddie Fischer de Debbie Reynolds, que parece um querubim de rosto redondo, ultrajada, com rolinhos nos cabelos, um roupão caseiro — e Mike Todd mal esfriou. Como é estranho esses fatos nos afetarem tanto. Por quê? Analogias?

Sylvia Plath, *Diários*, 2 de setembro de 1958

Primeira parte

1.

Ted Hughes escreveu duas versões de seu prefácio para *Os diários de Sylvia Plath*, uma seleção de entradas de diário cobrindo o período de 1950 a 1962. A primeira versão (que aparece no livro, publicado em 1982) é um breve ensaio lírico construído a partir de um tema blakeano único — o tema de uma "identidade verdadeira" que finalmente emergiu dentre as "falsas identidades" conflitantes de Sylvia Plath e alcançou uma expressão triunfal nos poemas de *Ariel*, que foram escritos no último semestre de sua vida e são toda a razão de sua reputação poética. Para Hughes, seus outros escritos — os contos que ela se obstinava em produzir e submeter, quase sempre em vão, a revistas de grande circulação; o romance *The bell jar* [A redoma de vidro]; suas cartas; seus poemas de aprendizado, publicados em sua primeira coletânea, *The colossus* — "eram como impurezas descartadas ao longo dos vários estágios da transformação interna, o refugo de seu trabalho interior". E escreve sobre um notável momento prefigurativo:

> Embora eu tenha passado todos os dias a seu lado por seis anos e raramente tenha ficado longe dela por mais de duas ou três horas de cada vez, nunca a vi mostrar sua verdadeira identidade a ninguém — exceto, talvez, em seus últimos três meses de vida.
>
> Sua verdadeira identidade se revelara de relance em sua produção literária três anos antes, e quando a reconheci — a identidade, afinal, com que eu me casara, que tinha sempre a meu lado e conhecia tão bem —, naquele breve instante, em três versos declamados enquanto ela transpunha uma porta, percebi o começo de alguma coisa que eu sempre soubera que um dia haveria de acontecer: que sua verdadeira identidade, a verdadeira poetisa, agora passaria a falar com sua própria voz, des-

cartando todas as identidades secundárias e artificiais que até aquele momento monopolizavam suas palavras. Era como uma pessoa muda que aprendesse a falar de uma hora para outra.

E Hughes continua: "Quando a verdadeira identidade encontra a linguagem e consegue falar, é com certeza um acontecimento eletrizante". No entanto, como os poemas de *Ariel* pouco revelam sobre as "circunstâncias incidentais ou o crucial drama interior" que os produziram, ele faz uma pausa e reflete que "talvez seja justamente essa escassez de detalhes circunstanciais o que despertou as fantasias mais loucas projetadas por outras pessoas na figura de Sylvia Plath". A seu ver, a publicação dos diários da poetisa talvez possa vir a sepultar algumas dessas fantasias, mas não chega a se estender sobre o modo como isso se dará; limita-se a assinalar que os diários registram "a luta diária" da poetisa "com suas identidades em conflito", e devem ser excluídos da caracterização de "refugo" que ele dá à totalidade de seus escritos em prosa. Hughes encerra seu ensaio de três páginas com uma revelação tão inesperada e brusca que o leitor não atina de imediato com sua importância:

> Os diários foram escritos numa série variada de cadernos e em pilhas de folhas soltas. Esta seleção contém talvez um terço do volume total, que hoje se encontra na Biblioteca Neilson, no Smith College. Dois outros cadernos sobreviveram por algum tempo, livros-razão encadernados em couro marrom como o volume de 57 a 59, e cobrem o período que vai de fins de 59 até três dias antes de sua morte. O último deles continha entradas escritas ao longo de vários meses e eu o destruí porque não queria que os filhos dela fossem obrigados a lê-lo (naquele momento, eu considerava o esquecimento parte essencial da sobrevivência). O outro desapareceu.

A segunda versão do prefácio, publicada em *Grand Street* em 1982 e, três anos mais tarde, numa antologia de textos sobre Sylvia Plath editada por Paul Alexander e intitulada *Ariel ascending*, é bem mais longa, densa e complexa; não possui a linearidade elegante da primeira versão. É como se Hughes tivesse examinado a primeira versão e decidido descartá-la como um dos começos em falso, excessivamente simples ou bonitos, que todo escritor acaba produzindo como parte necessária do processo de descobrimento do que quer dizer. (E que pode até ser chamado de purgação das impurezas.) Em seu segundo prefácio, Hughes apresenta logo no início sua revelação sobre os diários perdidos:

> Os diários de Sylvia Plath formam um conjunto de cadernos e muitas folhas soltas e a seleção aqui publicada inclui cerca de um terço do volume total. Dois outros cadernos sobreviveram por algum tempo depois de sua morte. Continuavam do ponto onde o registro existente se interrompe, em fins de 1959, e cobriam os três últimos anos de sua vida. O segundo desses cadernos seu marido destruiu, pois não queria que os filhos dela fossem obrigados a lê-lo (naquele momento, considerava que o esquecimento era parte essencial da sobrevivência). O anterior desapareceu em data mais recente (e, presumivelmente, ainda pode ser encontrado).

Podemos notar que Hughes fez duas alterações. Na primeira delas, revela a esperança de que o diário "desaparecido" possa finalmente reaparecer (suscitando a especulação de que, na verdade, o diário esteja, e sempre tenha estado, em suas mãos). Por força da outra mudança, muito mais crucial, ele próprio desaparece: "eu destruí" dá lugar a "seu marido destruiu". Hughes não tem mais como sustentar a ficção — em que se apoia todo texto autobiográfico — de que a pessoa que escreve e a pessoa sobre quem escreve formam uma entidade única e indissolúvel. Em seu segundo prefácio, ele precisa explicitar sua consciência da dissociação entre a identidade que observa e a que é observada: a identidade observada ("seu marido") representa os interesses dos filhos, que precisam ser poupados de informações destrutivas, enquanto a identidade do observador — que ele chama "nós", como em "[Nós] não podemos deixar de perguntar-nos se os escritos dos últimos três anos não seriam a parte mais importante" — representa os interesses do leitor, desejoso de compreender a relação entre os poemas de *Ariel* e a vida de sua autora. É evidente que a publicação dos diários de Sylvia Plath só ocorreu a fim de elucidar essa relação. Mas o ato destruidor de "seu marido" reduziu o empreendimento a uma espécie de caricatura, pois justamente os diários capazes de lançar alguma luz sobre os poemas de *Ariel* — os diários escritos na época em que os poemas eram compostos — foram destruídos e se perderam. É esse o enigma que Hughes precisa solucionar em seu segundo prefácio e é por isso que, com uma honestidade irremediável (que o leitor pouco indulgente poderia tomar por evasão), ele se divide — e pode-se até dizer que se perde — nas duas identidades, nenhuma delas "verdadeira" ou "falsa", que alegorizam a impossibilidade de sua condição simultânea de editor e destruidor.

Em seu segundo prefácio, Hughes executa manobras dignas de Houdini para escapar do baú em que se enfiou antes de ser atirado nas águas de um rio. À medida que fala do processo misterioso, urgente e hermeticamente selado de renascimento psicológico que tem lugar na psique de Sylvia Plath, do qual resultaram os poemas de *Ariel* e cuja chave são os diários sobreviventes, os papéis conflitantes de marido destruidor e editor impaciente vão perdendo mansamente seus contornos. As designações dissonantes — "seu marido" e "nós" — são ouvidas com frequência cada vez menor, enquanto uma figura nova, uma serena inteligência crítica, surge no ensaio e se encarrega de conduzi-lo com mão firme a seu destino, capturando nossa atenção com a narrativa fascinante e cheia de *suspense* sobre a erupção poética de Sylvia Plath. Ao final do texto, a questão dos diários perdidos reduz-se a um simples ponto no horizonte longínquo. E Hughes consegue desviar-nos dessa questão porque é ele mesmo quem nos leva a ela. Quando situa sua confissão no final da primeira versão, é como se bruscamente fizesse rolar uma pedra intransponível, barrando o caminho do leitor. Quando começa a segunda versão com a pedra já no lugar, consegue propor modos de contorná-la: precisamos reconhecer a existência da dificuldade, resistir à tentação de minimizá-la, caminhar de lado.

A vida, como sabemos todos, nem sempre nos dá — ao contrário da arte — uma segunda (ou terceira, ou trigésima) oportunidade de lidar com um problema, mas a história de Ted Hughes parece especialmente desprovida daqueles momentos de trégua em que cada um de nós tem a oportunidade de desfazer ou refazer seus atos e assim sentir que a vida não é uma tragédia completa. Qualquer coisa que pudesse ter desfeito ou refeito em sua relação com Sylvia Plath, a ocasião lhe foi negada no momento em que ela decidiu suicidar-se, em fevereiro de 1963, enfiando a cabeça num forno a gás enquanto os dois filhos pequenos dormiam num quarto ao lado, que ela selara para evitar as emanações do gás e onde deixara canecas de leite e um prato com fatias de pão para que encontrassem ao despertar. Sylvia Plath e Ted Hughes não viviam mais juntos quando ela morreu. Haviam sido casados por seis anos — ela estava com trinta e ele com 32 quando ela morreu — e no outono anterior separaram-se com grande turbulência. Existia outra mulher. É uma situação vivida por muitos jovens casais — talvez a maioria —, mas que quase nunca dura muito: ou o casal se reconcilia ou então se dissolve de uma vez. A vida continua. A dor, a amargura e o horror estimulante do ciúme sexual e da culpa sexual acabam por se atenuar e desaparecer. As pessoas envelhecem. Perdoam a si próprias e umas às outras e às vezes até chegam a perceber que o que têm a perdoar em si próprias e nos outros é a juventude.

Mas uma pessoa que morre aos trinta anos, no meio de uma separação tumultuada, fica para sempre fixada no tumulto. Para os leitores de sua poesia e de sua biografia, Sylvia Plath será sempre jovem e implacável com a infidelidade de Hughes. Nunca chegará à idade em que as dificuldades da vida de um adulto jovem podem ser rememoradas com uma tolerância pesarosa, sem ódio ou desejo de vingança. Ted Hughes já atingiu essa idade — há algum tempo —, mas a paz que ela costuma trazer foi-lhe negada pela fama póstuma de Sylvia Plath e pelo fascínio que a história de sua vida exerce sobre o público. E, como era parte dessa vida — a figura mais interessante de seus últimos seis anos —, Hughes também continua fixado no caos e na confusão de seu período final. Como Prometeu, cujo fígado devorado se recompunha diariamente para tornar a ser diariamente devorado, Hughes se viu reduzido à posição de espectador enquanto biógrafos, estudiosos, críticos, articulistas e repórteres de jornais se acotovelavam para esmiuçar a ele próprio quando jovem. Estranhos que a seu ver nada sabem sobre seu casamento com Sylvia Plath escrevem a seu respeito com a autoridade de proprietários. "Espero que cada um de nós seja dono dos fatos de sua vida", escreveu Hughes numa carta ao *Independent* em abril de 1989, após ter sido atacado num artigo especialmente hostil. Mas, é claro, como sabe todo aquele que já tenha ouvido falar da vida alheia, ninguém "é dono" dos fatos de sua vida. Esse direito de propriedade nos escapa quando nascemos, no momento em que começamos a ser observados. Os órgãos de divulgação que proliferaram em nosso tempo são apenas uma extensão e uma amplificação da bisbilhotice fundamental e incorrigível de nossa sociedade. Basta alguém querer para nossa vida passar a ser da conta de todo mundo. O conceito de privacidade não é mais que uma espécie de biombo destinado a esconder que ela é praticamente impossível no universo social. Em todo conflito entre o direito inviolável do público de ser divertido e um desejo individual de ser deixado em paz, o público quase sempre leva a melhor. Depois que morremos, não há mais a necessidade de fingir que talvez estejamos protegidos da maldade impessoal do mundo. O indiferente aparato judicial supostamente encarregado de proteger nosso bom nome contra a injúria e a difamação nos deixa entregues a nossa própria sorte. Os mortos não podem ser injuriados ou difamados. Não podem recorrer a instâncias judiciais.

A biografia é o meio pelo qual os últimos segredos dos mortos famosos lhes são tornados e expostos à vista de todo mundo. Em seu trabalho, de fato, o biógrafo se assemelha a um arrombador profissional que invade uma casa, revira as gavetas que possam conter joias ou dinheiro e finalmente foge, exibindo em triunfo o produto de sua pilhagem. O voyeurismo e a bisbilhotice que motivam tanto os autores quanto os leitores das biografias são encobertos por um aparato acadêmico destinado a dar ao empreendimento uma aparência de amenidade e solidez semelhantes às de um banco. O biógrafo é apresentado quase como uma espécie de benfeitor. Sacrifica anos de sua vida no trabalho, passa horas intermináveis consultando arquivos e bibliotecas, entrevistando pacientemente cada testemunha. Não há nada que não se disponha a fazer, e quanto mais o livro refletir sua operosidade, mais o leitor acreditará estar vivenciando uma elevada experiência literária e não simplesmente ouvindo mexericos de bastidores e lendo a correspondência alheia. Raramente se leva em conta a natureza transgressiva da biografia, mas ela é a única explicação possível para a popularidade do gênero. A incrível tolerância do leitor (que ele não estenderia a um romance mal escrito como a maior parte das biografias) só faz sentido se for entendida como uma espécie de cumplicidade entre ele e o biógrafo numa atividade excitante e proibida: atravessar o corredor na ponta dos pés, parar diante da porta do quarto e espiar pelo buraco da fechadura.

De vez em quando, há biografias que são lançadas e, estranhamente, desagradam ao público. Alguma coisa faz o leitor repelir o biógrafo, recusando-se a acompanhá-lo pelo corredor. Nesses casos, o que o leitor geralmente ouve no texto — e o alerta para o perigo — é o som da dúvida, o rumor de uma rachadura que se abre no muro da segurança do biógrafo. Assim como o arrombador não pode fazer uma pausa enquanto força uma fechadura para discutir com seu cúmplice o que é certo ou errado no ato de roubar, o biógrafo também não pode admitir dúvidas sobre a legitimidade do empreendimento biográfico. O público que adora as biografias não quer que alguém venha dizer-lhe que a biografia é um gênero falho. Prefere acreditar que alguns biógrafos não prestam.

Foi isso que aconteceu com Anne Stevenson, autora de uma biografia de Sylvia Plath chamada *Bitter fame* [Fama amarga], de longe a mais inteligente das cinco biografias de Plath lançadas até hoje e a única esteticamente satisfatória. As outras quatro são: *Sylvia Plath: method and madness* [Sylvia Plath: método e loucura], de Edward Butscher (1976); *Sylvia Plath: a biography* [Sylvia Plath: uma biografia], de Linda Wagner-Martin (1987); *The death and life of Sylvia Plath* [A morte e a vida de Sylvia Plath], de Ronald Hayman (1991); e *Rough magic: a biography of Sylvia Plath* [Rude magia: uma biografia de Sylvia Plath], de Paul Alexander (1991). No livro de Anne Stevenson, publicado em 1989, o rumor da rachadura no muro era audível demais. *Bitter fame* sofreu ataques brutais e a própria Anne Stevenson acabou condenada ao pelourinho; o livro ficou com fama de "ruim", e é assim que continua a ser visto no mundo de Sylvia Plath. O erro imperdoável de Anne Stevenson foi hesitar diante do buraco da fechadura. "Toda biografia de Sylvia Plath escrita enquanto seus familiares e amigos ainda estão vivos precisa levar em consideração a vulnerabilidade dessas pessoas, mesmo que sua abrangência possa sofrer com isso", escreveu ela em seu prefácio. Essa declaração, partindo de uma biógrafa, é extraordinária e definitivamente subversiva. Levar em conta a vulnerabilidade! Dar mostras de contrição! Poupar os sentimentos alheios! Deixar de avançar até onde for possível! O que essa mulher estará pensando? A tarefa do biógrafo, como do jornalista, é satisfazer a curiosidade dos leitores, e não demarcar os seus limites. Sua obrigação é sair a campo e, na volta, entregar tudo — os segredos malévolos que ardiam em silêncio nos arquivos, nas bibliotecas e na lembrança dos contemporâneos que passaram esse tempo todo esperando apenas que o biógrafo batesse em suas portas. Alguns desses segredos são difíceis de extrair e outros, ciosamente guardados pelos familiares, até impossíveis. Os familiares são os inimigos naturais dos biógrafos; são como as tribos hostis que o explorador encontra e precisa submeter sem piedade a fim de se apossar de seu território. Se os familiares se comportam como nativos amigáveis, o que ocasionalmente ocorre — quando se propõem a cooperar com o biógrafo, chegando às vezes ao ponto de torná-lo "oficial" ou "autorizado" —, ainda assim ele precisa fazer valer sua autoridade e pavonear-se à frente deles para demonstrar que é o poderoso homem branco e eles não passam de selvagens nus. Assim, por exemplo, quando Bernard Crick concordou em ser o biógrafo autorizado de George Orwell, primeiro precisou submeter ritualmente a viúva deste. "Ela concordou com a exigência inabalável de me entregar, além do acesso total aos papéis, uma cessão absoluta e prévia dos direitos autorais, para que eu pudesse citar o que bem entendesse e escrever o que eu quisesse. Foram termos duros, embora eu acredite que sejam as únicas condições em que um estudioso deve e pode dedicar-se a uma biografia contemporânea", escreve Crick com orgulho enfastiado num artigo intitulado "Das dificuldades de escrever biografias em geral e a de Orwell em particular". Quando Sonia Orwell leu trechos dos originais de Crick e percebeu que tinha trocado seu território por ninharias sem valor algum (sua fantasia de que Crick via Orwell, e seu casamento com ele, da mesma forma que ela), tentou rescindir o acordo. Mas é claro que não tinha mais como fazê-lo. A declaração de Crick é um modelo de retidão biográfica. Suas "condições" são uma garantia para o leitor, como os padrões estabelecidos para controlar a qualidade dos alimentos e remédios. Elas asseguram ao leitor que está recebendo um produto puro e íntegro e não uma contrafação.

Quando a biografia de Anne Stevenson foi lançada, dava a impressão de um produto adulterado. O celofane estava rasgado, o rótulo era meio esquisito e não havia um belo chumaço de algodão vedando o gargalo do frasco. Além da estranha declaração sobre a incompletude intencional do livro, ainda havia na primeira página uma nota da autora de aparência muito suspeita. "Para escrever esta biografia, recebi grande ajuda de Olwyn Hughes", dizia Stevenson. (Olwyn Hughes é a irmã mais velha de Ted Hughes e ex-agente literária do espólio de Sylvia Plath.) "Suas contribuições ao texto quase o transformaram numa obra em coautoria. Fico particularmente grata por sua intervenção nos dois últimos capítulos e por sua contribuição sobre os poemas de *Ariel,* do outono de 1962." No final da nota, havia um asterisco que remetia a uma nota de pé de página enumerando exatamente os poemas sobre os quais Olwyn Hughes se pronunciara. Como se isso já não bastasse em matéria de estranheza, o texto da nota da autora no livro publicado ainda era diferente da nota da autora que figurava nas provas enviadas à imprensa, a qual dizia: "Esta biografia de Sylvia Plath é o resultado de um diálogo de três anos entre a autora e Olwyn Hughes, agente do espólio de Sylvia Plath. Olwyn Hughes contribuiu tão liberalmente para o texto que ele é, na verdade, o produto de uma coautoria".

Aparentemente, Anne Stevenson, em vez de subjugar os nativos, fora capturada por eles e submetida a sabe Deus quais torturas. O livro que ela finalmente trouxe de volta em seu trôpego retorno à civilização acabou repudiado como imprestável propaganda nativa, em vez da obra "verdadeira" e "objetiva" que se esperava. Ela fora certamente usada por Ted e Olwyn Hughes para apresentar a versão dos dois sobre as relações do casal Hughes-Plath. Ted Hughes sempre se mostrou muito reticente sobre sua vida com Sylvia Plath; não escreveu memórias, não dá entrevistas, seus escritos sobre a obra de Sylvia Plath (em várias introduções a volumes reunindo seus poemas e textos em prosa) falam sempre da obra e só tocam na biografia quando ela tem alguma relação com a obra. E não ocorreu a ninguém, é claro, que se Hughes decidira de fato falar sobre seu casamento com Sylvia Plath por intermédio de Anne Stevenson, isso só fazia aumentar, e não diminuir, o valor da biografia.

2.

Quando li *Bitter fame* pela primeira vez, no fim do verão de 1989, nada sabia sobre a situação carregada que cercava o livro e nem fui movida por nenhum interesse especial pela vida de Sylvia Plath. O livro me fora enviado por sua editora e o que despertou meu interesse foi o nome de Anne Stevenson. Anne fora minha contemporânea na Universidade de Michigan na década de 1950. Estava um ano na minha frente e eu não a conhecia, mas sempre ouvia falar dela, filha de um célebre e eminente professor de filosofia e muito dada às artes — autora de poemas publicados em *Generation,* a revista literária da universidade, e vencedora do prêmio Hopwood, um concurso literário sério. Uma vez me foi apontada na rua: magra e bonita, com uma aura estranha de intensidade e paixão, gesticulando muito, cercada por rapazes de aparência interessante. Naquele tempo eu era grande admiradora do talento artístico, e Anne Stevenson era uma das figuras que brilhavam com incandescência especial em minha imaginação. Ela parecia representar e ser naturalmente dotada de todas as qualidades românticas por que eu e meus iguais, em nossa tímida rebeldia contra a aridez dos anos Eisenhower, tanto ansiávamos enquanto íamos tentando viver aos tropeços, e quase sempre sem sucesso, nossas fantasias de inconformismo. Ao longo dos anos, acompanhei Anne enquanto conquistava o sucesso literário a que se destinava desde Michigan. Eu também começara a escrever, mas não a invejava e nem me sentia impelida a competir com ela: Anne se deslocava em outra esfera, num lugar mais alto, quase sagrado — a estratosfera da poesia. Além disso, casara-se com um inglês e se mudara para a Inglaterra — a Inglaterra de E. M. Forster, G. B. Shaw, Max Beerbohm, Virginia Woolf, Lytton

Strachey, Henry James, T. S. Eliot, D. H. Lawrence —, e isso só fez fixá-la em minha imaginação como uma figura envolta em romantismo literário. Quando, em meados dos anos 70, li seu extenso livro-poema *Correspondences,* quase um romance, uma crônica de desespero doméstico abafado (e às vezes nem tão abafado) ao longo de várias gerações, minha vaga admiração encontrou um objeto de solidez indiscutível. O livro demonstrava que Anne não era apenas uma poetisa de imensa capacidade técnica, mas uma mulher que vivera seus encontros com a realidade e conseguia falar deles com uma voz feminina forte e moderna. (Que também era capaz de modular em tons mais suaves para abordar as ideias morais do século XIX.)

Os anos se passaram e um dia um poema de Anne Stevenson apareceu no *Times Literary Supplement* com o título "Um legado: em meu quinquagésimo aniversário". Anne se tornara uma grande dama da literatura. Seu poema fervilhava de poetas, editores, críticos, amigos, crianças e cachorros, e seu tom de alusão íntima evocava uma comunidade de pessoas notáveis que se reunia nas casas impecáveis de seus membros para conversar sobre literatura e ideias com suas suaves e controladas vozes inglesas. Cheguei a pensar em escrever para Anne um bilhete de parabéns, identificando-me como ex-colega de Michigan — mas não o fiz. O grupo em que ela vivia parecia fechado demais, totalmente autossuficiente.

Mais anos se passaram em que não ouvi falar de Anne Stevenson e nem pensei nela; e então *Bitter fame* a reintroduziu em minha vida imaginativa. Li os primeiros capítulos, sobre a infância, a adolescência e os anos de Sylvia Plath na universidade, com uma sensação pungente de reconhecimento melancólico — nós três tínhamos mais ou menos a mesma idade — e com uma certa surpresa diante da precisão e da autoridade com que Anne evocava a vida dos jovens americanos dos anos 50. Como é que Anne sabia? Eu sempre a colocara num plano muito superior, fora do alcance das vergonhas, humilhações e hipocrisias em que nós outras fomos irremediavelmente envolvidas. Mas era evidente que ela as conhecia muito bem. "Os adolescentes americanos de classe média dos anos 50 obedeciam a um código espantoso de frustração sexual", escreve ela, e continua:

> Tudo era admissível para as moças em matéria de intimidade, menos a única coisa a que essas intimidades deveriam levar. Os dois participantes do ritual do sexo experimental supunham que os "encontros" fossem mais ou menos assim: uma conversa preliminar e uma educada inspeção mútua que os levava a dançar, o que muitas vezes se transformava num "agarramento", que por sua vez — supondo-se uma progressão contínua — era arrematado pela quase-masturbação da "bolinação" no sofá da família ou, em circunstâncias mais prósperas, no banco traseiro de um carro. Muito ocasionalmente, relações sexuais completas podiam ocorrer por descuido; mas em geral, se os parceiros frequentassem a mesma escola ou se considerassem subordinados às mesmas pressões morais, continham-se pouco antes delas.

Quando descreve o modo como Sylvia Plath, em seu último ano do Smith College, ousou passar da bolinação a dormir com seus namorados, escondendo esse fato de sua mãe, Anne é levada a observar: "Muitas mulheres que, como eu mesma, foram estudantes universitárias na América dos anos 50 hão de lembrar-se de logros dessa ordem. A duplicidade de Sylvia era costumeira, assim como a aparência respeitável que ela simulava nas cartas a sua mãe. Minhas próprias cartas para a família na mesma época não eram muito diferentes".

Os primeiros capítulos de *Bitter fame* me levaram de volta a um período que ainda me perturba rememorar, justamente por ter a duplicidade tão entranhada em sua textura. Mentíamos para os pais, mentíamos uns para os outros e mentíamos para nós mesmos, de tão viciados que ficamos na mentira. Éramos uma geração constrangida, sempre desviando os olhos. Poucos dentre nós são capazes de ver como fomos. Quando Ted Hughes escreve sobre os esforços necessários à "verdadeira identidade" de Sylvia Plath para emergir, está sem dúvida falando de uma crise histórica, mais que pessoal. Nos Estados

Unidos, o século XIX só foi terminar nos anos 60, quando a ilusão desesperada de que as duas guerras mundiais tivessem deixado o mundo tão inalterado quanto a Guerra dos Bôeres foi finalmente derrubada pela revolução sexual, pelo movimento feminista, pelas lutas em favor dos direitos civis, pelo movimento ecológico e pelos protestos contra a Guerra do Vietnã. Sylvia Plath, Anne Stevenson e eu atingimos a maioridade no período em que a necessidade de cultivar essa ilusão era especialmente forte: ninguém estava preparado — muito menos os abalados ex-combatentes que voltaram da Segunda Guerra — para encarar de frente o mundo pós--Auschwitz e pós-Hiroshima. No final de sua vida, Sylvia Plath olhou para a Górgona com uma firmeza enervante; seus últimos poemas mencionam e invocam a bomba e os campos de extermínio. Ela teve as condições — fora eleita — para enfrentar o que a maioria de nós evitava com tanto medo. "Pelo amor de Deus, pare de ter tanto *medo* de tudo, mamãe!", escreveu ela a Aurelia Plath em outubro de 1962. "Quase metade das palavras de sua carta é 'medo'." Na mesma carta, diz ainda:

> E pare de tentar me fazer escrever sobre "as pessoas decentes e corajosas" — para isso você pode ler o *Ladies' Home Journal*! É pena que os meus poemas deixem você assustada — mas você sempre teve medo de ler ou olhar para as coisas mais difíceis deste mundo — como Hiroshima, a Inquisição ou Belsen.

Mas o compromisso de Sylvia Plath com "as coisas mais difíceis deste mundo" só apareceu pouco antes de seu suicídio. (Robert Lowell escreveu em sua introdução a *Ariel*: "Esta poesia e esta vida não são uma carreira; elas nos dizem que a vida, mesmo quando disciplinada, simplesmente não vale a pena".) A história de sua vida — como já foi contada em cinco biografias e em inúmeros ensaios e estudos críticos — é uma história típica da temerosa e dúplice década de 1950. Sylvia Plath representa de maneira nítida e quase emblemática o caráter esquizoide daquele período. É o eu dividido por excelência. O surrealismo tenso de seus últimos poemas e o realismo atenuado de sua vida, típico dos livros para moças (da maneira como é contada por seus biógrafos e em seus próprios escritos autobiográficos), chegam a ser grotescos de tão incongruentes. As fotografias que mostram Sylvia Plath como a moça fútil dos anos 50, com os cabelos louros e o batom escuro, só fazem acentuar a dissonante disparidade entre a vida e a obra. Em *Bitter fame,* escrevendo com a aspereza afetuosa de uma irmã, Anne Stevenson mostra Sylvia Plath como uma jovem mulher altamente imersa em si mesma, confusa, instável, irritadiça, perfeccionista e bastante desprovida de senso de humor, cujo suicídio permanece um mistério, assim como a fonte de sua arte, e em que as peças não se encaixam direito.

Quando li o livro, certas sensações vagas de insatisfação que me ocorreram ao ler outras biografias começaram a adquirir contornos mais definidos. Foi só mais tarde, quando as críticas negativas ao livro se multiplicaram e eu soube das circunstâncias em que fora escrito, que entendi por que ele me dava a sensação de não ser um livro apenas sobre Sylvia Plath, mas também sobre os problemas da produção de biografias. Naquela ocasião, achei que o projeto da biógrafa tinha sido inesperadamente subvertido pela própria Sylvia Plath. As muitas vozes que usava — as vozes dos diários, de suas cartas, de *The bell jar*; dos contos, dos primeiros poemas, dos poemas de *Ariel* — desafiavam a própria ideia de narrativa biográfica. Quanto mais Anne Stevenson encorpava a biografia de Sylvia Plath com citações de seus escritos, mais incorpórea, paradoxalmente, ficava sua própria narrativa. Aquelas vozes iam tomando conta do livro, falando com o leitor por cima da cabeça da biógrafa. E murmuravam: "Ouçam a mim, não a ela. Eu sou genuína. Falo com autoridade. Procure o texto integral dos diários, das cartas para a família e do resto. Meus escritos hão de revelar o que quer saber". E a essas vozes se juntava outro coro — o das pessoas que realmente conheceram Sylvia Plath. E elas também diziam: "Não dê atenção a Anne Stevenson. Ela não conheceu Sylvia. Eu conheci Sylvia. Vou contar como ela era. Leia minha correspondência com ela. Leia meus textos de memórias". Três dessas vozes eram especialmente audíveis — as de Lucas

Myers, Dido Merwin e Richard Murphy, autores de textos de memórias sobre Sylvia Plath e Ted Hughes que figuravam como apêndices em *Bitter fame*. Dentre eles, o de Dido Merwin, intitulado "Vessel of wrath" [Vaso de cólera], atingia o tom agudo de um grito histérico. E causou sensação, sendo deplorado por seu destempero.

Dido Merwin não suportava Sylvia Plath e esperou trinta anos para dizer ao mundo o que achava de sua ex-"amiga", retratando-a como a mulher insuportável de um mártir paciente e sofredor. Segundo ela, o surpreendente não é que Hughes tenha deixado Sylvia Plath, e sim que a "tenha aguentado por tanto tempo". Depois da separação, escreve ela, perguntou a Hughes "o que fora mais difícil de suportar durante o tempo que ele e Sylvia ficaram juntos", e ele revelou que Sylvia Plath, num ataque furioso de ciúme, picara em pedacinhos toda sua obra em andamento no inverno de 1961, bem como seu exemplar das obras de Shakespeare. E Merwin também relembra, como se tivesse acontecido apenas ontem, uma temporada desastrosa que Plath e Hughes passaram com ela e seu então marido, o poeta W. S. Merwin, na chácara que tinham na Dordogne. Sylvia Plath "gastava toda a água quente, servia-se o tempo todo na geladeira (comendo no café o que estava reservado para o almoço etc.) e mudou de lugar todos os móveis do seu quarto". Criava um clima tão desagradável com sua melancolia (embora nunca perdesse o apetite, assinala Merwin, relatando a malignidade com que viu Sylvia Plath devorar um esplêndido *foie gras* "como se fosse um simples bolo de carne") que Hughes acabou encurtando a duração de sua visita. Anne Stevenson foi violentamente criticada por transmitir uma ideia "desequilibrada" de Sylvia Plath ao incluir esse retrato venenoso em sua biografia.

Na verdade, Anne Stevenson errou no equilíbrio não ao acolher essa visão negativa de Sylvia Plath, mas ao admitir em seu livro um texto de intensidade tão subversiva. As limitações literárias da biografia nunca ficam mais evidentes do que na comparação com escritos de outro gênero; e quando, levada por uma nota de pé de página, troquei o texto de *Bitter fame* pelo artigo de

Dido Merwin, tive a impressão de ter sido libertada de uma cela. A contenção cautelosa, a avaliação solene de cada "indício", a humildade das fórmulas do tipo "ela deve ter sentido" ou "é provável que ele tenha pensado", correntes na escrita biográfica, davam lugar a uma subjetividade exaltada. Escrevendo em sua própria voz, sem o freio de uma regra de conduta epistemológica, Dido podia falar à vontade. Sabia exatamente o que sentiu e o que pensava. O contraste entre a narradora onisciente de *Bitter fame,* cujo manto de pálida equanimidade Anne Stevenson era obrigada a usar, e o "eu" robusto e destemperado do texto de Dido Merwin é marcante. E é evidente que o retrato que Dido faz de Sylvia Plath é um autorretrato. É ela, e não Sylvia Plath, quem emerge de "Vaso de cólera" com extrema nitidez, e é sua intensidade obliteradora que induz os leitores ao erro de questionar os motivos de Anne Stevenson.

3.

O primeiro dos artigos negativos sobre *Bitter fame* — um poderoso precursor — foi publicado na edição de 28 de setembro de 1989 da *New York Times Review of Books*, e era de autoria do escritor inglês A. Alvarez. Alvarez era a escolha lógica para escrever sobre *Bitter fame*. Foi uma das primeiras pessoas na Inglaterra a reconhecer o talento de Sylvia Plath e, na qualidade de editor de poesia do *Observer* nos anos 60, publicara vários de seus poemas. Em 1971, escrevera ele próprio um texto de memórias sobre Sylvia Plath, publicado como o capítulo inicial de *The savage God* [O Deus selvagem], livro que escreveu sobre o suicídio e primeiro relato impresso a dar detalhes sobre a morte da poetisa. Como ocorre com o artigo de memórias de Dido Merwin — e todo texto de memórias —, o de Alvarez também é autobiográfico, embora dê mostras de talento e deliberação onde Merwin só revela ingenuidade e falta de consciência. Ele usa suas recordações de Sylvia Plath para transformá-las numa espécie de alegoria da pulsão suicida; a depressão e a desordem de sua própria vida (conta que tomou quarenta e cinco pílulas para dormir dez anos antes) fundem-se com o último gesto da vida dela e são metaforizadas por ele, no momento em que ela aposta com o destino — como Alvarez descreve e como ele próprio fez — e acaba perdendo. Alvarez afirma, revelando detalhes de gelar o sangue, que Sylvia Plath pretendia ser encontrada e salva e que só morreu por força de uma série anormal de acidentes. Seu relato é envolvente e horripilante.

Mas é uma segunda narrativa, uma espécie de subalegoria, que dá às memórias de Alvarez sua verve maior e também sua condição de texto fundador da lenda de Sylvia Plath. E é a narração da alternância de poder entre marido e mulher — a história de como, durante os dois anos de suas relações com Sylvia Plath e Ted Hughes, Alvarez assistiu à transferência de poder de um para o outro, como água transvasada entre dois recipientes. Num primeiro momento, era o marido o jarro cheio. "Era a vez de Ted", afirma Alvarez ao contar seu primeiro encontro com ele, em Londres, na primavera de 1960; o segundo livro de poemas de Hughes, *Lupercal*, acabara de ser publicado, e Alvarez o achara "o melhor livro de um jovem poeta que eu tinha lido desde o começo de minha coluna no *Observer*". E depois descreve o próprio poeta: "Era um homem alto de aparência forte vestindo um casaco de veludo preto, calças pretas, sapatos pretos; seus cabelos escuros e descuidados caíam na testa; tinha uma boca longa e espirituosa. Estava no comando". Em contraste, diz ele, Sylvia Plath era apenas uma dona de casa banal, "nitidamente americana: arrumada, limpa, competente, como uma jovem num anúncio de utensílios de cozinha". Alvarez não reparou muito em Sylvia naquela ocasião. E fala de um momento embaraçoso em que, quando ele e Hughes saíam pela porta (os dois costumavam passear ou ir até o *pub*, enquanto Sylvia Plath ficava em casa), ela o deteve timidamente e mencionou um poema seu que ele aceitara para publicação no *Observer* no ano anterior. Num primeiro momento, Alvarez não soube do que ela estava falando — foi simplesmente incapaz de associar aquela dona de casa limpa e lustrosa com o mundo da poesia e não sabia que seu sobrenome literário era Plath. Mais tarde naquele mesmo ano, quando o primeiro livro de poemas dela, *The colossus*, foi publicado na Inglaterra, Alvarez escreveu um artigo para o *Observer*: "O livro parecia adequar-se à imagem que eu tinha dela: séria, talentosa, contida, e ainda parcialmente à sombra vasta do marido", escreve ele em seu texto de memórias. Louvou os poemas de Sylvia Plath por sua competência técnica, mas sentia que alguma coisa era sonegada: "Por trás da maioria dos poemas havia a impressão de recursos e distúrbios ainda não mobilizados".

Alvarez viajou aos Estados Unidos para passar um ano lecionando e quando voltou a Londres, em fevereiro de 1961, sua relação com o casal se enfraqueceu: "Ted se desapaixonara por

Londres e estava ansioso por ir embora; Sylvia tinha estado doente — primeiro um aborto, depois apendicite — e eu tinha meus próprios problemas, um divórcio". Quando tornou a vê-los, em junho de 1962, eles viviam em Devon, em Court Green, uma antiga casa senhorial com telhado de ardósia, um pátio de pedras, uma horta e um pomar imensos, ao lado de uma igreja do século XII. E agora, conta Alvarez, era a vez de Sylvia:

> Tiveram mais um filho em janeiro; um menino [Nicholas], e Sylvia tinha mudado. Não era mais calada e contida, simples apêndice doméstico de um marido poderoso; parecia ter-se tornado sólida e completa, novamente dona de si. Pode ser que o nascimento de um filho tivesse algo a ver com esse novo ar de segurança. Mas aparentava uma nitidez e uma clareza que pareciam ir além. Foi ela quem me mostrou a casa e o jardim; os utensílios elétricos, as paredes recém-pintadas, o pomar [...] tudo era propriedade *dela*.

E Ted: ele "parecia contentar-se em ficar sentado e brincar com Frieda [sua filha de dois anos], que se agarrava dependente a ele". E Alvarez acrescenta, com certo nervosismo: "Já que seu casamento parecia forte e fechado, achei que não lhe preocupava o equilíbrio do poder ter-se deslocado naquele momento no sentido dela".

No outono de 1962, o casamento forte e fechado fracassara e Hughes voltara para Londres. Sylvia Plath permaneceu em Devon com os filhos, indo a Londres de tempos em tempos para cuidar de seus interesses literários. Começou a visitar Alvarez regularmente em seu escritório, um estábulo convertido em Hampstead, e a ler para ele seus novos poemas. Alvarez era agora mais amigo de Sylvia que de Hughes. Ele afasta a cortina e nos permite um relance de si próprio com Sylvia Plath em seu gabinete:

> Era [um lugar] belo a sua maneira arruinada, mas desconfortável; não havia nada em que se instalar com conforto — só

cadeiras Windsor cobertas de teias de aranha e alguns tapetes estendidos sobre o linóleo vermelho. Eu lhe servia uma bebida e ela se instalava diante da fornalha de carvão sentada num dos tapetes, bebericando uísque e fazendo o gelo tilintar em seu copo.

Os poemas que Sylvia Plath lia para Alvarez eram os que hoje são ensinados nos cursos de literatura — "Ariel", "Lady Lazarus", "Daddy", "The applicant", "Fever 103º", os poemas sobre as abelhas, "A birthday present" — e a força destrutiva e impiedosa de seus versos, conta ele, tanto o impressionava que, para manter seu equilíbrio, recorria ao expediente de criticar minúcias; uma dessas críticas, de que se arrepende especialmente, era a um verso em "Lady Lazarus", que Plath acabou eliminando por sua sugestão. Depois da leitura dos poemas e das críticas de Alvarez, a conversa se tornava mais pessoal. "Talvez porque eu também fosse membro do clube", escreve Alvarez, Sylvia Plath lhe contou sua primeira tentativa de suicídio, no verão de 1953 (ela também tinha tomado um vidro inteiro de soníferos), e um incidente mais recente em que ela saíra da estrada dirigindo seu carro. Outro laço entre o crítico e a poetisa era a admiração que Sylvia Plath sentia por uma introdução que Alvarez escrevera para uma antologia da Penguin chamada *The new poetry*, "em que", conta ele, "eu atacara a preferência nervosa dos poetas britânicos pela nobreza acima de tudo e a maneira como evitavam as verdades desconfortáveis e destrutivas tanto da vida interior quanto dos tempos presentes".

No entanto, a relação entre o crítico e a poetisa não caminhou na direção que parecia tomar. Alvarez rejeitou Sylvia Plath. "Ela deve ter achado que eu era estúpido e insensível. O que era verdade", escreve ele sobre o último encontro dos dois, na véspera de Natal de 1962, menos de dois meses antes da morte dela. "Mas ter agido de outra maneira significaria aceitar responsabilidades que eu não queria e não tinha, em minha própria depressão, como enfrentar." A essa altura, Sylvia Plath também trocara Devon por Londres e morava na Fitzroy Road, num apartamento que Alvarez achava glacialmente arrumado e austero. Ela o convidara para jantar, mas ele tinha outro compromisso e só passou para tomar alguma coisa. "Quando eu saí por volta das oito e segui para o meu jantar, sabia que a tinha desapontado de um modo definitivo e imperdoável. E sabia que ela sabia. E nunca mais tornei a vê-la viva."

O texto de memórias de Alvarez deu o tom para os escritos sobre Plath e Hughes que se seguiriam; ergueu o arcabouço sobre o qual viria a ser estendida a narrativa em que Sylvia Plath aparece como mulher abandonada e maltratada e Ted Hughes como um traidor sem coração. Embora Alvarez seja extremamente discreto e não conte detalhes sobre a separação dos dois — que na verdade conhecia muito bem —, não é difícil perceber em sua autoacusação uma acusação velada a Hughes, cuja rejeição de Sylvia Plath foi, afinal, muito mais profundamente definitiva e imperdoável do que a sua. Pode-se dizer que o calvário de Ted Hughes começou com a publicação do texto de Alvarez no livro *The savage God* e, em capítulos, no *Observer*. Hughes percebeu de imediato o poder destruidor daquelas memórias e conseguiu impedir que sua segunda metade saísse no *Observer*, mas não pôde fazer nada contra sua publicação em *The savage God*, ou contra sua influência subsequente.

Depois que começou a circular o enredo da poetisa suicida e de seu abandono pelo homem com a boca espirituosa, nunca mais cessariam as variações sobre o mesmo tema, ou o sepultamento em vida de Hughes a cada uma de suas reformulações. Quando *Bitter fame* foi publicado, declarando que pretendia "dissipar o miasma póstumo de fantasia, rumores, política e mexericos macabros" que alimentava a "lenda perversa" de Sylvia Plath, não surpreende que o livro não tenha sido recebido de braços abertos. O mundo não gosta de dissipar as fantasias, os rumores, a política e os mexericos macabros a que se apega, e ninguém queria ouvir dizer que na verdade Ted Hughes era bom e Sylvia Plath era má. O prazer de ouvir falar mal dos mortos já não é desprezível, mas empalidece diante do prazer de ouvir falar mal dos vivos. Entregue à tarefa de criticar um livro cuja finalidade declarada era desmontar a narrativa que ele próprio iniciara, não se podia esperar que Alvarez o visse com bons olhos. Impiedoso, esmiuçou *Bitter fame* e, no final, havia três vilões onde antes só aparecia um: a Ted Hughes somavam-se agora Anne Stevenson e Olwyn Hughes. E a crítica de Alvarez dava origem a uma narrativa ancilar — a narrativa sobre a biógrafa corrupta e a irmã malvada.

4.

O terreno para essa narrativa fora preparado pela biografia de Sylvia Plath escrita por Linda Wagner-Martin, então professora de inglês na Michigan State University. O principal interesse desse livro, escrito num estilo tão despretensioso e neutro quanto um diário de menina ("Dick fora para a Flórida nas férias de primavera, ele e Perry tinham acabado de fazer uma viagem ao Maine e agora ele estava indo para o Arizona. Em contraste, ela ficou em Wellesley e cortava a grama"), é seu prefácio, em que a autora conta em tom acusatório suas negociações infrutíferas com o espólio de Sylvia Plath:

> Quando comecei as pesquisas para esta biografia em 1982, entrei em contato com Olwyn Hughes, executora literária do espólio de Sylvia Plath. No início Olwyn mostrou-se cooperativa e me ajudou na pesquisa respondendo ela própria a algumas perguntas e referindo-me a outras pessoas que poderiam me auxiliar. Quando Olwyn leu os capítulos posteriores do livro, porém, e especialmente depois de ler uma cópia de meus originais em 1986, sua cooperação reduziu-se substancialmente. Olwyn escreveu-me cartas extensas, geralmente discutindo minhas opiniões sobre a vida e o desenvolvimento de Sylvia Plath. Ted Hughes reagiu a uma leitura dos originais em forma inacabada em 1986 com sugestões de mudanças que preenchiam quinze páginas e representariam a eliminação de mais de 15 mil palavras.
>
> Por necessidade, continuei a corresponder-me com Olwyn Hughes a fim de obter permissão para citar extensamente as obras de Sylvia Plath. Mas Olwyn sempre fazia objeções aos originais, citando com frequência os comentários de Ted Hughes (embora, como já mencionei, Ted Hughes tenha-se recusado

a ser entrevistado diretamente para o livro). Fiz muitas alterações em resposta a esses comentários. Os pedidos de novas mudanças, contudo, continuaram, e concluí que as permissões só me seriam concedidas se eu concordasse em modificar os originais de modo a refletir o ponto de vista dos irmãos Hughes. Quando percebi que essa tática continuaria para sempre, tive de abandonar minhas tentativas de obter permissão para fazer citações extensas se jamais quisesse publicar este livro. Devido a essa circunstância, sou obrigada a limitar as citações. Consequentemente, esta biografia contém menos escritos de Sylvia Plath do que eu pretendia. A alternativa teria sido concordar com sugestões que teriam alterado de maneira considerável o ponto de vista deste livro.

Em sua resenha de *Bitter fame*, Alvarez cita esse trecho, que apresenta como "a experiência típica" dos biógrafos não autorizados de Sylvia Plath. Elogia a destemida Linda Wagner-Martin por ter enfrentado o espólio e escrito um "relato biográfico levemente feminista mas afora isso cuidadoso e imparcial" (note-se o "mas"), produzindo um retrato "cheio de admiração e perdão". A apática Anne Stevenson, em contraste, é censurada por ter cedido à pressão da irmã malvada, escrevendo um livro que Alvarez define como "mais de 350 páginas de depreciação". A respeito do texto de Dido Merwin que aparece no apêndice, Alvarez diz que é "uma obra de veneno permanente e espantoso e seu mau gosto mais extremo não se deve a ter sido escrita sobre alguém que já não pode mais se defender, mas ter sido publicada numa biografia encomendada e aprovada pelo espólio de Plath". Como em suas próprias memórias sobre Sylvia Plath, Alvarez torna a apresentar Ted Hughes como uma figura recessiva, de quem faz esforços elaborados para não falar mal mas é amaldiçoada por sua própria recessividade. Já que "Ted Hughes sempre se recusou a envolver-se na disputa biográfica", escreve Alvarez, Sylvia Plath, a morta indefesa, foi abandonada às garras da cruel Olwyn. Mais uma vez, Hughes torna a evaporar-se quando Plath mais precisa dele, e mais uma vez Alvarez entra em cena para desempenhar o papel de campeão de Plath e (como ficaria claro) nêmesis de Hughes.

O que Alvarez, por delicadeza, não diz mas deixa pairando no ar foi prontamente retomado por outros comentadores de *Bitter fame* e levado às raias do excesso. Numa das mais grosseiras críticas pós-Alvarez, no número de 10 de novembro de 1989 do *Independent*, Ronald Hayman escreve:

> No cerne desse livro vingativo estão duas estratégias. Uma é jogar em Sylvia Plath toda a culpa pela ruptura do casamento, retratando um comportamento seu sempre tão inaceitável que nenhum marido poderia resistir-lhe por muito tempo, enquanto Ted Hughes é mostrado como um homem paciente, generoso, afetuoso, inocente e relutante diante da infidelidade. A outra estratégia é diminuir o valor da produção poética de Sylvia Plath, caracterizando seus versos como negativos, doentios, egocêntricos e obcecados com a morte, e comparando-os aos dele de maneira desfavorável.

Queixa-se Hayman:

> Também se fala muito pouco de Assia Wevill, a mulher por quem Ted Hughes deixou Sylvia Plath. Tem-se a impressão de que as únicas conversas relevantes entre marido e mulher foram as duas em que Sylvia Plath expulsou Hughes de casa, e segundo o livro Assia teria dito que seu caso com ele nunca ocorreria "se Sylvia tivesse um comportamento diferente". Isso conflita com a impressão formada por muitas pessoas que os conheceram e ignora o relato de outros textos de memórias, especialmente o do professor Trevor Thomas, que morava no apartamento de baixo e foi a última pessoa a ver Sylvia com vida. Chamando Assia de Jezebel, de pecadora abominável, ela disse ao professor que [Assia] roubara o seu marido.

Hayman continua:

E nem há razão para duvidarmos do relato [de Thomas] sobre seus encontros com Ted Hughes, que o culpou por deixar trancada a porta da frente, "não deixando que entrassem e salvassem a minha mulher". No dia do enterro, ocorreu uma festa no apartamento, com discos e bongôs. Mais tarde, Assia, que [Thomas] descreve como "uma belíssima mulher", contou-lhe que Hughes ficara tão perturbado que "alguns de nós decidiram dar uma festa para surpreendê-lo e alegrá-lo um pouco quando voltasse para casa".

"Fantasia, rumores, política e mexericos macabros" estão representados aqui em sua forma mais feia e declarada. Na verdade, temos todas as razões para duvidar do relato de Trevor Thomas: quando Ted Hughes negou sua veracidade diante de uma organização denominada Conselho de Imprensa, seu autor foi advertido (o *Independent* publicou uma correção e um pedido de desculpas), e quando moveu uma ação legal contra Thomas tornou a vencer. (Thomas morreu em 27 de maio de 1993.) Mas o mal já estava feito — ou refeito. A narrativa sobre o Hughes infiel e insensível com sua Jezebel não tinha mais como ser esquecida. E *Bitter fame*, longe de alterar a antiga imagem de Hughes, só fez fixá-la ainda mais fundo na imaginação do público. A tentativa de cura só fez deixar o paciente em pior estado. Os médicos (que já haviam discordado entre si, como sempre ocorre nos casos perdidos) retiraram-se em desordem. Patologias profundas da biografia e do jornalismo começaram a combinar-se, engendrando novas cepas virulentas do bacilo da má-fé. Eu própria, na qualidade de membro da suscetível tribo dos jornalistas, comecei a sentir os primeiros sintomas da infecção: a manifestação inconfundível do desejo investigatório.

Em dezembro de 1989, escrevi a Ted Hughes, aos cuidados de sua irmã (como sua editora me recomendara que fizesse), pedindo-lhe uma entrevista e dizendo, entre outras coisas, que via na situação biográfica de Sylvia Plath uma espécie de alegoria do problema da biografia em geral. Pela volta do correio, recebi uma longa carta de Olwyn Hughes, que li surpresa e admirada.

Todos nós andamos pelo mundo cercados por uma atmosfera que nos é única e que nos identifica tão claramente quanto nossos rostos. Alguns de nós, porém, têm atmosferas mais densas que os outros e uns poucos somos cercados por uma atmosfera opaca a ponto de esconder-nos inteiramente da vista dos demais — damos a impressão de ser apenas nossa atmosfera. Olwyn Hughes é assim. Sua carta era a de uma pessoa tão intensamente preocupada e tão apaixonadamente ofendida que ela simplesmente não conseguia deixar claro do que estava falando. Apenas investia em frente em seu assunto, "o mito de Sylvia Plath", e a mim só restava acompanhá-la ou não — para ela tanto fazia. Não estava empenhada em me convencer; só queria reafirmar o que *sabia* ser a verdade. E escreveu:

> Sua carta de 3 de dezembro chegou às minhas mãos — e achei que alguns pontos relacionados a seguir poderiam ser úteis ao artigo que pretende escrever. Estou enviando sua carta a Ted.
>
> Não sei bem de que as biografias de Sylvia Plath são uma alegoria. Pessoalmente, depois dos estragos do mito, não fico mais admirada (como já fiquei) com — digamos — o "julgamento" de Pasternak pelo Sindicato dos Escritores Soviéticos, ou com a formação desse ou daquele grupo de tipo nazista que explique toda a existência em termos evidentemente enlouquecidos. As pessoas são monstruosas, estúpidas e desonestas. Se um carro abre-alas aparece, as pessoas mais inesperadas demonstram a maior felicidade em fechar os olhos, os ouvidos e o cérebro para segui-lo [...].
>
> O mito foi criado pelo seguinte amálgama: a versão da própria Sylvia sobre ela própria e sua situação e sobre outras situações posteriores à separação. Essa versão foi ditada por seu mecanismo paranoide (ou qualquer que fosse seu problema) e aperfeiçoada de pequenas maneiras ao longo dos anos. Perto do fim, suas observações sobre os outros eram pouco mais que simples mentiras, destinadas a despertar a máxima compaixão e aprovação para com ela própria. E MAIS a atitude permanente de sua mãe. Infinitamente devotada a apoiar o que sabia ser um

ofício frágil ao longo da vida da filha, continuou a fazê-lo depois de sua morte: só devemos ver o "lado melhor" de Sylvia. Essa hipocrisia sentimental, perdoável numa mãe, contou com o amplo apoio de Ted Hughes, ainda que apenas por omissão, pois ele tinha muita pena da sra. Plath e dos golpes que ela sofreu depois da publicação de *The bell jar* e de alguns dos poemas. Estou certa de que o mito nunca teria surgido se a sra. Plath tivesse dito, quando Sylvia morreu: "Ela sofria de doença mental, mas era uma pessoa maravilhosa e eu a amava". Infelizmente, a sra. Plath tinha vergonha da doença mental — nunca ficou claro, por exemplo, o quanto Sylvia esteve doente em sua primeira crise [...].

E então vieram os odientos textos de memórias — especialmente os de A. Alvarez, Elizabeth Compton (hoje Sigmund) e Clarissa Roche. Todos eles tinham em comum o fato de suas amizades com Sylvia Plath terem sido ligeiras. (Embora ela tivesse um interesse verdadeiro por Alvarez, só estiveram juntos meia dúzia de vezes.) Já que nenhum outro dos amigos de Sylvia Plath se dispunha a falar com o dilúvio de jornalistas, candidatos a biógrafos etc. etc., esses três — especialmente as mulheres — ficaram com o campo livre só para eles, da biografia de Butscher até a atual. Roche e Sigmund hoje se pronunciam com toda a majestade sobre tudo o que tenha a ver com Sylvia Plath, como grandes amigas suas que foram [...].

O livro de Anne Stevenson é certamente a primeira biografia digna desse nome. O de Linda Wagner-Martin foi muito melhorado, embora reduzido, por minha exigência para que desse substância ao inacreditável [...] lixo que ela apresentava nas primeiras versões dos originais. E como ela finalmente publicou seu livro enquanto eu ainda estava à espera de uma "versão final", ainda há novas imundícies, bem como sombras da insensatez anterior, em seu livro [...].

O que sempre faltou, espantosamente, é todo e qualquer sentimento humano pelas pessoas que viveram a tragédia da morte de Sylvia em primeira mão, como parte de suas próprias vidas — Aurelia, Ted e seus filhos. Isso mudou totalmente minha atitude em relação às pessoas. Uma experiência extraordinariamente interessante, se acompanhada desde o início, mas horripilante e imperdoável no final.

Se fiquei surpresa com a extensão e a veemência da carta de Olwyn, não me surpreendeu ter recebido uma resposta dela e não de Hughes. Claro, pensei. Ao longo de todos os anos que Ted Hughes passou tentando escapar de seus perseguidores narrativizantes, sua irmã fez exatamente o oposto. Na qualidade de agente literária do espólio de Sylvia Plath, posição que assumiu em meados dos anos 60 e à qual renunciou em 1991, Olwyn tratou com todas as pessoas que quiseram escrever sobre Sylvia Plath, transformando-se numa espécie de Esfinge ou Turandot diante de quem os vários suplicantes precisavam se apresentar — e, invariavelmente, ser malsucedidos. Também é famosa por suas cartas aos editores e pelos comentários que revela regularmente aos jornalistas depois da publicação de cada novo texto sobre Plath e Hughes; neles, também, sempre exibe obstinação e prolixidade singulares. Seus dois papéis não se harmonizam muito bem: Esfinges e Turandots não costumam escrever aos editores ou falar com jornalistas. Impedem, proíbem, castigam; mas não se oferecem. Ao final de três anos e meio de relações pessoais com Olwyn — encontros, telefonemas e correspondência —, não posso dizer que a conheça muito melhor do que quando se apresentou a mim em sua carta. Mas nunca vi nela nada do egoísmo, do narcisismo e da ambição que geralmente caracterizam a pessoa para quem o relevo jornalístico é bem-vindo na medida em que pode permitir-lhe acumular forças e adquirir o controle da narrativa. Olwyn parece ser motivada puramente por um instinto que a leva a proteger os interesses do irmão mais novo e defender a honra da família, e se dedica a isso com um intrépido desprendimento. Sua atividade frenética lembra a perdiz mãe que, corajosa, sai voando na cara do predador para desviá-lo dos filhotes enquanto estes correm em busca de abrigo. O jornalista cujas garras se fecham em torno dela só pode admirar a lealdade e o amor profundos que ela demonstra — e perguntar o que estará sentindo o homem por quem assim se sacrifica, enquanto a observa de seu refúgio.

5.

Em 1971, na *New York Times Review of Books*, Elizabeth Hardwick escreveu sobre Sylvia Plath afirmando que "ela tem a raridade de nunca ser, pelo menos em sua obra, uma 'boa pessoa'". Hardwick consegue isolar a qualidade que tanto arrebatou os leitores de *Ariel* quando o livro foi publicado pela primeira vez (na Inglaterra em 1965, e nos Estados Unidos em 1966) e continua a impressionar-nos ainda hoje. A não bondade de Sylvia Plath é a característica mais notável dos poemas de *Ariel*, é o que a distingue dos outros poetas ditos confessionais dos anos 50 e 60, é a nota da "verdadeira identidade" que Hughes tanto celebra. Em grande parte, sua condição de heroína feminista deriva desse tom. As mulheres celebram nela sua coragem de ser desagradável. "Todas as mulheres adoram um fascista", escreveu ela em "Daddy". Mas as mulheres adoram Sylvia Plath pelo fascista que existe nela, pelo "pontapé na cara" que, mesmo quando escreve sobre a opressão masculina, ela própria desfere nos leitores dos dois sexos. Embora *The bell jar* não tenha a arte de seus últimos poemas, seu tom também é o de uma pessoa desagradável. (Se tivesse continuado viva, Plath poderia ter-se tornado uma romancista de primeira; *The bell jar* poderia estar para sua ficção madura como *The colossus* estava para sua poesia madura.) O romance é um libelo contra os anos 50 nos Estados Unidos. É uma crônica sobre o colapso, a tentativa de suicídio e a "recuperação" de sua heroína, Esther Greenwood, e é narrada por Esther numa voz que tem todo o desdém da voz de *Ariel*, embora não sua beleza aguda e nem sua autoridade. O livro tem uma puerilidade superficial, uma facilidade enganosa: pode ser lido como um livro para moças. Mas é um livro para moças escrito por uma mulher que foi e voltou do inferno, disposta a vingar-se de seus torturadores. É um livro para moças repleto de veneno, vômito, sangue e muitos volts de eletricidade (a eletrocussão dos Rosenberg e os terríveis tratamentos de choque de Esther aparecem ironicamente associados), e povoado por homens asquerosos e mulheres mais velhas francamente patéticas.

The bell jar é um relato ficcionalizado do colapso, do tratamento de choque e da tentativa de suicídio da própria Sylvia Plath em 1953, e ela não queria que os originais em quem se inspiravam suas personagens detestáveis — especialmente sua mãe — lessem o livro. A mãe de Esther é representada com uma destreza impiedosa. "Minha mãe teve o cuidado de nunca me dizer nada", observa Esther em tom cáustico. "Limitava-se a discutir comigo em tom suave, como duas pessoas inteligentes e maduras." Também dissecados e reprovados em todos os aspectos aparecem, entre outros, Olive Higgins Prouty, autora de *Stella Dallas*, que era a benfeitora de Sylvia Plath (patrocinou sua primeira bolsa de estudos no Smith College, pagou sua internação depois da tentativa de suicídio e ficou amiga de Aurelia Plath pelo resto da vida); o namorado de Sylvia na universidade, Dick Norton; e a mãe deste. Por isso, Sylvia Plath publicou o livro sob o pseudônimo de Victoria Lucas. Em janeiro de 1963, depois de ter sido recusado por duas editoras americanas, saiu na Inglaterra com aquele nome e só mais tarde, depois de seu suicídio, com seu próprio nome. Quando a publicação de *The bell jar* nos Estados Unidos foi finalmente decidida, em 1971, Aurelia Plath ficou transtornada. Numa carta ao editor, ela escreveu:

> Praticamente todas as personagens de *The bell jar* representam — muitas vezes em caricatura — alguém que Sylvia amava; cada uma dessas pessoas foi generosa com seu tempo, seus pensamentos, seu afeto e, num dos casos, ajuda financeira durante aqueles aflitivos seis meses de crise em 1953 [...]. Apresentado isoladamente, esse livro representa a mais rasteira ingratidão.

A sombra de Sylvia Plath deve ter lido essas palavras com um sorriso zombeteiro e satisfeito. A sra. Plath ter sido generosa com seu tempo é a mesma coisa que a discussão suave com a sra. Greenwood. No entanto, a sra. Plath não deixou a situação nesse ponto. Em 1975, para provar sua tese de que a persona desagradável de *Ariel* e *The bell jar* era a "falsa identidade" doentia de Sylvia Plath e que sua "verdadeira identidade" saudável era a de moça gentil, bondosa e "prestativa", ela pediu e recebeu de Ted Hughes, executor literário de Sylvia Plath, permissão para publicar um livro com as cartas que Sylvia lhe escrevera entre 1950 e 1963. A ideia era mostrar que Sylvia não era a ingrata odiosa e odienta, a mulher cambiante de *Ariel* e *The bell jar*, mas uma filha amorosa e obediente. E o sorriso de satisfação da sombra deve ter-se apagado quando as cartas foram publicadas, num volume intitulado *Letters home* [Cartas para casa]. "Mamãe, como é que você pôde fazer uma coisa dessas?", seria a reação angustiada de não importa que filha a um ato de traição como a publicação daquelas cartas: cartas escritas às pressas, efusivas, regressivas; cartas escritas por hábito, compulsivamente, às vezes mais de uma por dia; cartas enviadas com a segurança de que só se destinavam aos olhos acríticos da mãe. Uma coisa é algum "canalha editorial" aparecer depois da sua morte, conseguir pôr as mãos num esconderijo repleto das suas cartas mais particulares e espontâneas e publicá-las, e outra quando sua própria mãe a entrega à posteridade vestindo seu velho roupão de banho e com o rosto sem lavar; na verdade, é uma coisa que desafia toda capacidade de resistência. Parece nunca ter ocorrido à sra. Plath que a persona de *Ariel* e *The bell jar* era simplesmente a persona pela qual Sylvia queria ser representada e lembrada — que ela escrevia assim para publicação porque era assim que desejava ser percebida, e que o rosto que mostrava a sua mãe não era o mesmo que desejava exibir ao público leitor. Não se pode culpar essa pobre mulher por sua inocência. Quando um filho se suicida, os pais devem ser perdoados por toda e qualquer coisa que façam para atenuar sua dor, mesmo (ou talvez especialmente) os gestos de agressão inconsciente.

A publicação de *Letters home*, porém, teve um efeito diferente do planejado pela sra. Plath. Em vez de mostrar que Sylvia não era "assim", as cartas fizeram o leitor admitir pela primeira vez a possibilidade de que sua relação doentia com a mãe fosse a razão pela qual ela *era* assim. Antes disso, a morte do pai de Sylvia Plath, Otto (um professor de entomologia nascido na Alemanha, que morreu quando ela ainda não completara oito anos), era considerada a ocorrência mais sombria de sua vida, o trauma de que nunca se recuperara. Mas agora parecia que a chave para a tragédia podia ter sempre estado oculta na relação entre mãe e filha. O que Sylvia Plath, à maneira indireta dos artistas, só chegara a sugerir sobre sua patologia (em poemas como "The disquieting muses" e "Medusa", além de *The bell jar*), agora aparecia com a maior nitidez nas páginas de *Letters home*. No último verso de "Medusa" — um poema que tem a forma da queixa raivosa feita à mãe pela filha —, Sylvia Plath escreve, com um arrepiante duplo sentido: "Não há nada entre nós" (*"There is nothing between us"*). A proximidade excessiva e esmagadora entre Sylvia e a mãe (e sua aterradora alienação concomitante) está fartamente documentada em *Letters home*. Os comentários críticos sobre o laço não natural entre mãe e filha (Harriet Rosenstein e Lynda Bundtzen são as autoras de algumas das melhores contribuições a essa literatura) não seriam agradáveis à sra. Plath. Mas uma coisa ainda mais momentosa que seu doloroso erro de cálculo — seu fracasso absoluto em convencer o mundo de como tudo era maravilhoso na vida de Sylvia e entre Sylvia e ela própria — resultou da publicação de *Letters home*. Foi a divulgação de uma torrente de informações sobre Sylvia Plath e as pessoas que fizeram parte de sua vida, especialmente Ted Hughes — uma torrente que pode ser comparada a um vazamento de petróleo no mar pela devastação que promoveu entre os sobreviventes de Plath, que até hoje lembram aves cobertas por uma irremovível camada de piche. Antes da publicação de *Letters home*, a lenda de Sylvia Plath era breve e contida, um drama lacônico e austero tendo por únicos cenários alguns aposentos tristes e escassamente mobiliados. O bem escrito texto de memórias de Alvarez deu-lhe seu tom ansioso e prenunciou seu potencial como parábola feminista. E agora a lenda se ampliava, transformando-se num vasto e panorâmico romance cinematográfico, com cenários do realismo mais consumado e minucioso: roupas de época, móveis e utensílios de cozinha; comida de verdade; um elenco de personagens liderado por uma Sylvia Plath que lembrava Doris Day (uma Doris Day alta, que "escrevia") e um Ted Hughes parecido com Laurence Olivier no papel de Heathcliff. Expondo as cartas de sua filha ao escrutínio do mundo, a sra. Plath não se limitava a violar a privacidade de Sylvia Plath como escritora: também entregava ao mundo a própria Sylvia como um objeto familiar, que podia ser passado de mão em mão. Agora todos podiam achar que "conheciam" Sylvia Plath — e, é claro, Hughes também. Hughes conservara o direito à aprovação final do livro e foi criticado por sua edição; acharam que deixou muito de fora, que havia um excesso de elipses. Mas na verdade *Letters home* não é notável pelo que deixa de fora sobre Hughes e sim pelo que conserva.

As cartas em tom de êxtase histérico que Sylvia Plath escreveu à mãe sobre Hughes quando se apaixonou por ele e as cartas só um pouco mais calmas que escreveu durante os anos bons de casamento nos proporcionam — mesmo com as elisões — uma visão notavelmente próxima desse homem. Evidentemente, a visão que recebemos é a que Sylvia Plath tinha dele — outras pessoas que conheceram Hughes na mesma época sugerem que a versão dela reflete sua tendência ao exagero e ao excesso —, mas mesmo assim ela não é fácil de apagar. Com o instinto da romancista em que estava tentando se transformar, Sylvia Plath descreve para sua mãe o caráter de Hughes com poucas pinceladas seguras, ousadas e estilizadas. Ele faz sua primeira aparição numa carta de 3 de março de 1956:

> Conheci, aliás, um brilhante poeta ex-Cambridge na festa da *St. Botolph's Review*, semana passada; é provável que nunca mais torne a vê-lo (trabalha para J. Arthur Rank em Londres), mas escrevi depois o meu melhor poema sobre ele — o único homem que já conheci aqui que seria forte o bastante para eu me tornar sua igual — a vida é assim.

Em 17 de abril, ela escreve:

A coisa mais dilacerante é que nos últimos dois meses eu me apaixonei terrivelmente, o que só pode levar a muito sofrimento. Conheci o homem mais forte do mundo, ex-Cambridge, poeta brilhante cuja obra eu já adorava antes de conhecê-lo, um Adão alto, forte e saudável, meio francês e meio irlandês, com uma voz que lembra a trovoada de Deus — cantor, contador de histórias, leão e viajante, um vagabundo que jamais vai parar.

Em 19 de abril:

Agora vou contar a você a coisa mais miraculosa, trovejante e aterrorizante, e espero que você pense a respeito e me diga depois o que acha. É esse homem, esse poeta, esse Ted Hughes. Nunca encontrei nada igual. Pela primeira vez na vida, posso usar *tudo* o que eu conheço, todo o meu riso, toda a minha força, tudo o que eu escrevo até o cabo o tempo todo, tudo, e você precisava vê-lo, ouvi-lo!

Ele tem uma força e um tamanho [...] quanto mais poemas escreve, mais escreve poemas. Conhece todos os hábitos dos animais e me leva a passear entre as vacas e as garças. Estou escrevendo poemas, e são melhores e mais fortes que tudo o que já fiz.

Em 29 de abril:

Ted é incrível, mamãe [...] usa sempre o mesmo suéter preto e o mesmo casaco de veludo com os bolsos cheios de poemas, trutas frescas e horóscopos [...]. Ontem ele entrou pela porta com um pacote de camarões miúdos cor-de-rosa e quatro trutas frescas. Eu preparei um molho de camarão Newburg com essência de manteiga, creme, xerez e queijo; e servi com arroz e as trutas. Levamos três horas para descascar os camarõezinhos miúdos e depois do jantar Ted ficou estendido, gemendo ao lado da lareira de pura delícia, como um Golias imenso.

O humor dele é o sal da terra.

Em 3 de maio:

> Sinto que toda a minha vida, toda a minha dor e todo o meu trabalho foram para isto. Todo o sangue derramado, as palavras escritas, as pessoas amadas foram um exercício de preparação para o amor [...]. Vejo nele o poder e a voz que hão de sacudir o mundo e infundir-lhe vida.
>
> Ted escreveu muitos poemas viris, profundos e contundentes.

Sylvia Plath e Ted Hughes casaram-se em 16 de junho de 1956 e Sylvia continuou a escrever para a mãe sobre aquele "homem rústico, gentil e magnífico, desprovido da menor migalha de falsa vaidade ou tendência a aceitar a bajulação dos inferiores", dotado de um espírito "magnífico, nem minucioso e nem ameno e político". Quando Hughes aceitou um emprego de professor num colégio masculino, Plath escreveu sobre seu volumoso Adão: "Devem admirá-lo muito; ele é uma pessoa tão forte e fascinante, comparado com os outros maricas que ensinam lá". Cinco anos mais tarde, quando Sylvia operou o apêndice e Hughes vinha visitá-la no hospital trazendo "sanduíches imensos de carne malpassada", Plath escreveu: "Ele é um anjo. Vê-lo chegar nas horas de visita, quase duas vezes maior que os outros, pessoas pequenas e socadas, com seu rosto bonito, gentil e sorridente, é para mim a mais bela visão do mundo".

Nos diários de Plath, Hughes também é representado como um imenso super-homem ariano, um Adônis, embora a voz da autora dos diários seja diferente, às vezes mais pungente e sombria que a da autora das cartas à mãe. Em 26 de fevereiro de 1956, Plath registrou um relato hoje famoso de seu primeiro encontro com Hughes na festa da *St. Botolph's Review*, sobre o qual escreveu com tanta ligeireza ("é provável que nunca mais torne a vê-lo") para sua mãe. No diário, Plath fala das bebidas, da conversa em voz muito alta, das danças e da embriaguez. Assim:

> Aquele rapaz alto, moreno e forte, o único de tamanho capaz de me satisfazer, que andava farejando as mulheres e cujo nome

eu quis saber assim que entrei na sala, mas ninguém me disse, chegou perto, olhou fixo em meus olhos e era Ted Hughes.

Hughes leva Plath para uma outra sala nos fundos, e

bang, a porta se fechou e ele estava despejando conhaque num copo e eu despejando conhaque no lugar onde estava a minha boca da última vez que me lembro dela [...].

E aí eu estava batendo os pés e ele estava batendo os pés no chão e aí ele me beijou direto na boca [omissão] [...]. E quando ele me beijou o pescoço eu mordi seu rosto com força e por muito tempo e quando ele saiu da sala o sangue corria pelo seu rosto. [Omissão.] E eu gritei dentro de mim, pensando: ah, quem me dera me entregar com estardalhaço, resistindo, a você.

Cito a passagem da forma como aparece nos *Diários* publicados. Uma versão mais completa — em que Hughes, além de beijar Plath, arranca a faixa vermelha que ela usava nos cabelos e embolsa seus brincos de prata — foi depois publicada em outro lugar e é apontada como prova do tipo de edição supressiva praticada por Hughes em defesa de seus interesses. Mesmo nesta versão censurada, porém, o texto é extraordinariamente íntimo, e só podemos perguntar-nos por que Hughes permitiu a publicação de qualquer parte dele. Na verdade, se estava tão disposto a preservar sua privacidade, por que sancionou de todo a publicação de *Letters home* e dos *Diários*?

Uma carta inédita que Hughes escreveu à sra. Plath sete anos depois da morte de Sylvia nos propõe uma resposta possível. A carta está no arquivo Plath da Biblioteca Lilly, na Universidade de Indiana em Bloomington — uma imensa coleção de cartas escritas e recebidas por Sylvia Plath, além da correspondência da família escrita após a sua morte. (A sra. Plath vendeu sua coleção à Lilly em 1977.) Na carta, datada de 24 de março de 1970, Hughes fala à sra. Plath de uma casa que deseja comprar na costa norte de Devon — "um lugar inacreditavelmente bonito" —, mas para a qual não tem dinheiro. Não quer vender uma casa que acabara de comprar em Yorkshire ("um investimento de primeira") e nem quer ("por razões, como se diz, sentimentais") vender Court Green, onde voltou a morar com as crianças depois da morte de Sylvia Plath (e onde mora ainda hoje, com Carol, sua segunda mulher). "Por isso", diz ele à sra. Plath, "estou tentando liquidar todos os meus outros bens e o que me ocorre é *The bell jar*." Ele pergunta à sra. Plath o que ela "acharia de publicar o livro agora nos Estados Unidos", acrescentando que dali a alguns anos ele "não seria mais muito vendável", transformando-se numa simples "curiosidade para estudiosos". A sra. Plath, é claro, tinha horror ao livro e escreveu a Hughes uma carta vigorosa de protesto: preferia que *The bell jar* não fosse publicado nos Estados Unidos. Mas no final da carta, "de uma pessoa inteligente e madura para outra", ela acaba cedendo. "Já que o direito de publicação é seu, a decisão também lhe cabe", diz ela, com uma afetação suspeita. Assim, em 1971, *The bell jar* foi lançado nos Estados Unidos. A sra. Plath aguentou firme e finalmente exigiu em pagamento sua libra de carne: pediu a Hughes sua permissão para publicar as cartas que Sylvia lhe escrevera. Hughes não tinha como recusar.

Uma das condições desagradáveis mas obrigatórias impostas a todo aquele que se decida a escrever sobre Sylvia Plath é endurecer seu coração contra Ted Hughes. De um modo ou de outro, por esta ou aquela razão, é preciso deixar de lado a compaixão e a simpatia por Hughes, a sensação de que esse homem é uma vítima e um mártir, e resistir ao impulso de abandonar a empreitada a fim de não aumentar ainda mais seus tormentos. Vários autores, de fato, deixaram originais inacabados. Numa carta a Andrew Motion, o editor inglês de Linda Wagner-Martin, Hughes fala desses aspirantes caídos com uma espécie de triunfo amargo:

> [Linda Wagner-Martin é] tão insensível que escapou aos efeitos que geralmente afetam quem empreende essa tarefa — crises nervosas, colapsos neuróticos, calamidades domésticas — e já nos salvaram da publicação de várias aberrações dessa espécie.

A carta de Hughes à sra. Plath sobre a venda dos direitos de publicação de *The bell jar* me permitiu ver Hughes pela primeira vez com a devida frieza: é evidente que ele trocara seu direito à privacidade por uma propriedade imobiliária, pois se não tivesse publicado *The bell jar* contra a vontade da sra. Plath ela certamente não se sentiria compelida a publicar *Letters home* e Hughes, por sua vez, poderia não se sentir impelido a administrar um corretivo ao corretivo dela, publicando os *Diários*.

Numa carta enviada à *New York Time Review of Books* e publicada em 30 de setembro de 1976 em resposta a um artigo sobre três livros acerca de Sylvia Plath, Olwyn Hughes queixa-se de que o autor do artigo, Karl Miller, "trata a família de Sylvia Plath como personagens de alguma obra de ficção". E diz ainda: "É quase como se, ao escrever sobre Sylvia, parte de cuja obra atinge com crueldade e licença poética os que lhe eram mais próximos, os jornalistas se sintam autorizados a fazer o mesmo". É claro que sim. A liberdade de ser cruel é um dos privilégios incontestes do jornalismo, e tratar as pessoas como se fossem personagens de romances vagabundos é uma de suas convenções mais amplamente difundidas. Na sra. Plath, em Ted Hughes e em Olwyn Hughes, o jornalismo encontrou e ainda encontra três alvos extremamente atraentes para sua tendência ao sadismo e reducionismo.

Quando *Bitter fame* foi lançado, aumentando o cacife do jogo, decidi entrar na parada. Como os outros parceiros sentados em torno da mesa, muitas vezes me senti ansiosa e oprimida pelo jogo. Ele está sendo disputado numa sala tão triste e sombria que cada um mal consegue ver as cartas que tem nas mãos; é fácil cometer enganos. A atmosfera do aposento é estagnada; o mesmo ar vem sendo respirado há muitos anos. As janelas estão sujas e não abrem mais, pois ficaram emperradas. Um velho empregado serve as bebidas aguadas com mãos trêmulas. Por uma porta, pode-se ver um caixão aberto cercado de velas acesas. Há uma velhinha sentada numa cadeira de espaldar reto, lendo um manual de estenografia. Um homem muito alto de cabelos grisalhos, vestido de preto, precisando abaixar a cabeça para passar pela porta, vem para a sala e fica de pé assistindo ao jogo. A porta da rua se abre de repente e uma mulher alta entra de sopetão. Murmura alguma coisa no ouvido do homem alto; ele encolhe os ombros e volta para a sala do caixão. Ela o acompanha com os olhos, dá um esbarrão malévolo na mesa de jogo, derramando as bebidas e espalhando as cartas, depois sai batendo a porta. Eu estudo as cartas que tenho na mão e decido pagar para ver.

6.

Em 11 de fevereiro de 1991, eu estava almoçando com Olwyn Hughes num restaurante indiano quase deserto em Camden Town, Londres. A própria Londres dava uma sensação de vazio e vozes abafadas. A Guerra do Golfo começara algumas semanas antes; temiam-se atos terroristas e muitas viagens tinham sido canceladas — três quartos de meu hotel estavam desocupados. O clima contribuía para o silêncio da cidade. Uma nevasca e um frio intenso haviam-se abatido sobre o país, totalmente despreparado para eles, produzindo um cerco pelo frio igual ao que a Inglaterra sofria no momento da morte de Sylvia Plath e que Alvarez descreve em seu texto de forma inesquecível:

> A neve começou a cair logo depois do Natal e não parava mais. À altura do Ano-Novo, todo o país ficara paralisado. Os trens congelaram nos trilhos, os caminhões abandonados congelavam nas estradas. As usinas de força, sobrecarregadas por milhões de patéticos e incontroláveis curtos-circuitos, sofriam colapsos constantes; não que os curtos-circuitos fizessem diferença, porque quase todos os eletricistas estavam em greve. A água congelava nos canos; para tomar banho, era necessário fazer planos minuciosos e bajular os raros amigos que tinham casas com aquecimento central, cada vez mais raros e menos amigáveis à medida que as semanas se arrastavam. Lavar os pratos transformou-se numa operação complexa. O gorgolejo gástrico da água num encanamento antigo era um som mais doce que o dos bandolins. Peso a peso, um bombeiro custava tão caro quanto salmão defumado e era muito mais difícil de encontrar. Faltava gás e os assados de domingo eram comidos quase crus. O fornecimento de luz falhava e as velas, claro, eram impossíveis

de obter. Nervos se abalavam e casamentos ruíam. Finalmente, o coração também falhava. Parecia que o frio nunca havia de passar. Resmungos, resmungos, resmungos.

Agora, 28 anos mais tarde, os ingleses ainda se aferravam com teimosia à ideia de que o frio rigoroso do inverno é tão raro em sua terra verde e agradável que não vale a pena preparar-se para ele, e pude assim experimentar em primeira mão como devem ter sido a frustração e a sensação de isolamento de Sylvia Plath durante o inverno em que se suicidou. Passei horas sentada num trem sem aquecimento — retido numa estação local porque o gelo travara suas portas — observando os demais passageiros, que continuavam sentados dóceis e sem expressão, despreocupados com seu destino, numa espécie de exaltação do desconforto sem queixas. Andara pela cidade coberta de traiçoeira neve congelada, lembrando o "bem-humorado" texto "Snow blitz" ["Nevasca"] de Sylvia Plath, escrito pouco antes de sua morte, em que sua impaciência americana com a passividade inglesa e a superioridade moral que lhe era associada volta e meia irrompia por meio do tom superficial de afastamento irônico.

"Sylvia morreu este mês," disse eu a Olwyn no restaurante indiano. "Em que dia foi?"

"Por acaso, no dia de hoje", respondeu ela. "Eu me lembrei ontem, quando estava datando uma carta para você. É estranho."

"A casa onde ela morreu na Fitzroy Road fica perto daqui, não é?", perguntei. "Depois do almoço, você vem comigo até lá?"

"Querida, acho que não quero dar esse passeio", respondeu Olwyn. Acendeu um cigarro, e enquanto eu a examinava através da fumaça lembrei-me de um trecho de *Letters home*, datado de 21 de novembro de 1956, onde aparece a primeira impressão que Sylvia Plath teve de sua cunhada:

> Olwyn, irmã de Ted, esteve aqui de visita no fim de semana voltando de casa para seu emprego em Paris. Tem 28 anos e é de uma beleza impressionante, com cabelos e olhos cor de âmbar dourado. Preparei um grande jantar de rosbife, com vi-

nho tinto, morangos e creme. De alguma forma, ela me lembra uma criança perdida que nunca vai envelhecer. No entanto, é bastante egoísta e gasta imensas quantias consigo mesma em extravagâncias de roupas e cigarros, embora continue devendo cinquenta libras a Ted. Mas, apesar de tudo, eu gosto dela.

A impressão de Sylvia Plath de que Olwyn era uma criatura predestinada a jamais envelhecer foi brilhante e profética. Embora hoje "aparente a idade que tem" — não é uma dessas mulheres mais velhas de aparência incrivelmente jovem tão frequentes no mundo moderno —, também não tem a aparência que se associa às mulheres de mais de sessenta anos. Tem alguma coisa de colegial, um clima de atrevimento e desobediência, uma sugestão de vida boêmia. Os cabelos ainda são de um louro ambarino; o rosto é bonito e bem cuidado. Ao mesmo tempo, Olwyn tem algo de imponente e ameaçador. Como Ted Hughes (e a própria Sylvia Plath), é alta com a ossatura larga, e ao vê-la sentada no restaurante com o casaco nos ombros, numa postura curvada que era uma desconcertante mistura de obstinação e tristeza, lembrei-me do quadro alegórico em que Dürer retratou a Melancolia. Em pessoa, assim como por carta, Olwyn não se incomoda em saber o quanto seu interlocutor sabe ou não dos absurdos que os autores que escrevem sobre Sylvia Plath cometeram ou ainda hão de cometer. Limita-se a despejar sua cólera e seu desprezo pelas pessoas com quem precisa lidar na qualidade de agente literária do espólio de Sylvia Plath. Lembra o diretor de uma escola, ou de uma prisão: os estudantes ou presidiários vêm e vão, mas ela permanece. E uma nova e ruidosa classe de calouros estava prestes a chegar. As desafiadoras biografias não autorizadas de Ronald Hayman e Paul Alexander já estavam no prelo e Jacqueline Rose pretendia publicar pouco depois um estudo literário que questionava com impertinência a maneira como os *Diários* e as cartas de *Letters home* haviam sido editados. Mas nem por isso Olwyn esquecera os erros dos ex-alunos, ou os da recém-formada Anne Stevenson. Bastou que eu tocasse na ferida para que ela se entregasse a uma verdadeira ária de escárnio cujas primeiras notas eu ouvira poucos meses antes e continuaria a ouvir ao longo de toda a nossa relação. "Falando com toda a franqueza, Anne foi um erro", dissera ela em nosso primeiro encontro. "Eu me arrependo de não ter escolhido alguém mais inteligente, alguém como Hilary Spurling. Sylvia era uma intelectual — e Anne não é. Foi preciso que eu servisse de babá para ela e nisso desperdicei um ano da minha vida." E (num recital posterior): "Anne é uma boa poetisa menor. É uma pequena dama da literatura. Escreveu algumas coisas boas; um ou dois de seus capítulos são bastante razoáveis. É uma escritora apaixonada. Mas não tem um espírito faminto e intenso. E eu não percebi. Fui enganada por seu porte sóbrio, por seus belos *tweeds* e pelo fato de ter sido professora. Ela nunca chegou a entender direito a natureza de Sylvia. E formou uma ideia errada. Estava sempre imaginando que ela fosse uma moça suave e emotiva. Mas Sylvia nunca foi assim". E agora, no restaurante indiano, Olwyn voltava ao tema. "Anne deixou todas as coisas mais interessantes de fora e incluiu no livro todas as coisas mais maçantes", disse ela. "Precisava deixar sua marca em tudo. Sempre me fazia perder tempo com as suas notinhas ridículas. Eu ficava exasperada com aquelas bobagens. Eu queria que ela registrasse os fatos e não sabia que ela acabaria escrevendo suas pequenas ruminações pessoais sobre Sylvia Plath. Uma biografia não é um poema e nem um romance; é um documento."

"E por que você não escreveu seu próprio livro?", perguntei.

"Não sou escritora. E, por ser irmã de Ted, ninguém iria acreditar em mim."

"Mas ninguém também acredita em *Bitter fame*", disse eu. "Se você tivesse escrito um relato sincero de irmã, era assim que o teriam lido. As pessoas saberiam onde estavam pisando. Mas assim elas ficam desconfiadas. Sentem que alguma coisa está sendo escondida delas e que estão lhes empurrando outra coisa."

"É, as pessoas não suportam a ideia de existir alguma coisa que não conseguem ver. Recebi os originais de uma mulher horrível, uma certa Jacqueline Rose. É mais um ataque contra Ted. Ela constrói toda uma teoria a partir dos cortes que Ted fez nos diários de Sylvia. As pessoas cismaram que Ted fica vigiando tudo. Ted é um sujeito muito tranquilo. Um homem de bem. Eu escrevi vinte páginas de anotações sobre o livro de Jacqueline Rose — posso mandá-las para você. Você conhece essa mulher?"

"Vou me encontrar com ela daqui a alguns dias." Eu já ouvira falar do projeto de Jacqueline Rose — hoje o livro *The haunting of Sylvia Plath* [O assédio a Sylvia Plath] — e alguns meses antes falara com ela ao telefone sobre a possibilidade de um encontro quando eu viesse à Inglaterra. A conversa fora breve. Jacqueline Rose me contou que entregara seus originais à editora Virago e estava esperando para ver como se resolveria a "situação" que surgira entre a Virago e o espólio de Sylvia Plath. Se tudo corresse bem — se as dificuldades fossem vencidas e o livro conseguisse ir para o prelo sem problemas — ela não teria nada a declarar a uma jornalista. No entanto, se as coisas não corressem bem, teria muito a dizer. E era evidente que não tinham corrido bem; eu tinha um encontro para entrevistar Jacqueline Rose.

O garçom começou a tirar a mesa. Olwyn enfiou a mão na bolsa e me entregou um papel. Era a carta para mim que mencionara, datada da véspera; ela achara melhor me entregar em mãos do que pô-la no correio. Consistia quase toda em três textos escritos por parentes de três escritores famosos já mortos — Virginia Woolf, John Middleton Murry e Sylvia Plath — manifestando ódio e amargura em relação aos biógrafos e/ou críticos. Os parentes eram Quentin Bell, numa carta para Olwyn; Katherine Middleton Murry (filha de John), em carta para o *Independent*; e Ted Hughes numa carta para Jacqueline Rose. A carta de Hughes era a que mais me interessava — e dizia o seguinte:

> Os críticos consideram estabelecido seu direito de dizer o que quiserem sobre os mortos. É um poder absoluto e a corrupção que o acompanha é, muitas vezes, uma atrofia da imaginação moral. Recorrem à mentira porque são incapazes de perceber a diferença entre os vivos e os mortos. Estendem aos vivos a licença de dizer o que quiserem, esquadrinhar

sua psique e reinventá-los da maneira que lhes aprouver. Postam-se diante de turmas de alunos e apresentam esse espetáculo como uma atividade exemplarmente civilizada — essa insensibilidade absoluta em relação a outros seres humanos. Os alunos percebem o poder fácil, ficam fascinados e começam a tentar superar seus mestres. Para uma pessoa, corromper-se dessa maneira é tornar-se genuinamente corrupta.

"Está muito bem escrito", comentei, guardando a carta na minha bolsa. E depois — juntando-me à multidão perversa que mendigava as migalhas caídas da mesa — acrescentei: "Posso citar este texto?".

"Vou perguntar a Ted", respondeu Olwyn num tom indiferente.

Ela acendeu outro cigarro, e eu arrisquei uma pergunta cuja resposta julgava já saber. "Como era conhecer Sylvia?"

Ela hesitou um instante e então disse: "Não havia nada entre nós duas de mulher para mulher. Ela era muito absorvida por Ted; não estava interessada em mim".

"Você acha que ela interferiu na relação entre você e o seu irmão?"

"Bobagem", disse Olwyn. "Coisa de fanáticos. Eu estava muito ocupada com a minha própria vida àquela altura."

Se todas as nossas relações se baseiam tanto na realidade como na imaginação, as circunstâncias ditaram que a relação entre Olwyn e Sylvia Plath deveria ser mais interior que a média. Como Olwyn morava e trabalhava em Paris durante os seis anos do casamento entre Sylvia e seu irmão (dois deles nos Estados Unidos e quatro na Inglaterra), elas só estiveram juntas, no total, umas cinco ou seis vezes. Pode-se dizer com justiça que a "verdadeira" relação entre Olwyn Hughes e Sylvia Plath só começou depois da morte desta, quando Olwyn abandonou seu emprego em Paris para ir viver em Court Green com o irmão, ajudando-o a criar seus filhos sem mãe. Durante a vida de Sylvia Plath, é evidente que Olwyn a via — quando chegava a pensar nela — como a mulher com quem preferia que seu irmão não estivesse casado. E essa leitura dos pensamentos de Olwyn se baseia em três cenas contadas em *Bitter fame*. Todas elas mostram alguma cena desagradável entre as duas cunhadas e todas foram relatadas por Olwyn a Anne Stevenson para ilustrar as falhas de caráter de Sylvia Plath. Em todos os casos, o leitor percebe que só está ouvindo um dos lados da disputa e, como ocorre no texto de Dido Merwin, fica admirado diante da inocência com que a narradora acredita em seu poder de persuasão. Falar mal dos outros é uma das operações mais difíceis e delicadas da retórica; ser persuasivo, produzir no leitor a impressão da maldade de X e de seus próprios desinteresse e boa-fé, requer muito talento. Não basta afirmar — como fizeram Dido e Olwyn — que X era uma pessoa horrível. Isto só tende a despertar a simpatia do leitor por X.

A mais desagradável das cenas desagradáveis contadas em *Bitter fame* ocorreu em Yorkshire, na casa dos pais de Ted e Olwyn durante as férias do Natal de 1960:

> Até onde Olwyn se lembra [escreve Anne Stevenson], tudo começou com uma observação que ela fez em resposta aos comentários "maldosos" de Sylvia sobre o comportamento de alguém que ela conhecia mas Olwyn não. Olwyn observou: "Você é muito crítica, não é?" — ignorando a regra implícita de que Sylvia *jamais* podia ser criticada de maneira alguma. A reação foi imediata. Sylvia voltou-se para ela com um olhar meio aterrorizado e meio furioso e chamou Ted para a sala, murmurando em seu ouvido o comentário de Olwyn. Olwyn, perdendo as estribeiras, perguntou a Sylvia por que ela não se comportava de maneira normal, por que era tão grosseira e por que costumava demonstrar tão pouca consideração para com os outros. A essas perguntas Sylvia não respondeu, mantendo apenas seu olhar fixo. Olwyn, que se arrependeu imediatamente de ter dito alguma coisa, lembra-se de ter pensado: "Por que ela não *diz* nada?".

Olwyn pôs fim ao confronto acariciando os cabelos sedosos de Frieda (o bebê estava sentado em seu colo o tempo todo) e dizendo: "Mas não podemos ter essa conversa na presença desta gracinha". Frieda estava pronta para ir dormir. Sylvia a pegou em silêncio, subiu para o quarto e não mais tornou a aparecer. Olwyn foi dormir mais tarde, muito arrependida. Foi despertada ao amanhecer pela partida do irmão com toda a sua família.

Pode-se notar que é o *silêncio* de Sylvia Plath que deixa Olwyn tão irritada. Podemos lembrar a associação feita por Hughes entre a autenticidade — a "verdadeira identidade" — e a mudez. Mas aqui a mudez é percebida (como Lear a percebe em Cordélia) como uma agressão. Olwyn ataca Sylvia verbalmente, mas suas palavras não passam de palavras; a mudez (medusal) de Sylvia Plath é que é a arma mortífera e impiedosa. Numa carta que me escreveu há um ano e meio, Olwyn volta a falar desse incidente, realçando o caráter ameaçador do silêncio de Sylvia Plath:

> Acho que foi um duelo exasperado. Ela não disse nada, mas ficou me olhando fixamente, em silêncio. Foi o único desentendimento da minha vida em que a outra pessoa não disse nada em sua defesa. Pensando bem, o gesto dela de ter partido ao amanhecer do dia seguinte foi muito agressivo. Tirando-me a oportunidade de "fazer as pazes", como eu pretendia, e condenando-me a ficar presa em meu erro.

Por baixo das aparências do relato de Olwyn sobre o confronto de Yorkshire, com seu clima ansioso de acerto de contas, estão feridas profundas, e uma delas é sem dúvida a ferida de que nunca se recuperam os sobreviventes dos suicidas. Sylvia Plath, como sabemos, "partiu ao amanhecer" de um outro dia, em 1963. O suicida "vai embora", e os sobreviventes são condenados a ficar presos para sempre em seus erros. São como os amaldiçoados que nunca podem pedir desculpas, que não têm esperança alguma de perdão. Quando Olwyn pergunta "Por que ela não *diz* nada?", está manifestando a angústia e a raiva daqueles que foram deixados sem uma palavra no meio de um lago de fogo.

Mas é claro que Sylvia "disse alguma coisa". Em 1º de janeiro de 1961, escreveu para sua mãe relatando o incidente, contando as coisas desagradáveis que Olwyn dissera a seu respeito e fazendo por sua vez algumas observações bem desagradáveis sobre a relação entre Olwyn e Ted, chegando ao absurdo de sugerir um incesto. A carta é mencionada em *Bitter fame* ("Sylvia queixou-se, em linguagem caracteristicamente exaltada, da cena com Olwyn"), mas seus termos não são citados. Anne Stevenson pretendia usá-la — trechos dela aparecem numa versão anterior de seu livro —, mas Olwyn não suportou ouvir falarem dela naqueles termos e insistiu para que aquelas passagens fossem eliminadas, recriminando Anne, numa carta de 12 de dezembro de 1987, por seu "desejo antipático de me caluniar usando as palavras de Sylvia Plath". Anne Stevenson achava que a citação falava por si — que era tão destemperada e descontrolada que acabaria criando simpatia por Olwyn, assim como os ataques destemperados de Dido Merwin contra Sylvia Plath só fizeram despertar simpatia por sua vítima. Mas Olwyn não via as coisas dessa maneira. Sylvia Plath se recusara a conversar com ela em vida e agora, na morte, aumentava ainda mais a ofensa falando dela pelas costas. Olwyn, compreensivelmente, achava isso intolerável.

As memórias que Olwyn tem dessa cena desagradável e de mais duas outras semelhantes podem ser entendidas como um mesmo sonho recorrente de humilhação infantil. Em todas elas, Sylvia Plath é representada como uma antagonista silenciosa, poderosa e sinistra, cuja agressão deixa Olwyn atônita e sem ação. Em um de seus ensaios técnicos, Freud nos diz como os segredos do paciente analítico vazam por todos os poros sem que ele saiba. Ted Hughes, com seu silêncio obstinado, protege seus segredos melhor do que a irmã: ninguém pode usar suas palavras contra ele. Mas todos podem especular — e especulam — sobre suas motivações. "São incapazes de perceber a diferença entre os vivos e os mortos", queixa-se dos biógrafos, críticos e jornalistas que falam sobre ele e sua família sempre que escrevem sobre Sylvia Plath. "Estendem aos vivos sua licença de dizer o que quiserem." Milan Kundera, em seu romance *A imortalidade*, tem uma passagem em que manifesta comiseração pelos mortos. Debaixo da terra, eles "são mais rasteiros ainda que os velhos", escreve ele. "Aos velhos ainda se concedem direitos humanos. Os mortos, contudo, perdem todos os direitos no mesmo segundo em que morrem. Não há lei que os proteja da calúnia; sua privacidade deixa de ser privativa; nem mesmo as cartas que lhes foram escritas pelas pessoas amadas, nem mesmo o álbum de família que sua mãe lhes deixou, nada, nada mais lhes pertence." Hughes, na verdade, protesta por ser tratado como se estivesse morto. A questão pendente entre os irmãos Hughes e o público que lhes é hostil é saber se eles estão mortos ou não. Eles próprios comprometeram sua posição de pessoas vivas ao auferirem ganhos financeiros com as obras póstumas da poetisa morta. Comeram as sementes de romã que os prendem ao mundo inferior. Os defensores de Sylvia Plath limitam-se a assistir satisfeitos enquanto os irmãos Hughes se esforçam em vão para afirmar seus direitos como pessoas vivas. E o fato de Hughes ter aceito o trabalho avulso de Poeta Laureado só fez reduzir ainda mais suas condições de aspirar à condição de pessoa viva.* O Poeta Laureado deixa de ser exatamente mortal. Ascende ao panteão dos mortos coroados. E também desce à cloaca onde o jornalismo sensacionalista colhe seus relatos sinistros sobre as celebridades. "A VIDA SECRETA DO POETA LAUREADO — 'TED NÃO PODE SE ESCONDER PARA SEMPRE'" foi a manchete de uma reportagem especialmente rasteira publicada no *Mail on Sunday* de 1º de fevereiro de 1987. Mas um paradoxo demarca o conflito entre os irmãos Hughes e os partidários de Sylvia Plath. Esses partidários, que Olwyn chama de "libbers" porque muitos deles são feministas (e daí o apelido de *women's lib*), representam, nessa luta, menos o movimento de libertação da mulher do que uma espé-

---

* Na Grã-Bretanha, desde o século XVI, o "Poeta Laureado" é aquele a quem esse título honorífico é concedido pelo soberano, recebendo emolumentos da Coroa britânica. (N. T.)

cie de movimento de libertação dos mortos. Querem restaurar os direitos que Sylvia Plath perdeu ao morrer. Querem arrancar de Hughes o poder sobre o espólio literário que adquiriu quando ela morreu intestada. Querem acabar com a censura a seus diários e cartas. Desse modo, devolvendo a Sylvia Plath a condição de pessoa viva, operam apenas uma substituição: condenam os irmãos Hughes e a sra. Plath às esferas inferiores, para tomarem o lugar de Sylvia Plath entre os mortos desprovidos de direitos.

7.

Olwyn e eu trocamos o restaurante escuro e acolhedor pela rua gelada. Olwyn começou a me dizer como eu poderia chegar à casa de Plath na Fitzroy Road, mas as indicações eram complicadas e, quando ela soube que eu não tinha um mapa da cidade, disse: "Está certo — vou andando até lá com você. Você nunca iria encontrar sozinha".

Caminhamos pelo que me pareceu muito tempo, andando com muito cuidado em meio à neve endurecida. "É estranho ir até a casa de Sylvia no aniversário da morte dela", disse Olwyn. Chegamos à agradável área de Primrose Hill e atravessamos uma praça que Olwyn identificou como a Chalcot Square, onde Plath e Hughes moraram entre fevereiro de 1960 e o verão de 1961. Olwyn me apontou um belo prédio de cinco andares onde o casal ocupara um pequeno apartamento no quarto andar. Foi Dido Merwin quem encontrou o apartamento; ela e William Merwin, que viviam nas proximidades, haviam se transformado nos prestativos — talvez até demais — amigos mais velhos de Ted Hughes e Sylvia Plath. Em suas memórias, Dido fala dos "empurrões literários e apresentações" que Ted conseguiu com William e de seus próprios esforços no sentido de "recomendar Sylvia, muito grávida, ao médico certo do National Health Service". Refere-se em seguida à ingratidão de Sylvia Plath, a sua "rejeição sumária e inesperadamente desgraciosa" da sugestão de Dido no sentido de comprar os móveis e utensílios para o apartamento nas lojas locais de segunda mão. Foi, conta Dido,

> como um tiro de advertência: tudo indicava que as coisas não teriam o rumo tranquilo que eu supunha. Mas, se o casal Hughes preferia jogar seu dinheiro fora com um fogão de úl-

timo tipo, uma geladeira nova e uma cama de primeira, qual era o problema? Pouco importava se isso não fazia sentido para um casal de velhos frequentadores do mercado de pulgas, como eu e Bill. Faria todo sentido, é claro, se tivéssemos alguma ideia da insegurança que era a causa profunda do gosto de Sylvia por brinquedos caros que lhe levantassem o moral.

O leitor americano só pode ficar chocado com o puritanismo que considera decadente e patológico o desejo de ter uma cama decente e um fogão novo.

Este trecho nos dá outro vislumbre da profunda alienação de Sylvia Plath na Inglaterra. E o interessante é que esse tema nunca foi tratado por ela. Ocasionalmente, permitia-se algumas palavras a sua mãe ou aos amigos americanos sobre a falta de limpeza e a desolação das cozinhas e banheiros ingleses, mas parecia decidida a aceitar com boa vontade os desconfortos de sua pátria adotiva. Depois de separar-se de Hughes, não havia nada mais que a prendesse à Inglaterra, mas jamais cogitou de voltar aos Estados Unidos. Naquela áspera Inglaterra, ela encontrara um refúgio do que, em *The bell jar*, ela chama de "hálito materno dos subúrbios" da América de Eisenhower. Aqui sua ironia perversa podia florescer e sua literatura podia romper o casulo do maneirismo obediente que engessava seus primeiros escritos. A irrupção de sua "verdadeira identidade" de escritora também era o abandono de sua identidade americana, juntamente com outras identidades "falsas" de que precisava desfazer-se. Ela não escreveu — e nem poderia ter escrito — *The bell jar* ou *Ariel* em sua Massachusetts natal. A voz impiedosa da poetisa de *Ariel* era uma voz que se livrara de seu sotaque americano.

Quando Plath chegou à Inglaterra com uma bolsa Fulbright para Cambridge, no outono de 1955, esse sotaque ainda era forte. Uma colega americana, Jane Baltzell Kopp, recorda os "americanismos" conspícuos de Plath com os ares de uma irmã que já aprendeu a se comportar em público sem revelar os pequenos hábitos inadequados da família. Aponta com desprezo especial o "conjunto" de malas Samsonite brancas e douradas de Sylvia Plath, que (diz Kopp) inspiravam "muita hilaridade, incredulidade e diversão entre os ingleses" quando a viam arrastar aquela bagagem por suas despojadas estações ferroviárias. O texto de memórias de Kopp foi publicado em *Sylvia Plath: the woman and the work* [Sylvia Plath: a mulher e a obra], uma antologia de textos sobre ela editada por Edward Butscher e publicada em 1977. Outra autora incluída na coletânea, a falecida Dorothea Krook, professora preferida de Sylvia Plath em Cambridge, cujo texto é carinhoso e simpático, também não deixa de apontar o exotismo de Sylvia Plath, uma jovem que estava

> sempre limpa e elegante, usando roupas encantadoras e juvenis, o tipo de roupas que nos fazem olhar para a pessoa que as usa e não para seus trajes; cabelos que ainda caíam nos ombros, mas sempre escovados e penteados e presos por uma faixa larga no alto da cabeça [...]. Quando penso em sua aparência física, o que mais me ocorre à memória é o encanto que me despertavam seu frescor e sua limpeza tão americanos.

As fotografias de Sylvia Plath que aparecem nas várias biografias, em *Letters home* e nos *Diários* mostram-na da forma descrita por Dorothea Krook. Com seus reluzentes cabelos louros e seu rosto suave e arredondado, evoca os anúncios de sabonete e desodorante dos anos 40 e 50, em que as palavras "encanto" e "frescor" nunca deixavam de aparecer. Basta comparar esse quadro com a descrição que Alvarez faz de Sylvia Plath na noite de seu último encontro com ela, na véspera de Natal de 1962, dois meses antes de sua morte. Ela já não era mais loura (a cor anterior era artificial) e nem chamava mais a atenção por sua limpeza. Escreve Alvarez:

> Seus cabelos, que geralmente usava num coque apertado, de professora primária, estavam soltos. Caíam até sua cintura como uma tenda, dando ao rosto pálido e à silhueta delgada um ar curiosamente desolado e enlevado, lembrando uma sacerdo-

tisa esvaziada pelos ritos de seu culto. Enquanto caminhava à minha frente pelo corredor e depois subia as escadas para seu apartamento — ocupava os dois andares de cima da casa —, desprendeu-se de seu cabelo um cheiro forte, poderoso como o de um animal.

Outro indicador da transformação pode ser encontrado em duas gravações de leituras de poemas feitas por Sylvia Plath — uma em Massachusetts em 1958 e a outra em Londres, no final de 1962, para a BBC. Na gravação de Massachusetts, ela lê com uma voz jovem, levemente declamatória, um sotaque bostoniano. A leitura é agradável, mas um pouco maçante. A gravação da BBC é extraordinária; ninguém que a ouça pode deixar de ficar impressionado. Elizabeth Hardwick escreveu uma descrição definitiva desse raro documento:

> Nunca antes uma leitura de poesia me ensinara nada, a menos que as roupas, a barba, as moças, a condição melhor ou pior do poeta possam ser consideradas um tipo de conhecimento. Mas fiquei impressionadíssima com a leitura de Sylvia Plath. Não se parecia com nada que eu pudesse ter imaginado. Nenhum vestígio da modesta, recatada e alegre Worcester, em Massachusetts, de Elizabeth Bishop; nada da Pennsylvania contida e feia de Marianne Moore. Em vez disso, esses poemas amargos — "Daddy", "Lady Lazarus", "The applicant", "Fever 103º" — foram lidos lindamente, com a voz projetada e cheia, a dicção perfeita, as cadências britânicas e hipnóticas, tudo redondo e rápido, ritmado e espaçado. A pobre Massachusetts recessiva fora apagada. "Consegui de novo!" Com clareza e perfeição, fitando-nos até baixarmos os olhos. Ela parecia estar de pé num banquete como Tímon, gritando: "Erguei-vos, cães, e lambei!".

No entanto, quando pensamos na morte de Sylvia Plath, na madrugada de uma Londres indiferente, é essa Massachusetts doméstica que de alguma forma nos ocorre. A ideia da morte longe de casa tem um *pathos* especial; contém a fantasia de que o lugar estranho tenha contribuído para a morte e talvez tenha sido até a sua causa. A condição de estrangeiro é ameaçadora e perigosa: se ela ou ele tivesse ficado em casa e deixado de beber aquela água, se não tivesse tomado aquele ônibus velho para atravessar aquele desfiladeiro, se nunca tivesse entrado naquele maldito café. Novamente, é o texto de Alvarez que estabelece os termos desses "ses" na narrativa do suicídio de Sylvia Plath. Sua primeira tentativa de suicídio, em 1953, ocorreu literalmente em casa, no espaço situado embaixo da casa de sua mãe, e ela sobreviveu. Longe de casa, ela morreu. Alvarez achava que ela não pretendia morrer, que sua morte "ocorreu por descuido, por engano e cedo demais", e foi "um 'pedido de socorro' fatidicamente malsucedido". Uma concatenação fatídica de acontecimentos — para os quais o frio inclemente, os canos congelados, a falta de um telefone, as gripes das crianças e de Plath eram uma espécie de rancorosa música de fundo — acabou por arrancá-la de um mundo do qual não tinha a intenção de partir. E ela o deixou de forma abjeta. Da maneira como Alvarez a recorda em sua última visita ao apartamento dela e a imagina na véspera de sua morte, ela era uma figura patética, diminuída.

Bitter fame aguça ainda mais o contraste entre a mulher-tanque grande e poderosa de *Ariel*, que come "homens como o ar" e "adora um fascista", e a pequena jovem americana derrotada no apartamento branco, frio e escassamente mobiliado, deixando o pão e o leite à cabeceira dos filhos, depois abrindo as torneiras do gás e, dentro do forno, apoiando a cabeça num pano dobrado que lá pusera. O pano dobrado é um detalhe novo, bem como uma carta do médico de Sylvia Plath, John Horder, falando da precariedade de seu estado mental nas semanas anteriores a sua morte; e ainda o testemunho de Jillian Becker, uma amiga inglesa recente, que recebeu Sylvia e os filhos em sua casa no último fim de semana de sua vida e tentou impedi-la de voltar ao apartamento da Fitzroy Road. Paradoxalmente, a nitidez com que *Bitter fame* evoca o sofrimento e o horror da morte de Sylvia Plath só fez contribuir para o repúdio provocado por sua publicação — reforçando ainda mais a narrativa de uma Sylvia Plath maltratada depois da morte por uma cunhada hostil, como fora maltratada em vida por um marido infiel. "E ei-la ainda lá, uma criatura frágil e adorável, correndo o perigo de ser esmagada", escreveu Ronald Hayman, um dos mais persistentes acusadores dos irmãos Hughes, sobre Sylvia Plath no *Independent* de 19 de abril de 1989. Por mais incongruente que possa parecer essa descrição da autora de *Ariel* e *The bell jar*, ela reflete uma fantasia corrente sobre Sylvia Plath: e reflete a vontade do público de vê-la como vítima, o desejo de superpor uma estrutura jamesiana de oposição entre a inocência americana e a corrupção europeia (Sylvia Plath no papel de Isabel Archer, por exemplo, e Ted e Olwyn Hughes como Gilbert Osmond e madame Merle) aos conflitos entre a vivaz moça morta e seus fantasmagóricos familiares ingleses.

Quando escrevo a palavra "fantasmagóricos", sinto que cheguei mais perto de desvendar a razão misteriosa pela qual o peso da opinião pública pendeu tanto para o lado de Sylvia Plath e contra os irmãos Hughes — os mortos são sempre preferidos aos vivos. Preferimos os mortos devido a nossa ligação, a nossa identificação com eles. Sua impotência, sua passividade, sua vulnerabilidade são as nossas. Todos aspiramos ao estado de inanição, à condição de impotência, em que somos forçosamente frágeis e merecedores de amor. É só à custa de um grande esforço que nos obrigamos a agir, a lutar, a nos fazermos ouvir acima do som do vento, a esmagar flores enquanto andamos. Que nos comportamos como *gente viva*. A disputa entre Sylvia Plath e Ted Hughes evoca a disputa entre os dois princípios que demarcam a existência humana. Em seu poema "Sheep" ["Carneiro"], Ted Hughes escreve sobre um cordeiro que morre inexplicavelmente pouco depois de nascer:

> *Não foi*
> *Que não pudesse prosperar, nasceu*
> *Com tudo, menos a vontade —*
> *Que pode ser tão torta como um membro.*

A morte foi-lhe mais interessante.
*A vida não capturou sua atenção.**

A vida, é claro, jamais captura toda a atenção de alguém. A morte é sempre interessante e nos atrai. Assim como o sono é necessário a nossa fisiologia, a depressão parece ser necessária a nossa economia psíquica. De alguma forma secreta, Tanatos, além de se opor a Eros, também o nutre. Os dois princípios atuam em oculta harmonia; embora Eros predomine na maioria de nós, em ninguém Tânatos está totalmente subjugado. No entanto — e é esse o paradoxo do suicídio — *tirar* a própria vida é comportar-se de um modo mais ativo, afirmativo, "erótico", do que ficar assistindo passivamente enquanto nossa vida *nos é tirada* pela mortalidade inevitável. O suicídio, assim, mobiliza tanto nossa parte que odeia a morte quanto a que a ama: em algum nível, talvez sintamos pelos suicidas uma inveja equivalente à piedade que eles nos inspiram. Muitos já se perguntaram se, não fosse por seu suicídio, a poesia de Sylvia Plath teria atraído tanto a atenção do mundo. E eu tendo a concordar com os que dizem não. Os poemas carregados de morte nos comovem e eletrizam por sabermos o que ocorreu. Alvarez observou que os últimos poemas de Sylvia Plath parecem ter sido escritos postumamente, mas isso só acontece porque a morte efetivamente sucedeu. "Quando falo do tempo que faz/ Sei do que estou falando" ["*When I am talking about the weather/ I know what I am talking about*"] escreve Kurt Schwitters num poema dadaísta (que cito aqui em sua íntegra). Quando Sylvia Plath fala do desejo de morte, também sabe do que está falando. Em 1966, Anne Sexton, que se suicidou onze anos depois de Sylvia Plath, escreveu um poema chamado "Wanting to die" ["Querendo morrer"], em que figuram os seguintes versos espantosamente informativos:

---

* No original, "*It was not/ That he cold not thrive, he was born/ With everything but the will —/ That can be deformed, just like a limb./ Death was more interesting to him./ Life cold not get his attention*". (N. T.)

Mas os suicidas têm uma linguagem especial.
Como carpinteiros, querem saber quais ferramentas.
Nunca perguntam por que construir.*

Quando, no início de "Lady Lazarus", Plath exclama em triunfo "Consegui mais uma vez", e, mais adiante no poema, escreve,

Morrer
É uma arte, como tudo mais.
E eu a pratico com um talento excepcional.

Pratico de tal modo que me sinto muito mal.
Pratico de tal modo que parece até real.
*Pode-se dizer que eu tenho vocação.***

somos obrigados a compartilhar sua euforia. Sabemos que estamos na presença de um mestre construtor.

---

* No original, "*But suicides have a special language./ Like carpenters they want to know which tools./ They never ask why build*". Os grifos são do original. (N. T.)
** No original, "*Dying/ Is an art, like everything else./ I do it exceptionally well.// I do it so it feels like hell./ I do it so it feels real./ I guess you could say I've a call*". (N. T.)

8.

Olwyn e eu finalmente chegamos à casa da Fitzroy Road onde Sylvia Plath se matou. Eu a reconheci de imediato — é tema fotográfico obrigatório nas biografias, e a placa oval de cerâmica azul com os dizeres "William Butler Yeats, 1865-1939, poeta e dramaturgo irlandês, viveu aqui" é um detalhe compulsivamente mencionado (mas estranhamente irrelevante). O número 23 era parte de uma ala de casas de tijolos de três andares, com arremates de estuque branco em torno das janelas e nos níveis do térreo e do primeiro andar. Sylvia Plath alugou o duplex do segundo e terceiro andares e lá viveu apenas dois meses, sozinha com os filhos. "Ted soubera no final de setembro que precisava sair de Court Green. No início de outubro veio pegar suas coisas", escreve laconicamente Anne Stevenson em *Bitter fame*, e dois meses mais tarde Sylvia Plath mudou-se para Londres com as crianças. O período da dissolução do casamento entre Plath e Hughes é o núcleo radioativo do empreendimento biográfico sobre Sylvia Plath. Aqui se encontra o minério precioso que os biógrafos tanto se empenham em arrancar dos irmãos Hughes. Se os diários desse período, que Hughes destruiu ou perdeu, estão fora de alcance, permanecem as cartas enlouquecidas que Sylvia Plath escreveu para a mãe e os amigos em meio ao sofrimento, o ciúme e a fúria com a infidelidade de Hughes. Há também o depoimento de duas amigas, Elizabeth Sigmund e Clarissa Roche, que foram confidentes de Sylvia Plath durante o período em que viveu suas provações de Medeia. As duas se apresentam como defensoras da "frágil e adorável" Sylvia Plath contra o impiedoso Ted Hughes. Ambas publicaram textos de memórias e ambas conquistaram a inimizade e o desprezo eterno dos irmãos Hughes por terem transmitido relatos sinistros aos ouvidos gratos de biógrafos e jornalistas. Elizabeth Sigmund, que morava em North Devon e via Sylvia Plath mais que Clarissa Roche, produziu uma passagem famosa:

> Então, de repente, numa noite bem tarde, Sylvia chegou com Nick em seu carrinho, e a mudança nela era assustadora. Dizia o tempo todo: "Meu leite secou, não consigo amamentar Nick. Meu leite acabou".
>
> Finalmente ela me contou que Ted estava apaixonado por outra mulher, que ela conhecia Assia e tinha pavor dela. Chorou, chorou e ficou segurando minhas mãos, pedindo: "Me ajude!".
>
> O que eu podia fazer? Nunca me senti tão impotente em toda a minha vida. Ela me disse: "Ted mente para mim, mente o tempo todo, virou uma pessoa *pequena*". Mas a coisa mais assustadora que ela me disse foi: "Quando você entrega todo o coração a uma pessoa e ela não aceita, não dá para pegar de volta. Você o perde para sempre".

Foi por sugestão de Alvarez que Elizabeth Sigmund escreveu seu texto de memórias, para ser publicado em *The New Review*, editada na época por Ian Hamilton, amigo de Alvarez. E foi republicado (em versão um pouco diferente) na antologia de Butscher. Clarissa Roche (cujo texto também figura no livro de Butscher) evoca uma Sylvia Plath igualmente perturbada durante uma visita a Court Green em novembro de 1962: "O Heathcliff forte, apaixonado e sensível se transformara e agora parecia [para Sylvia Plath] um camponês imenso, rude e aparvalhado, incapaz de protegê-la de si mesma e das consequências de ter finalmente compreendido a condição feminina. Ela o amaldiçoava e ironizava por sua fraqueza e o chamava de traidor".

Não há razão para duvidar da veracidade dessas reminiscências. Como sabemos por suas cartas exaltadas, Sylvia Plath dizia todo tipo de coisas sobre Hughes naquele período. E, como todos sabemos a partir de nossos próprios embates com o ciúme sexual, o enlouquecimento é o principal sintoma dessa doença. Mas o que poucos de nós já puderam experimentar durante o progresso do mal foi uma irrupção de criatividade, dando-nos forças para produzir obras que ultrapassam tudo que já fizemos, obras que parecem produzir-se por si mesmas. Foi num breve período de dois meses no outono de 1962, depois que Hughes deixara Devon e Sylvia Plath, incapaz de comer ou dormir, sofrendo de altas febres reais, além do ardor figurado do ciúme furioso e da autocomiseração patética, que ela escreveu a maioria dos poemas de *Ariel*. Tomava soníferos e, quando seu efeito passava, por volta das cinco da manhã, levantava-se e escrevia até as crianças acordarem. Numa carta a sua amiga, a poetisa Ruth Fainlight (que começa com os insultos obrigatórios a Hughes), Sylvia Plath escreveu:

> Quando eu estava vivendo num estado de "felicidade" doméstica, sentia um nó na garganta. Agora que minha vida doméstica é um caos, até eu conseguir uma empregada permanente, vivo como uma espartana, escrevendo com muita febre e produzindo coisas que guardei trancadas dentro de mim anos a fio. Sinto-me perplexa e com muita sorte. Eu sempre me dizia que era o tipo de pessoa que só é capaz de escrever quando tem o coração em paz, mas não é verdade: depois que Ted foi embora, a musa veio morar aqui.

Para sua mãe, Sylvia Plath escreveu (numa carta em que também disse: "Meu ódio e meu desprezo por Ted são tamanhos que mal consigo falar"): "Sou uma escritora genial; tenho isso em mim. Estou escrevendo os melhores poemas da minha vida; eles hão de fazer a minha fama". No final de outubro, Sylvia Plath começou a procurar um apartamento em Londres — foi esse o período de sua amizade com Alvarez — e em 7 de novembro escreveu a sua mãe, em êxtase:

> Estou escrevendo de Londres, tão feliz que mal consigo falar. Acho que encontrei um lugar [...]. Por uma *sorte* incrível, passei andando *pela* rua e *pela* casa (com Primrose Hill ao fundo) onde sempre quis morar. A casa tinha operários trabalhando e um

cartaz, "Apartamentos para alugar"; voei escada acima. É perfeito (sem móveis), com dois andares, três quartos no andar de cima, uma sala, uma cozinha e banheiro embaixo e um jardim! Fui correndo ao escritório dos agentes — centenas de pessoas a minha frente, pensei, como sempre. Mas parece que tenho uma *chance*! E, imagine só, é *a casa de W. B. Yeats* — com uma placa azul por cima da porta, dizendo que ele morava lá! E no mesmo bairro dos meus antigos médicos e na rua [onde] eu gostaria de *comprar* uma casa se algum dia conseguir fazer sucesso com um romance.

Era diante dessa mesma casa que Olwyn e eu estávamos agora. Tinha um ar de prosperidade e bem-estar. Eu esperava um lugar menos amplo e mais malcuidado; a descrição de Alvarez me preparara para um lugar estiolado e melancólico. É lugar-comum para os visitantes de lugares onde alguma coisa aconteceu constatar que nenhum vestígio resta desses fatos; o visitante fica surpreso diante da ausência do que veio "ver". Claude Lanzmann começa seu filme *Shoah* [Holocausto] com uma panorâmica de uma linda e verde paisagem campestre. Ele e um sobrevivente do campo de extermínio nazista de Chelmno são mostrados caminhando pelo lugar onde ficava o campo, hoje uma campina poética junto a um regato. Numa voz normal, à medida que Lanzmann o interroga em voz igualmente inalterada, o sobrevivente fala de horrores que desafiam nossa capacidade de acreditar. Todo o filme se apoia na tensão entre o tempo e a história. O tempo cura todas as feridas, alisa, limpa, oblitera; a história mantém as feridas abertas, enfia o dedo nelas, escava e as faz sangrar. Em seu filme, Lanzmann faz essa afirmação vezes sem conta. Em Tel Aviv, entrevista um barbeiro que sobreviveu a Treblinka. O barbeiro está cortando o cabelo de um freguês. Sua rotina de trabalho. Quando Lanzmann o pressiona, pedindo mais detalhes sobre o campo, o barbeiro, em lágrimas, não consegue continuar. "Você precisa continuar", diz-lhe Lanzmann em tom severo. "Precisa." Resoluto, o barbeiro pega sua tesoura e retoma seu desempenho extraordinariamente paradoxal de esquecer o passado (cortar os cabelos, cortar as conexões com Treblinka) e rememorá-lo (obedecendo às ordens de Lanzmann, dizendo o indizível).

A literatura criativa é produzida sob a pressão de uma interrogação interna semelhante à de Lanzmann. Poetas, romancistas e dramaturgos se obrigam, enfrentando terríveis resistências, a revelar o que o resto de nós mantém trancado em segurança dentro de nossos corações. Ted Hughes, em sua introdução a uma coletânea de textos curtos em prosa de Sylvia Plath chamada *Johnny Panic and the bible of dreams* [Johnny Panic e a bíblia dos sonhos], fala do "estranho conflito entre o que se esperava dela e o que ela finalmente produziu". O que se esperava de Sylvia Plath eram os produtos suaves da boa aluna obediente dos anos 50; o que ela produziu foi a poesia lúgubre de *Ariel*. Em "Daddy" ["Papai"], Plath escreve:

Achei que todo alemão era você.
E a linguagem obscena

Um trem, um trem
Resfolegando ao me levar como um judeu.
Um judeu para Dachau, Auschwitz, Belsen.
Comecei a falar como um judeu.
Acho que posso muito bem ser um judeu.*

"Daddy" teve uma recepção desigual. Há críticos que condenam Sylvia Plath por se apropriar do Holocausto para finalidades pessoais. "O que quer que seu pai lhe tenha feito, não pode ter sido o mesmo que os alemães fizeram com os judeus", escreveu Leon Wieseltier na *New York Times Review of Books* (1976). "A metáfora é imprópria [...]. A familiaridade com esse tema infernal só pode ser adquirida, nunca pressuposta." O falecido Irving

---

* No original, "*I thought every German was you./ And the language obscene// An engine, an engine/ Chuffing me off like a Jew./ A Jew to Dachau, Auschwitz, Belsen./ I began to talk like a Jew./ I think I may well be a Jew*". (N. T.)

Howe, em seu livro *The critical point* [O ponto crítico] (1973), escreve: "Há algo de monstruoso, de totalmente desproporcional, quando as emoções complexas em relação ao próprio pai são deliberadamente comparadas com o destino histórico dos judeus da Europa; algo de muito triste, se a comparação é feita espontaneamente". Seamus Heaney afirma em seu livro *The government of the tongue* [O governo da língua] (1989):

> Um poema como "Daddy", por mais que deva ser reconhecido como um *tour de force* brilhante e por mais que sua violência e seu caráter vingativo possam ser entendidos e desculpados à luz das relações parentais ou maritais da poetisa, continua, ainda assim, tão emaranhado em circunstâncias biográficas e invade com tal permissividade a história das dores de outras pessoas, que simplesmente abusa de seu direito a nossa simpatia.

Por outro lado, George Steiner homenageia Sylvia Plath por seu "ato de identificação, de comunhão total com os torturados e massacrados". Em seu ensaio "Dying is an art" ["Morrer é uma arte"] (1965), Steiner escreve sobre ela como "mais uma de uma série de jovens poetas, romancistas e dramaturgos contemporâneos que não estiveram eles próprios envolvidos de modo algum com o Holocausto, mas fizeram o possível para derrotar a tendência geral ao esquecimento dos campos da morte". Descreve "Daddy" como "um dos pouquíssimos poemas que eu conheça em qualquer língua que se aproxime do horror final". No entanto, depois de classificar "Daddy" como a "Guernica" da poesia moderna, Steiner fica abalado. Alguma coisa não bate bem dentro dele. "Serão esses últimos poemas inteiramente legítimos?", pergunta ele, e depois, numa reviravolta — que Howe aponta e qualifica de "devastadora para sua comparação anterior com 'Guernica'" —, pergunta: "De que maneira uma pessoa, ela própria sem nenhum envolvimento e muito depois dos fatos, comete um furto sutil ao invocar os ecos e as dores de Auschwitz e incorporar uma imensidão de emoções disponíveis a seus próprios desígnios particulares?". Três anos depois, escrevendo sobre "Daddy" na *Cambridge Review*, Steiner ainda se debate com esta pergunta: "Que direito territorial extraordinário tinha Sylvia Plath — era uma menina, loura e rechonchuda na América, quando os trens realmente circulavam — de recorrer às reservas de horror das cinzas e dos sapatos de criança? [...] Terá algum de nós licença para situar nossas calamidades pessoais, por mais violentas que possam ser, em Auschwitz?".

A ambivalência de Steiner, seu veredicto contraditório sobre "Daddy", é uma reação característica à obra de Sylvia Plath e a sua persona. Nós a louvamos (aqueles de nós que não a condenam ou ignoram), mas depois nos afastamos. Retiramos parte de nossos elogios. Como Steiner, não sabemos ao certo onde nos situamos em relação a ela. "Por que ela não *diz* nada?", perguntou Olwyn. Como a vida de Sylvia Plath, sua obra também está cheia de silêncios ameaçadores. É bela, severa e muito fria. É surrealista, com toda a ameaça do surrealismo e sua recusa a explicar-se. Diante dos poemas de *Ariel*, sentimo-nos como Olwyn diante da impassibilidade de Sylvia. Sentimo-nos reduzidos à humildade e censurados, como se fôssemos as "pessoas pequenas e socadas" que Sylvia Plath via no hospital ou os herbívoros que descreve em seu poema "Mystic", "com esperanças tão rasteiras que se sentem confortáveis". Dizer que Sylvia Plath abusou de seu direito a nossa simpatia não é muito preciso. Ela nunca pede a nossa simpatia; não se rebaixaria a tanto. A voz de sua "verdadeira identidade" é notável por seu tom agudo de desdém — e sua profunda melancolia. Os "torturados e massacrados" nunca estão longe de seus pensamentos. (Dizem que ela comentou ao poeta escocês George MacBeth: "Estou vendo que você também tem um campo de concentração na cabeça".) Dizer que Sylvia Plath não conquistou o direito a invocar os nomes de Dachau, Auschwitz ou Belsen é um equívoco. Somos nós os acusados, os que não têm direito, os que não aceitaram o desafio de imaginar o inimaginável, de decifrar o código de atrocidade de Sylvia Plath.

Em *The bell jar*, ela nos transmite como é enlouquecer. Nos poemas de *Ariel*, ela nos comunica o que poderíamos chamar de subprodutos de sua loucura. A ligação que a arte estabelece entre o sofrimento individual e o coletivo é indicada pela arte de Sylvia Plath de um modo que nem todos os leitores acham convincente. Howe, por exemplo, estende sua crítica de "Daddy" a todos os poemas de *Ariel*. "Que iluminação — moral, psicológica ou social — pode ser trazida a qualquer dessas [situações extremas] ou à condição humana em geral por uma escritora com raízes tão profundas nos extremos de suas dificuldades?", pergunta ele. No entanto, o que Sylvia Plath produziu foi tão além do que se esperava da moça efusiva com suas malas Samsonite que só podemos nos pôr de acordo quanto à singularidade de sua realização. Como aquela criança, "loura e rechonchuda na América", tornou-se a mulher magra e branca na Europa, que escreveu poemas como "Lady Lazarus", "Daddy" e "Edge", continua a ser um enigma da história literária — um enigma que se encontra no cerne da urgência nervosa que impele o empreendimento da construção de sua biografia e do fascínio que a lenda de Sylvia Plath continua a exercer sobre nossa imaginação.

Segunda parte

1.

Um trem rápido me levava a Durham, no norte da Inglaterra, onde Anne Stevenson morava. Eu já estivera com ela antes, um ano depois do lançamento de *Bitter fame*, e o encontro fora deprimente. Foram duas horas de conversa no University Women's Club, em Londres, onde ela estava hospedada — viera à cidade fazer uma conferência — e, embora a serena figura literária que eu há tanto imaginava se revelasse vez por outra, o que aparecia quase o tempo todo era uma mulher nervosa, tensa e encurralada, despejando suas queixas. A hostilidade pública em relação a ela não se havia atenuado. Ainda continuava no pelourinho — e ainda vivia a ilusão de poder convencer a imprensa de que seu castigo era injusto. Vinha falando aos jornalistas — e eu era apenas a última de uma série — sobre a pressão intolerável que Olwyn Hughes exercera sobre ela enquanto escrevia a biografia, contando como trabalhara com uma arma encostada na cabeça, como fora forçada a produzir e publicar um livro que não era seu. Mas a imprensa só usava as queixas de Anne contra Olwyn como adorno da narrativa original; agir de outro modo seria desobedecer a uma regra fundamental do jornalismo, que é contar uma história e *aferrar-se a ela*. As narrativas do jornalismo (significativamente chamadas em inglês de "*stories*" — "histórias"), a exemplo dos contos da mitologia e do folclore, derivam seu poder da separação firme e invariável que apresentam entre o bem e o mal. Cinderela precisa ser sempre boa; suas irmãs adotivas, sempre más. "A segunda irmã de Cinderela nem era tão má assim" não é uma boa matéria jornalística. Anne Stevenson precisava continuar fazendo o papel de má no escândalo provocado por *Bitter fame*. Seu conflito com Olwyn só podia ser considerado desimportante, uma briga entre ladrões — um espetáculo lamentável e nada mais.

Anne transmitia uma impressão derrotada e destruída e me parecia haver algo de especialmente inglês na atmosfera que cercava sua degradação. A sala do University Women's Club, onde nos sentamos em torno de uma mesa pequena e oscilante, só fez acentuar minha sensação de que a Inglaterra era cúmplice no movimento descendente da vida de Anne. A sala tinha um ar dilapidado e soturno; o papel de parede bege desbotado e as poltronas marrons de assento afundado pareciam desnecessariamente deprimentes. A própria Anne, que saíra do elevador trazendo no braço uma capa de chuva dobrada, usando botinhas corretas e óculos de aro prateado que davam a seu rosto uma expressão um pouco afetada e severa, também parecia desnecessariamente abatida. Aos 57 anos, ainda era uma bela mulher, e sempre que tirava os óculos seu rosto se transformava. Os olhos eram extraordinários: muito azuis, com pálpebras pesadas como as de Virginia Woolf. Também houve momentos em que a torrente de palavras defensivas se atenuava e relâmpagos de ironia descarregavam a atmosfera tensa e anuviada da entrevista. Depois de me dizer como se sentia profundamente ofendida e injustiçada com uma resenha muito desfavorável ao seu novo livro de poemas, *The other house*, publicada no *Times Litterary Supplement* — acusando-a de inveja de Sylvia Plath, o que a feriu mais profundamente que todas as críticas a *Bitter fame* —, Anne sorriu e disse: "Mas ninguém morre por ser magoado de vez em quando. Não é como se estivessem me torturando ou arrancando as minhas unhas". "Mas é uma coisa que me deixa muito sensível e vulnerável", acrescentou, e essa sensibilidade e vulnerabilidade dominavam seu discurso, tornando-o fraco e inconvincente. Entretanto, ela não precisava me convencer. Eu já estava do seu lado. Minha narrativa seria revisionista — não só por eu idealizar sua figura como artista literária, mas também por ter uma experiência paralela à sua. Pouco antes, eu também escrevera um livro impopular, *O jornalista e o assassino*, e também fora atacada pela imprensa. Eu já passara por aquilo — pelo lado infeliz da equação jornalista-matéria —, e minha "objetividade" de jornalista estava prejudicada. Combinei com Anne que tornaria a vê-la e estava certa de que os novos encontros haveriam de devolver a sua imagem o lugar privilegiado que ocupara em minha imaginação por tantos anos. Mas registrei com cuidado a má impressão que nosso primeiro encontro produziu em mim. Achei que havia nele alguma coisa que ilustrava um problema das biografias — de que maneira escrever sobre pessoas que não têm mais como modificar a percepção que seus contemporâneos tiveram delas, que se encontram congeladas em atitudes desagradáveis ou pouco naturais, como personagens em *tableaux vivants* ou pessoas surpreendidas em instantâneos com a boca aberta. Na qualidade de jornalista cujo tema era uma pessoa viva, eu tinha uma vantagem sobre a biógrafa que lidava com uma morta: podia voltar a procurar Anne (muitas vezes, se necessário) para terminar meu retrato dela. Podia pedir que mudasse de posição, deixasse cair o braço, fechasse a boca. Podia até fazer-lhe as perguntas que todo biógrafo gostaria de fazer a seu biografado. Por sua vez, a pessoa que serve de tema para o jornalista também percebe a vantagem de não estar morta e fica feliz com a oportunidade de novos encontros.

Nos meses seguintes, em minha correspondência com Anne e Olwyn, a questão da contingência surgiria repetidas vezes: "Foi o que eu disse naquela ocasião, mas não diria agora. Não me comprometa em relação a isso, não use aquilo, não pense que isso é toda a verdade a meu respeito". Depois de nosso primeiro encontro no University Women's Club, recebi uma carta de Anne cuja frase inicial era uma espécie de divisa para o tema que seria o *leitmotif* das cartas que eu ainda receberia tanto dela como de Olwyn. "Depois de nossa conversa de ontem à noite", escreveu Anne, "quero esclarecer certas coisas que eu disse ou respondi. Já que a vida é um processo em movimento, a maioria das pessoas, e eu sem dúvida, se contradiz constantemente, de acordo com o momento e a disposição. Minha sensação sobre a 'verdade' nas relações humanas talvez só possa se exprimir na 'ficção' — seja em verso ou em prosa." E isso era contrabalançado por uma carta de Olwyn retirando o que me dissera no restaurante indiano:

Quando falo, eu manifesto, com franqueza talvez excessiva, o aspecto disso ou daquilo que ocorre a meu espírito no momento — podendo produzir falsas impressões de vários tipos — e tudo que digo parece ser imediatamente deformado pelos cultistas. Frases que escrevi às pressas anos atrás foram retiradas do contexto e mal interpretadas (não há dúvida de que eram imprecisas quando foram escritas) e depois citadas como o resumo de minha atitude global em relação a várias questões.

Minha atitude global. No fim de um dos contos de Borges, "El Aleph", o narrador vai até o porão de uma casa e lá encontra tudo que existe no mundo. Vê ao mesmo tempo todas as coisas de todos os ângulos: "Vi tigres, pistões, búfalos, marés e exércitos; vi todas as formigas do planeta [...]. Vi a circulação do meu próprio sangue venoso". O bloqueio do escritor se deve à ambição louca de entrar nesse porão; o escritor fluente se contenta com o sótão próximo da expressão parcial, dizendo "o que lhe vai pela cabeça", aceitando que pode não ser — e não pode ser — totalmente verdadeiro, arriscando-se a ser mal interpretado. Eu também já passei muitos dias infrutíferos parada diante da porta que leva a esse porão proibido. Examinei minha narrativa revisionista e a achei insuficiente. Achei todas as outras narrativas insuficientes. Como podemos ver todas as formigas que existem no planeta, se usamos os antolhos da narrativa? No trem para Durham, porém, ainda estava livre desse mal (filosófico) e lia com fascínio e admiração a transcrição datilografada de uma conferência que Anne dera em Toronto em outubro do ano anterior. Intitulava-se "A composição de *Bitter fame*", e nela as divagações incompletas da entrevista no University Women's Club haviam sido reunidas, formando uma narrativa coerente e detalhada. Aqui a voz era forte e clara, o tom, seguro.

A conferência começa com a discussão dos paralelos que Anne vê entre ela própria e Sylvia Plath. "Sylvia Plath e eu nascemos com meses de diferença, no outono e no inverno de 1932 e 1933", escreve ela. "Tínhamos em comum pais americanos de origem alemã, embora seus antepassados, à diferença dos meus, fossem puramente teutônicos. Tanto meu pai como o dela foram professores universitários. Na infância, frequentamos escolas públicas semelhantes e na adolescência nos formamos no mesmo ano (1950) em escolas secundárias de classe média, dedicadas a enviar seus alunos para a universidade." E prossegue Anne:

> Também compartilhávamos certas premissas ideológicas e sociais. Fomos criadas num ambiente protegido, acadêmico, em que o sucesso escolar, seguido por uma formação universitária nas artes liberais, parecia garantir um futuro de buliçosa felicidade pessoal e serviços prestados à sociedade. Nossas mães atentas nos estimulavam a considerar-nos "especiais". Na faculdade (entrei para a Universidade de Michigan no mesmo ano em que Sylvia entrou para o Smith College), supondo que a vida nos traria um casamento feliz-para-sempre e filhos sem problemas, estávamos ferozmente determinadas a empregar ao máximo os nossos talentos. Ainda me vejo às voltas com minha ambição juvenil, egocêntrica e tipicamente americana de chegar à "grandeza". [...] O que me traz de volta a um aspecto de Sylvia que julguei ter reconhecido quando li pela primeira vez as *Letters home*. O que Sylvia Plath e eu tínhamos inequivocamente em comum nos anos 50 era, é claro, o casamento com um inglês e o traslado, ainda jovens ingênuas, da América próspera e liberal para a Inglaterra rigidamente dividida em classes e esgotada pela guerra. Como tantos outros, quando comecei a examinar a vida de Sylvia Plath, presumi que seus problemas se devessem à dificuldade desse ajuste — especialmente em se tratando de uma mulher. Percebi que meu próprio sofrimento surdo na Inglaterra depois de meu casamento se devia em grande parte ao que é conhecido como "choque cultural". Já na década de 50, as mulheres americanas estavam léguas à frente de suas contrapartidas britânicas em termos do que esperavam de e para si mesmas [...]. Supus que Sylvia Plath, imaginando ajustar-se à sociedade britânica, tinha na verdade subestimado sua própria ingenuidade defensiva, especialmente em meio aos intelectuais britânicos.

Depois desse prólogo, Anne se dedica a confessar sua própria ingenuidade defensiva e a relatar como se deixou capturar na teia de que ainda estava tentando desenredar-se. Tudo começou calmamente e sem alarde, como é comum nesses casos. Em 1985, Anne aceitou um convite para escrever um curto estudo biográfico sobre Sylvia Plath (cerca de cem páginas) para uma série da Penguin chamada "Vidas de mulheres modernas". No outono de 1986, já concluíra um rascunho inicial e decidiu enviar o primeiro e o último capítulos para Ted Hughes, esperando seus comentários. Ela conhecia Hughes superficialmente, do mundo da poesia inglesa. No entanto, Hughes estava no estrangeiro e sua mulher, Carol, telefonou para Anne sugerindo que ela enviasse os capítulos para Olwyn. Anne obedeceu e Olwyn lhe telefonou em seguida. "Disse que achava o que eu escrevera bastante equivocado, mas que gostava de meu estilo contido e tenso, e me perguntou se eu não aceitaria encontrar-me com ela em algum dia da semana seguinte, para conversar sobre o livro enquanto almoçávamos."

Durante o almoço, num restaurante francês de Camden Town, Olwyn desfiou suas queixas habituais sobre o mito de Sylvia Plath, as "libbers" e os "cultistas" que tantos sofrimentos causavam a Ted Hughes, mas abriu uma exceção para Anne ao caracterizar os biógrafos de Sylvia Plath como uma raça de incompetentes malignos. Quando se despediram, entregou a Anne uma pilha de cartas que Dido Merwin escrevera a Linda Wagner-Martin sobre Sylvia Plath. Linda Wagner-Martin, enquanto trabalhava em sua biografia, tinha o hábito de enviar os capítulos a suas fontes para que os comentassem, e Dido, ao ler os capítulos baseados em suas cartas, retirara a permissão para que ela as utilizasse. "*Você* deve ter suas razões para não querer admitir o fato crucial de que Sylvia era patologicamente *punitiva* e Ted um *perdoador* por constituição", escreveu ela a Linda Wagner-Martin. "Quanto a *mim*, tenho boas razões para não querer envolvimento algum com um livro que tente encobrir esse fato." E escreve Anne: "Olwyn achava que eu precisava ler as cartas de Dido Merwin; elas me mostrariam uma Sylvia Plath muito diferente da mártir vitimizada do mito", e continua:

Quando li as cartas da sra. Merwin, confesso que me fizeram rir. Sua agressividade, sua ironia, seu inconfundível tom ofensivo de superioridade inglesa sarcástica e sofisticada, salpicado de expressões francesas e cortantes alusões literárias, confirmavam muito do que eu já supunha sobre as dificuldades de Sylvia em meio aos literatos ingleses. Enquanto eu tinha me encolhido na Inglaterra, Sylvia decidira lutar. As cartas de Dido Merwin — um pungente aperitivo ao que mais tarde conteria seu texto de memórias — acusavam Sylvia de um comportamento monstruoso: grosseria, insensibilidade, egoísmo, cegueira social, mas acima de tudo ciúme. As cartas eram claramente uma fonte valiosa de informação anticultista, embora eu achasse que projetavam sobre o caráter de Dido pelo menos a mesma quantidade de luz que lançavam sobre o de Sylvia.

Num segundo encontro com Anne, poucas semanas depois, Olwyn lhe fez seu convite de aranha. Propôs que retirasse da série da Penguin seu estudo de cem páginas e o expandisse, transformando-o num livro que ela própria, Olwyn, se encarregaria de negociar com as editoras americanas e inglesas. (Olwyn comandava uma pequena agência literária, além de funcionar como o Cérbero do espólio literário de Sylvia Plath.) Ofereceu-se para servir de agente de Anne e prometeu conseguir-lhe adiantamentos substanciais. Além disso, entraria em contato com os amigos de Ted Hughes, que vinham observando um silêncio leal há 25 anos, dizendo-lhes que podiam finalmente contar tudo que sabiam a uma nova biógrafa de confiança. Nesse ínterim, Hughes voltara para a Inglaterra, tendo escrito a Anne uma longa carta sobre os dois capítulos que ela lhe enviara. À diferença das quinze páginas de comentários lacônicos e sarcásticos que enviara a Linda Wagner-Martin depois de ler o manuscrito desta alguns meses antes ("página 201, linha 4: cortar 'fazendo amor'"; "página 200, linha 6: cortar 'e cortou... rosto'"; "página 273, linhas 27-28: mencionar esses detalhes ínfimos parece burlesco; eliminar"), a carta de sete páginas que Hughes enviou a Anne era amigável, respeitosa e (considerando sua política reservada) notavelmente generosa em detalhes sobre sua vida com Sylvia Plath. No final, essa carta não foi apenas a primeira, mas também a última que Hughes enviou a Anne enquanto ela escrevia *Bitter fame*. Na época, porém, atuou como um estímulo poderoso; ser lisonjeada pelas atenções do irmão, além da irmã, tornava a proposta impossível de recusar.

Anne caiu na teia. No fim de novembro, Olwyn, agindo com desembaraço e eficiência característicos, já negociara os contratos com a Houghton Mifflin nos Estados Unidos e a Viking na Inglaterra, obtendo os prometidos adiantamentos substanciais (40 mil dólares da Houghton Mifflin e 15 mil libras da Viking). E ainda apresentou a Anne a lista de amigos que prometera; aparentemente, não havia nada que não pudesse ou não se dispusesse a fazer para ajudar. Permitiu a Anne que usasse sua grande coleção de livros sobre Sylvia Plath. Entrevistou testemunhas. Falou de suas próprias reminiscências sobre a poetisa. Escreveu análises de seus poemas. Lia os rascunhos dos capítulos à medida que Anne os escrevia, e apresentava suas críticas. Atuava como emissária junto a Ted. Anne já compartilhava a opinião de Olwyn, segundo a qual Sylvia Plath era uma poetisa brilhante mas uma pessoa cansativa e detestável, e ela e Olwyn se reuniam na casa desta (àquela altura, Anne vivia em Londres com seu futuro marido, Peter Lucas) e conversavam sobre Sylvia com a espécie de deliciosa má vontade a que nos permitimos com amigos próximos de mentalidade parecida. Com toda a probabilidade, foi essa evidência dos sentimentos negativos de Anne em relação a Sylvia Plath, e não seu "estilo contido e tenso", que tinha atraído o interesse de Olwyn, fazendo-a crer que finalmente encontrara a biógrafa ideal — a biógrafa capaz de retratar Sylvia Plath de maneira a contrabalançar a imagem idealizada pelos *libbers*. Olwyn regalava Anne com histórias sobre o comportamento questionável de Sylvia e Anne ouvia sem protestar, embora não abandonasse de todo seu ceticismo. E então, no início do verão de 1987, tendo nas mãos um rascunho de sua biografia ampliada, Anne voou para Boston ao encontro de Peter Davison, editor do livro na Houghton Mifflin, a fim de trabalhar com ele nos originais, capítulo a capítulo. Davison aprovou os capítulos iniciais, mas achou — com a concordância de Anne — que os dois últimos estavam pobres e incompletos. "Na falta de mais informações vindas de Ted Hughes", continua sua conferência, "decidi tomar um avião para Indiana e passar uma semana vasculhando os arquivos da Biblioteca Lilly."

Na biblioteca, Anne teve uma revelação. "Descobri Sylvia Plath em suas cartas inexpurgadas e nas cartas que recebera de amigos e amantes [...]. Essas cartas, essas folhas de papel que respiravam, fizeram[-na] adquirir vida para mim, de um modo que nenhum depoimento das testemunhas com quem eu falara jamais tinha conseguido." E continua Anne:

> Talvez fosse minha reação ao tom desinibido daquelas cartas, nenhuma das quais fora cortada para seu uso pelos biógrafos e que tratavam todas elas de circunstâncias presentes, ainda não ficcionalizadas, ainda ocupadas em acontecer [...]. Senti em Indiana que finalmente encontrara Sylvia Plath; e que gostava mais dela, porque agora eu a conhecia. Voltei a seu diário, que li com uma compreensão renovada [...]. Comecei a entender, acho eu, por que ela se transformara numa poetisa extremista, incapaz de concessões. Nenhuma posição intermediária lhe serviria [...]. Noite após noite, eu emergia, atarantada, do ar-condicionado da biblioteca para a umidade opressiva das noites chuvosas de Indiana. (Eu me esquecera da sensação pesada e pegajosa dos verões do Meio-Oeste.) Vivendo a vida de Sylvia no lugar da minha, experimentei pela primeira vez o sentimento intenso de identificação com minha biografada que a maioria dos biógrafos sente antes mesmo de dar início às suas pesquisas. Compreendi, com tristeza, que eu admirava Sylvia, mas jamais gostara dela. Mesmo antes de começar a trabalhar com Olwyn Hughes, eu já me sentia repelida pela impressão que ela me dava, de uma absorção crua em si mesma e uma ambição agressiva. Agora, pensei, estava começando a vê-la de forma mais clara. Decidi retornar a Londres e recomeçar a trabalhar em *Bitter fame* desde o início. Dessa vez,

estava certa de que poderia produzir uma biografia crítica por mim mesma.

De volta a Londres, Anne começou a trabalhar na biografia que acabara de reformular. Agora estava no caminho certo e não precisava mais da ajuda de nenhum gênio protetor. Sabia o que estava fazendo e queria trabalhar sozinha. Decidiu devolver Olwyn a sua lâmpada, o que esta, naturalmente, recusou-se a aceitar. Ao longo dos dois anos seguintes, Anne e Olwyn travaram um combate mortal e desigual pelo livro. A tentativa que Anne fez para reavê-lo — tornar-se a autora de seu próprio livro — não teve sucesso; ela perdera o controle sobre o texto ao fazer seu pacto diabólico com Olwyn. E Olwyn não afrouxou suas garras de ferro. Anne era sempre forçada a recuar, a ceder, a desistir de alguma coisa que pensara em usar, a incluir coisas que preferia deixar de fora. Olwyn não permitia que Anne recusasse seus oferecimentos de depoimentos hostis. A fraca resistência apresentada por Anne, suas tentativas de fazer frente a Olwyn, só provocavam o desprezo e a ira desta. Em 1988, as coisas chegaram a tal ponto que as duas "colaboradoras" não se falavam mais. E então, quando o livro já estava prestes a tomar o caminho de todas as outras biografias incompletas de Sylvia Plath, Peter Davison intercedeu, e seu oferecimento para atuar como árbitro final do que deveria ser ou não incluído no livro foi aceito pelas duas mulheres. Em 1989, um texto final foi produzido — texto que Anne não estava segura de querer publicar com seu nome: "Eu via com sérias reservas a hipótese de permitir que o livro fosse apresentado como uma obra apenas minha e não em coautoria com Olwyn Hughes". Davison tranquilizou-a dizendo que o livro era "essencialmente meu (como era de fato quase tudo que nele vinha escrito)", e conseguiu convencê-la a deixar que fosse lançado como de sua autoria exclusiva. Ela concordou, mas escreveu uma nota da autora advertindo o leitor para a presença de Olwyn no texto. Quando Olwyn leu a nota ("que não passava de uma correção sussurrada da minha parte", escreve Anne, "cuja ambiguidade ela se apressou em reconhecer"), não aceitou que fosse publicada: "Sob pena de retirar sumariamente a permissão para citar os escritos de Sylvia Plath, tanto publicados quanto inéditos, ela deu a redação atual à nota do autor no último minuto, levando o leitor a acreditar que o livro foi publicado depois que as revisões e contribuições de Olwyn foram aceitas com a devida gratidão".

2.

O trem para Durham era um expresso veloz e, ao contrário dos trens vagarosos a que eu me vira obrigada a recorrer antes (e ainda teria de recorrer alguns dias depois), percorreu o caminho até seu destino, através de campos nevados, sem nenhum incidente. Mas a viagem durou quase quatro horas e tive tempo de ler e reler vários outros textos escritos por Anne como preparação para minha entrevista com ela em sua casa. Um desses textos era um aerograma azul que ela me enviara no final de janeiro, poucos dias depois de um telefonema:

> [...] Nunca abordamos a questão das vítimas. Acredito que o suicídio de Sylvia tenha tido um efeito devastador sobre todas as pessoas ligadas a ela — inclusive seus biógrafos [...] todos nós sofremos um trauma de culpa acessória. Minha discussão com Sylvia é essencialmente moral e filosófica: para mim, não há obra de arte ou "grande poema" que valha tanto sofrimento humano. Afinal, já há sofrimento bastante no mundo sem que procuremos aumentá-lo em benefício de um psicodrama interior. Acredito que Sylvia, talvez estimulada por sua terapeuta freudiana e bem-intencionada, Ruth Beutscher, tenha achado seu próprio psicodrama (uma palavra que prefiro a "mitologia") tão intoxicante, uma fonte tão prolífica de poesia, que isso a tenha feito perder toda a perspectiva. A noção de que a "perspectiva" tenha lugar na Grande Arte é evidentemente um anátema para os românticos tardios. Mas a crença numa "Arte" desse tipo, no chamado "risco" da Arte e no dilema existencial do artista (ou a genialidade ou a morte) é, para mim, semelhante ao fanatismo religioso dos fundamentalistas. No fim das contas, ela leva (via Nietzsche, Weininger e outros austro-alemães

do decadente império dos Habsburgo) à ascensão de Hitler; ou aos ditadores do Baath (de que Saddam Hussein é só um exemplo), que põem em risco todo o tecido da sociedade em nome de absolutos inaceitáveis. Discordo de Alvarez, da própria Sylvia Plath e (talvez) de Ted Hughes quando afirmam que a procura do absoluto nada tem a ver com a procura da verdade. Por sua própria natureza, a verdade é múltipla e contraditória, parte do fluxo da história, impossível de capturar com a linguagem. O único caminho real para a verdade corre através da dúvida e da tolerância. Infelizmente, o ceticismo filosófico também pode se transformar num maneirismo; e o líder dubitativo é geralmente um mau líder.

Outra coisa. Embora eu nunca tenha contemplado o suicídio, por muito tempo ao longo da década de 1970 fui, por fraqueza e pelos meus sofrimentos, para todos os efeitos uma alcoólatra. Nunca admiti esse fato para ninguém fora da minha família; mas acho que você precisa saber que minha vida nem sempre foi a de uma boa esposa e mãe burguesa. Deixei meus filhos em Oxford (não, em Glasgow) em 1971, aos cuidados do pai e avós, e fui viver com um poeta numa espécie de procura desesperada de minha "verdadeira" identidade. Não sei se a responsável foi a *época* (a infecciosa contracultura) ou minha própria formação puritana da Nova Inglaterra. De toda maneira, passei cerca de dez anos "perdida no mundo" — escrevendo *Correspondences*, é claro. Mas — e é essa a questão — sempre *dividida*. Hoje tento esquecer, na medida do possível, esses anos de pesadelo. Mas conheço por experiência própria parte do que Sylvia sofreu, e também Ted [...]. Não acredito que um biógrafo alheio à loucura onipresente da época de S possa compreender seu desespero. Alvarez compreende, é claro; mas ele *admira* o extremismo, a autocomplacência e o narcisismo que eu, depois de uma longa experiência, passei a deplorar.

Embora a franqueza de Anne tenha me deixado atônita em minha primeira leitura de sua carta, não fiquei surpresa com a revelação propriamente dita. *Correspondences*, embora não seja um poema autobiográfico no sentido estrito, já me preparara para tanto. Na verdade, eu teria ficado surpresa se Anne *fosse* de fato uma boa esposa e mãe burguesa e se toda a dor e confusão de que fala em seu poema só fossem um produto de sua imaginação. Em outro documento que eu trazia comigo no trem, um esboço autobiográfico publicado em 1989 numa série chamada "Escritores contemporâneos", Anne expusera os fatos literais de sua vida — mencionando seus pais, seus irmãos, seus maridos, amantes, filhos e mudanças de cidade em cidade (geralmente cidades universitárias) dos dois lados do Atlântico. Aqui, novamente, transmitia-se a sensação de uma vida nada convencional ou sedentária. Mas foi um quarto texto — um ensaio chamado "Writing as a woman" ["Escrevendo como mulher"], publicado numa antologia feminista (*Women writing and writing about women* [Mulheres que escrevem e escritos sobre as mulheres], 1979) — que me revelou o retrato mais claro de Anne e me fez sentir que eu conseguia mais ou menos entender o que a reduzira, mulher de substância e sucesso, à condição abjeta de impotência que marcara sua relação com Olwyn Hughes.

Em meu encontro com Anne no University Women's Club, eu lhe perguntei se vivera outras situações semelhantes à relação que estabelecera com Olwyn. Anne sacudiu a cabeça com firmeza e respondeu: "Não, nunca tive uma relação parecida. Jamais conheci alguém como Olwyn na minha vida". Mas agora eu percebia que Anne talvez não tivesse olhado com a devida atenção. Ela também disse: "Na imagem que eu tenho de mim e Olwyn, eu apareço sentada alegremente à minha mesa, escrevendo, com Olwyn olhando por cima do meu ombro. Cada vez que não gosta do que eu escrevo, ela me derruba da cadeira e pega a caneta ela própria". Em "Escrevendo como mulher", Anne se examina e a seus esforços de 25 anos — com sucesso apenas intermitente — para permanecer na cadeira da escritora e não se deixar derrubar por alguma força semelhante à presença de Olwyn. A primeira dessas forças, diz ela, foi a pressão do "que costumava ser chamado de 'feminilidade' — o sexo, o casamento, os filhos e a posição socialmente aceitável de esposa".

Anne afirma que não estava disposta a sacrificar sua vida de mulher para ter uma vida de escritora, como acontecera com Jane Austen, Emily Brontë, Stevie Smith e Marianne Moore, entre outras solteironas da literatura. "No século XX, quando a sociedade permite tantas coisas, deveria ser possível ser ao mesmo tempo, sem culpa, uma mulher realizada e uma escritora independente [...]. Quando contemplo minha própria experiência, porém, vejo que *mal* consegui sobreviver." E fala da oposição tradicional entre a domesticidade e a criatividade: "Escrever poesia não se parece com nenhum outro trabalho; não pode ser bem-feito se só pudermos lhe dedicar o tempo de um intervalo nas tarefas domésticas — pelo menos no meu caso. O estado de espírito eficiente, que risca os artigos da lista à medida que se desincumbe das compras, das lavagens, da limpeza, das costuras e das outras tarefas do dia, destrói totalmente a melancolia levemente entediada que estimula minha imaginação". Mas algumas páginas adiante Anne rejeita essa teoria sobre sua incapacidade de escrever durante os cinco infelizes anos de seu primeiro casamento (com Robin Hitchcock, um bem-intencionado e esforçado jovem negociante inglês, pai de sua filha Caroline). Percebe que tinha adotado inconscientemente o padrão estabelecido por sua mãe, que também quisera ser escritora mas não conseguira por culpa em relação à família. "Comecei a perceber que a culpa também podia ser uma *desculpa*. Se eu realmente quisesse escrever, teria dado um jeito. E minha mãe também [...]. Sempre sobra tempo. Não há volume de tarefas domésticas ou de cuidados aos bebês que elimine o tempo de escrever, se você está realmente disposta a escrever. Sylvia Plath escreveu seus melhores e derradeiros poemas de manhã muito cedo, antes de seus filhinhos acordarem."

No início dos anos 70, já divorciada de Robin e casada com Mark Elvin, um estudioso, e mãe de mais dois filhos, Anne começou a trabalhar em *Correspondences*, o fruto de seu desejo de escrever, o *tour de force* que constituiria a maior realização de sua carreira poética. Por meio de cartas escritas pelos membros da mesma família ao longo de várias gerações, esse poema extenso, do tamanho de um livro, vai contando a sua história — do domínio férreo da ética puritana sobre a América dos séculos XVIII e XIX, de seu afrouxamento gradual em meados do século XX e de sua dissolução durante os anos 60. As cartas revelam o preço que essa ética exigia das vidas que governava — e tanto as vidas dos homens quanto as das mulheres, embora estas pareçam ter sofrido um maior esmagamento. Uma ânsia que nunca se transforma em ação mas nunca está ausente das fímbrias da consciência de cada correspondente impregna o poema e lhe empresta seu *pathos*.

À medida que o livro se aproxima do presente, as vidas de três mulheres se destacam: Maura, que queria ser escritora mas tem uma vida de esposa e mãe; sua filha, Ruth, que escrevia poesia e tinha um amante que sacrificou para continuar esposa e mãe; e a filha de Ruth, Kay, a quem a contracultura dos anos 60 finalmente permite o rompimento com a convenção que as outras não ousaram. Mas o preço da emancipação de Kay acaba sendo tão alto, e talvez mais alto ainda, quanto o preço de viver curvada à ordem puritana. Kay se torna alcoólatra e tem um colapso mental antes de encontrar uma espécie de paz como poetisa expatriada na Inglaterra. Anne assinala, em "Escrevendo como mulher", que embora o retrato de Kay seja "uma versão de mim mesma", o poema não é autobiográfico.

> Tudo que sofri em meu primeiro casamento, tudo que senti por minha filha, meu marido, minha mãe, foi mobilizado para produzi-lo [...]. Mas ainda assim Kay não sou eu [...]. Nunca tive um colapso nervoso num museu, nunca vivi em Westchester County e nem fui casada com um psiquiatra da moda. Os sentimentos de Kay, sua mistura de amor e ódio pelo filho, sua sensação de ser prisioneira de sua casa, seu impulso de voar, de fugir com a bebida ou para uma cidade anônima — esses sentimentos, sim, *foram* meus.

O poema é brilhante, as vozes dos autores das cartas são distintas, variadas e verdadeiras. Tem uma inventividade poética, uma segurança e uma confiança, além de um nervosismo arriscado, que prendem o leitor como se estivesse diante de um romance. Como foi que Anne conseguiu? Como foi que realizou a façanha de romper com o padrão de sua mãe e conciliar os apelos da domesticidade com os da expressão artística?

Na verdade, ela não conseguiu. Como conta na carta que me enviou e em seu esboço autobiográfico, ela precisou abandonar seus filhos e o segundo marido e fugir com um poeta — Philip Hobsbaum — para conseguir produzir *Correspondences*. Como Sylvia Plath, como tantas outras escritoras, precisou abandonar a luz do dia e adotar uma vida subterrânea para encontrar a sua voz. Escrever é uma atividade carregada para qualquer um, é claro, seja homem ou mulher, mas as escritoras parecem precisar de medidas mais fortes que os escritores, apelar para arranjos psíquicos mais peculiares, a fim de ativar sua imaginação. A vida de escritora da própria Sylvia Plath, da forma como a conhecemos a partir de seus diários e cartas, do depoimento de Hughes e de seus próprios escritos, foi, até o período final, uma luta dolorosa, uma sangrenta repetição do gesto de bater com a cabeça na parede. Começou a escrever e a publicar muito cedo. (Um poema foi publicado no *Christian Science Monitor* e um conto em *Seventeen* quando ela própria tinha dezessete anos.) Tinha uma grande vontade de escrever (alimentada pela ambição da mãe real e internalizada), e sua capacidade de enfrentar a rejeição era aparentemente ilimitada: recebeu 45 bilhetes de recusa de *Seventeen* até seu primeiro conto ser finalmente aceito. Mas ela própria rejeitava e considerava inferior a maior parte do que escrevia — fosse poesia ou prosa, publicada ou inédita. Na introdução de Ted Hughes a *Johnny Panic and the bible of dreams*, ele nos diz que "quando escrevia seus contos [...] isso sempre ocorria numa atmosfera de combate ferrenho". A introdução — outra variação sobre o tema da oposição entre identidade verdadeira e falsa — nos conta a dolorosa história da derrota humilhante de Sylvia Plath por um gênero que escolhera como seu instrumento de autonomia artística e profissional:

Sua ambição de escrever contos era o fardo mais visível de sua vida. O sucesso como contista, para ela, tinha todas as vantagens de um excelente emprego. Ela desejava o dinheiro e a liberdade que pode acompanhá-lo. Desejava a posição profissional de autora bem paga, de mestra num ofício penoso e de investigadora profunda do mundo real [...]. "Para mim", escreveu ela, "a poesia é uma fuga do verdadeiro trabalho: escrever prosa."

Mas fracassou com seus contos (sua ambição de publicá-los na *The New Yorker* ou no *Ladies' Home Journal* nunca se realizou) e, na opinião de Hughes, cometia um grave erro de cálculo ao tentar escrevê-los. Sua verdadeira vocação, como sua verdadeira identidade, era outra. Ao longo de seu texto, Hughes cita os comentários autodepreciativos que Sylvia Plath escrevia em seus diários: "Reli os contos escritos na Espanha. São tão maçantes. Quem quereria ler essas coisas?" e "Meu conto sobre a Sombra é ralo e pálido", e "Desgosto com o conto de dezessete páginas que acabei de escrever: um texto duro, artificial [...] nenhuma das correntes profundas de emoção é abordada ou desenvolvida. Como se pequenos alçapões estanques tivessem selado a fervura e o poço profundo da minha experiência. Construindo estátuas muito artificiais. Simplesmente não consigo sair de mim mesma".

E afirma Hughes: "Foi só quando desistiu desse esforço de 'sair' de si mesma, aceitando finalmente o fato de que sua dolorida subjetividade era seu verdadeiro tema, que o mergulho em si mesma era a única direção que podia tomar e que as estratégias poéticas eram o único meio de que dispunha, que ela se encontrou repentinamente em plena posse de seu gênio criativo — com todos os talentos especiais que desenvolvera, como que por necessidade biológica, para lidar com essas singulares condições internas". Mas essa teoria sobre a arte de Sylvia Plath, embora lindamente articulada, não satisfaz. Limita-se a reafirmar o que já sabemos — que os poemas que Sylvia Plath escreveu em *Ariel* foram bem-sucedidos e seus contos não — e apresenta uma visão equivocada do sucesso de *Ariel*, onde Sylvia Plath não fez senão "sair" de si mesma. Caso contrário, não estaríamos lendo esses poemas; seriam apenas gritos inarticulados de uma mulher angustiada. Como, de certa forma, são seus contos. Um deles, chamado "The wishing box" e escrito em 1956, ilumina o problema dos contos de maneira especialmente nítida. É um dos mais fracos e artificiais de todos, mas adquire uma vida absorvente quando é lido — como pede para ser lido — como uma mensagem em código sobre as dificuldades de Sylvia Plath como escritora. Embora Hughes não fale de "The wishing box" em sua introdução, faz um comentário geral sobre os contos que não pode deixar de afetar a maneira como os lemos: "Os temas que ela achava suficientemente atraentes para despertar sua concentração são todos, no fim das contas, episódios de sua própria vida; todos são autobiográficos".

"The wishing box" — que pode ter sido um dos contos "maçantes" escritos na Espanha, onde Hughes e Plath passaram uma longa lua de mel — começa com uma cena em torno da mesa do café da manhã de um casal chamado Harold e Agnes. Agnes "fumegava em silêncio por sobre seu café, lutando com o estranho ciúme que vinha crescendo dentro dela como um câncer negro e maligno desde sua noite de núpcias apenas três meses antes, quando ficara sabendo dos sonhos de Harold". Os sonhos de Harold são delirantemente ricos, interessantes e abundantes, em contraste com os sonhos de Agnes, que (quando chega a sonhar) são prosaicos, tediosos e fragmentários. Enquanto Harold, sem nada perceber, regala Agnes com seus sonhos maravilhosos, ela se sente cada vez mais insegura, enciumada e excluída. Um dia, ela confessa a Harold que é uma sonhadora bloqueada. Ele demonstra simpatia — a seu modo superior — e propõe um exercício mental para estimular sua imaginação: ela deve fechar os olhos e imaginar um objeto. Mas o exercício não funciona — só faz aumentar seu sentimento de insuficiência — e, com o passar do tempo, ela se sente cada vez mais infeliz, começa a beber e a ver televisão e finalmente, tomada pelo desânimo, engole cinquenta comprimidos de sonífero. O conto tem um fim ridículo e mostra Harold chegando em casa do trabalho e encontrando a mulher morta no sofá da sala, usando seu vestido de noite de tafetá verde-esmeralda.

Podemos notar como a avaliação depreciativa que Agnes faz de seus sonhos lembra a maneira como Sylvia Plath julgava seus contos. Mas o que mais chama a atenção em "The wishing box" — sua matriz emocional — são a hostilidade e a inveja da mulher. Até ela ficar sabendo dos sonhos extraordinários do marido, seus próprios sonhos prosaicos não a perturbavam. Só depois que Harold exibe o "esplendor barroco e imperial" de suas produções noturnas os sonhos de Agnes lhe parecem tão patéticos e insuficientes. A premissa do conto — de que a vida de uma mulher pode ser envenenada e até mesmo destruída, por seu sentimento de insegurança em face das realizações superiores de um homem — é tão forçada e distante da experiência observável quanto o conceito freudiano da inveja do pênis. E igualmente verdadeira. (O conceito de Freud, bem entendido, não lida apenas com a diferença anatômica, e sim com o que essa diferença conota; é uma *descrição*, e não uma recomendação, do falocentrismo.) A terrível mistura de ódio de si mesma, raiva e inveja que Sylvia Plath revela em "The wishing box" é uma preocupação central, e talvez seja *a* preocupação central, do feminismo contemporâneo. Mas em 1956 não havia movimento ou teoria feminista e as relações entre homens e mulheres se encontravam no apogeu do inevitável delito transferencial. Que os embates entre Sylvia Plath e a literatura tenham se fundido com sua inveja e ressentimento em relação aos homens não é surpreendente. Muitas mulheres que tentavam escrever nas décadas de 1950 e 1960 — mulheres como Sylvia, Anne Stevenson e eu — viam-se envolvidas numa espécie de jogo de Harold e Agnes junto aos homens com quem se relacionavam. O fato de escrever interferia com os homens. De certa forma, era culpa do homem quando a produção literária não era boa, como era culpa de Harold quando os sonhos de Agnes não ficavam melhores.

O Harold presunçoso e detestável (ele é um perito contador "com pronunciados conhecimentos literários") parece infinitamente distante do Adão de alma larga retratado nas *Letters home*.

(Harold lembra, na verdade, o presunçoso e detestável Buddy Willard de *The bell jar*.) Em novembro de 1956, Plath escreveu a Aurelia:

> Passamos juntos tantas horas agradáveis [...]. Lemos, discutimos poemas que descobrimos, conversamos, analisamos — estamos sempre fascinando um ao outro. É um paraíso ter alguém como Ted, que é tão gentil, honesto e brilhante — sempre me estimulando a estudar, a pensar, a desenhar e a escrever. Ele é melhor que qualquer professor e de certa forma chega até a preencher o vazio imenso e triste que sinto por não ter pai. Todo dia sinto o quanto ele é maravilhoso e o amo cada vez mais.

E no entanto, é evidente que lá estava também Ted-na-pele-de-Harold. O que o conto nos revela quando é lido junto com a carta de *Letters home* é uma poderosa sensação da anarquia da vida mental: no inconsciente, é perfeitamente confortável amar uma pessoa e, ao mesmo tempo, detestá-la. Só na vida consciente julgamos ser necessário escolher um dos lados, decidir de um modo ou de outro, render-nos ou lutar, ficar ou ir embora. No caso de Sylvia Plath, não é que ela tenha sido mais dividida do que o resto de nós. O fato é que deixou um registro riquíssimo de suas ambivalências — e é por isso que o estudo de sua vida é ao mesmo tempo tão fascinante e tão perturbador e tão difícil a situação dos que lhe sobreviveram. No entanto, não podemos deixar de notar um denominador comum nas duas visões de Hughes que ela nos apresenta: ou bem é um professor brilhante, gentil e amoroso ou então um professor estúpido, presunçoso e detestável; mas nos dois casos ele é o *professor* e ela, a aluna; ela olha para ele de baixo para cima e sempre conta com a ajuda dele para preencher o "vazio imenso e triste" de sua insegurança.

No trem, enquanto eu relia os escritos da biógrafa de Sylvia Plath sobre sua própria luta para se tornar uma criadora literária e refletia sobre suas muitas relações inevitavelmente conturbadas com os homens, a quem conferia uma responsabilidade excessiva pelo sucesso de seu destino artístico, comecei a perceber de maneira ainda vaga um padrão em que a história malparada de *Bitter fame* parecia se enquadrar. Em seu esboço autobiográfico, Anne escreve sobre um período (1973-75) no qual, tendo acabado de escrever *Correspondences*, "finalmente reuni a coragem para enfrentar a vida sozinha". Tendo abandonado o poeta por quem trocara o marido e os filhos, passou "dois anos férteis e independentes" como escritora-residente na Universidade de Dundee. Mas quando, uma década mais tarde, a biografia de Sylvia Plath lhe propôs um projeto literário que era novo e cheio de incertezas, ela tornou a adernar no sentido de uma relação de dependência, uma espécie de casamento por conveniência literária, constituído da maneira que conhecemos. Que o novo coprogenitor do futuro rebento literário de Anne fosse uma mulher não fazia a menor diferença: para o inconsciente, não existem distinções de gênero. Mas que essa mulher fosse quem era, com um interesse especial no rebento, fazia toda a diferença do mundo. Os outros "colaboradores" de Anne sempre aceitaram afastar-se, entregando-lhe a custódia da obra; Olwyn disputou a custódia com unhas e dentes. A ferocidade de seu envolvimento com *Bitter fame* ficou patente depois que li a transcrição da conferência dada por Anne em Toronto, e ficaria ainda mais aparente quando finalmente pude ler as cartas que escreveu a Anne durante a discussão sobre a autoria do livro. Mas o que mais chamava agora minha atenção era a sensação de ter topado com a chave do mistério, a razão pela qual Anne aceitara com tanta ingenuidade entrar na teia de Olwyn: pode ser que ela estivesse envolvida demais na produção de sua própria teia para perceber onde estava se metendo.

3.

No dia 9 de março de 1956 — treze dias depois de seu momentoso primeiro encontro com Ted Hughes na festa da *St. Botolph's Review* e três meses antes de casar-se com ele —, Sylvia escreveu para Aurelia Plath:

> Oh, mamãe, se você soubesse como estou forjando uma alma! [...] Estou construindo uma identidade, com muita dor, quase sempre, como num parto, mas é justo que seja assim e sinto que estou sendo purificada nos fogos da paixão e do amor. Sabe, eu amava Richard acima e além de toda e qualquer coisa; a alma dele é a mais furiosa e santificada que já encontrei neste mundo.

Richard? Quem é esse homem? Um lapso da pena? Não, é Richard Sassoon, sobre quem Plath escreve mais:

> Todas as minhas dúvidas convencionais sobre sua saúde, seu corpo frágil, o fato de não ter o físico "atlético" que eu possuo e admiro, tudo se reduz a nada diante da voz de sua alma, que me fala com palavras que os próprios deuses invejariam.

Um dia depois de morder o rosto de Hughes, Sylvia Plath o descreve em seu diário como "o único homem que já conheci capaz de substituir Richard", mas Hughes tinha voltado para Londres sem tornar a procurá-la e Sassoon continuou a ser o amor insubstituído da vida de Sylvia por mais um mês. Como insinua com perspicácia Anne Stevenson em *Bitter fame*, "embora Sylvia tenha sentido uma violenta atração por Ted, a experiência foi onírica demais para servir de base à construção de expectativas e, de toda forma, ela continuava aferrada ao hábito de desejar Richard Sassoon". De todos os homens da biografia de Sylvia Plath, Richard Sassoon é o mais misterioso e, de muitas maneiras, o mais enganoso. O hábito de procurá-lo transmitiu-se de Sylvia Plath a toda a comunidade de seus biógrafos. Mas nenhum deles conseguiu encontrá-lo; desapareceu sem deixar rastros e não é apenas seu paradeiro que é desconhecido, mas toda sua história depois de Sylvia Plath. Da mesma forma como Hughes foi capturado e aprisionado na lenda de Sylvia Plath, Sassoon dela escapou voando.

Ele entra na história em 19 de abril de 1954, numa carta de Sylvia a Aurelia Plath: "Conheci Richard Sassoon (cujo pai é primo de Siegfried Sassoon) — um parisiense magro que é cidadão britânico e com quem é uma delícia conversar". Sylvia estava de volta ao Smith College depois de sua crise do verão e do outono anteriores e Sassoon estudava em Yale. Em 4 de maio, Sylvia tornou a falar de Sassoon numa carta para a mãe, manifestando a ambivalência que sempre haveria de marcar a ideia que fazia dele ao longo da temporada de dois anos que passaria em sua vida: "Um ótimo sábado com Sassoon por aqui — peculiar —, outra garrafa de excelente vinho Bordeaux e um piquenique de sanduíches de frango numa linda campina verde. Uma noite estranha e encantada passada numa casa de fazenda enquanto esperava Sassoon e o reboque removerem seu carro de um atoleiro na péssima estrada de terra". O homem é excelente em matéria de Bordeaux e sanduíches de frango, mas não consegue tirar o carro do atoleiro. Uma colega de quarto de Sylvia Plath no Smith College, Nancy Hunter Steiner, rememora em *A closer look at Ariel* [Um exame mais próximo de Ariel] uma observação espantosamente cruel feita por Sylvia a respeito do tamanho diminuto de Sassoon: "Quando ele me toma nos braços, eu me sinto como a Mãe Terra com um besourinho marrom se arrastando por cima de mim". Nancy Steiner descreve o próprio Sassoon como um "tipo gaulês, moreno, introspectivo e passional cujo brilho e cuja imaginação eram equivalentes [aos de Sylvia]", e a quem Sylvia Plath atribuía "as qualidades de um herói byroniano: um ar de mistério e uma melancolia quase sinistra que ela achava fascinantes". Nancy Steiner resolve a contradição entre a visão que Sylvia Plath tinha de Sassoon como herói byroniano e inseto rastejante atribuindo-a a sua "criatividade".

Na verdade, porém, Sassoon, embora fosse "magro, nervoso, baixo, volúvel e doentio" (na descrição que Sylvia Plath faz dele em seus diários), não a repelia, como outros namorados sobre quem escreveu. Os sentimentos que tinha por ele, da maneira como se revelam em seus escritos, são tocantes de tanta ternura. O fato de não sentir atração física por ele lhe causa pesar e não ressentimento. Se é verdade que se permitiu o comentário grosseiro e maldoso contado por Nancy Steiner (a citação dos depoimentos de contemporâneos muitos anos depois dos fatos sempre deve ser encarada com ceticismo), Sassoon emerge em todos os outros pontos de seu dossiê com Sylvia Plath como uma figura atraente e simpática. Ao ler as cartas de amor intensas e refinadas que ela lhe escreveu no inverno de 1955-6 — e copiou em seu diário —, senti-me transportada de volta a minha juventude e aos Sassoons por quem eu própria me apaixonei e para os quais adorava escrever cartas ardentes e pretensiosas. Anne Stevenson me contou que ela também teve Sassoons em sua vida. Era um tipo que florescia com vigor especial nos anos 50 de Eisenhower — uma espécie de criação conjunta dos dois sexos, uma colaboração entre desajustados livrescos, preenchendo a ânsia de ambos por momentos românticos. Os rapazes se inventavam a partir de elementos literários (introspectivo, gaulês, byroniano etc.) e as moças os "liam" como se fossem romances.

Não temos os diários de Sylvia Plath correspondentes a seu último ano no Smith College — ou não os escreveu ou então não os conservou — e é só no outono de 1955, quando ela estava em Cambridge e Sassoon estudava na Sorbonne, que os diários são retomados e podemos apreciar todo o sabor de seus sentimentos por "aquele rapaz na França", como o definia para os colegas jovens demais do sexo masculino, a fim de livrar-se de suas atenções. Sassoon, por sua vez, também estava tentando se livrar de

Sylvia Plath. Não sabemos o porquê — não temos suas cartas do período —, mas parece que os obstáculos que ergueu entre ele e ela (em seus diários e cartas ela alude aos "escrúpulos ferozes, frios e quase platônicos" de Sassoon, bem como a uma amante suíça) serviram apenas, ou inevitavelmente, para atiçar a paixão de Sylvia. "Recebi uma carta de meu Richard hoje à tarde acabando com tudo, menos com a minha súbita reflexão e a descoberta que eu tanto temia e tanto lutei para não fazer: estou apaixonada por aquele maldito rapaz com tudo o que sempre houve em mim, e não é pouco", escreveu ela em seus diários. "Pior, não consigo parar [...]. Eu o amo ao ponto de descer ao inferno e voltar, subir ao céu e voltar, sempre amei, continuo a amar e hei de amar para sempre. De alguma forma, a carta dele finalmente liquidou todas as dúvidas atrozes: você é da mesma altura que ele; você é mais pesada que ele; fisicamente, é mais forte e mais saudável; é mais atlética." Da mesma forma como nunca escreveu sobre Hughes sem se referir a seu tamanho hercúleo, Sassoon nunca consegue aparecer em seus textos sem a companhia do *leitmotif* de fragilidade proustiana (ou Ralph Touchettiana*). Em carta ao próprio Sassoon, ela escreveu: "eu o amo com todo o coração, a alma e o corpo; tanto em sua fraqueza como em sua força; e amar um homem mesmo em sua fraqueza é uma coisa de que nunca fui capaz em toda minha vida". E em seguida (a carta é extremamente longa) ela divaga por uma visão extraordinária de seu destino de mulher:

> Sinto que não seria capaz de viver com outro homem; o que significa que preciso me tornar (já que não poderia ser freira) uma mulher solteira consagrada. Se eu tivesse inclinação pela carreira de advogada ou jornalista, não haveria problema. Mas não tenho. Minha inclinação é por bebês, pela cama, por amigos espirituosos e uma casa esplêndida e estimulante onde gê-

---

* Ralph Touchett: personagem de *Retrato de uma senhora*, de Henry James. (N. T.)

nios tomam gim na cozinha depois de um jantar delicioso, leem seus próprios romances em voz alta e dizem por que a bolsa de valores anda do jeito como será [...] — de qualquer maneira, é isso que eu pretendia criar para um homem, entregar a ele esse reservatório colossal de fé e amor para que nele possa nadar todo dia, e dar-lhe filhos; muitos, com muita dor e orgulho. E o que sempre mais odiei em você, em minha irrazão, foi ter-me feito mulher para querer isto, ter-me transformado em mulher só sua e depois me deixar diante da possibilidade real e terrivelmente imediata de viver uma vida de castidade como uma professora primária condenada a sublimar para influenciar os filhos de outras mulheres. Mais que tudo no mundo, quero ter um filho seu e caminho perdida repleta da escuridão da minha chama, como Fedra, proibida por qual austero *pudeur*, por qual *fierté*?

Durante as férias de Natal de 1955, Sylvia Plath viajou pelo Sul da França com Sassoon (e foi então, ao que tudo indica, que ele começou a afastar-se dela). Nas férias da primavera seguinte, foi a Paris decidida a atirar-se em seus braços. "Acho que preciso chegar um dia de manhã na casa de Richard e lá ficar parada, forte e contida e dizer apenas: oi", escreve ela em seu diário três semanas antes da viagem. E acrescenta: "Ah, sim, ainda acho que tenho poder: ele pode estar dormindo com sua amante, ter dado ordens para que não me deixem entrar, ou pode não estar lá, ou se lá estiver, pior ainda, recusar-se a me ver". Mas ele não estava lá. Em seu diário, no dia 26 de março, Sylvia Plath conta como chegou no Domingo de Ramos à casa de Sassoon, no número 4 da rue Duvivier, depois de "preparar meu discurso de abertura", ouvindo da *concierge* "sombria e suspeita" que Sassoon tinha viajado e só estaria de volta depois da Páscoa. "Eu estava preparada para passar um ou dois dias sozinha, mas essa notícia me abalou até as raízes", escreve ela, e continua:

> Fiquei sentada na sala dela e escrevi uma carta incoerente enquanto as lágrimas caíam escaldantes e molhadas no papel e seu

poodle preto me cutucava com a pata e o rádio urrava: "*Smile though your heart is breaking*". Escrevi sem parar, pensando que por algum milagre ele podia entrar pela porta. Mas não tinha deixado nenhum endereço, nenhum recado, e minhas cartas implorando que voltasse a tempo lá estavam, azuis e intactas. Fiquei realmente atônita com a minha situação; nunca em minha vida um homem tinha ido embora e me deixado aos prantos.

E é aqui que acaba a parte publicada dessa entrada em seu diário. O texto original inédito, no arquivo Smith, continua:

> Lágrimas secas, poodle acariciado & perguntei onde podia encontrar um restaurante; percorri as barracas de frutas no Champ-de-Mars atravessando flores & multidões carregando ramos de palma (diferentes dos nossos, raminhos de folhas verdes) e encontrei uma grande *brasserie* [...]. Pedi uma *assiette anglaise* e café (que veio preto & amargo) e li a *Antigone* de Anouilh, a parte magnífica do coro sobre a tragédia. Aos poucos, surpreendentemente, fui tomada pela calma. Uma sensação de que eu tinha todo o direito de passar meu tempo comendo, olhando em volta; de passear & sentar ao sol em Paris como qualquer outro; um direito até maior. Senti-me francamente feliz quando pedi mais uma xícara de café com creme & estava muito melhor.

Quando os *Diários* foram publicados, em 1982, a recepção foi negativa. Como ocorreu com *Bitter fame*, foram lançados num estado de desalinho que despertou as suspeitas dos críticos. A revelação de Hughes na introdução, de que destruíra o último diário, foi a primeira nota falsa; a segunda foi o prefácio da editora do livro, Frances McCullough, sobre os cortes que fizera. Escreve McCullough:

> Por ainda ser cedo demais — no que diz respeito à idade dos que sobreviveram a Sylvia Plath — para publicar esse documento, sentimos uma preocupação especial com os que precisam continuar vivendo suas vidas como personagens desse drama. Certos

trechos maldosos foram cortados — Sylvia Plath tinha uma língua muito afiada e tendia a usá-la contra quase todo mundo, mesmo as pessoas de quem mais gostava [...]. Assim, alguns dos comentários mais devastadores não aparecem — e estão assinalados como "[omissão]" para diferenciá-los dos cortes normais — e há vários outros cortes — de intimidades — com o efeito de atenuar o erotismo da autora, que era muito acentuado.

A afirmação de McCullough teve um efeito nefasto. Chamando a atenção para o que não estava no livro, desvalorizava o que nele fora conservado. Hoje, há uma convicção no estrangeiro de que os diários publicados são uma espécie de versão censurada do que Sylvia Plath escreveu, criada por Hughes para proteger-se. Na verdade, contudo, os *Diários* nos exibem um retrato notavelmente íntimo de Hughes e demonstram uma tendência extremamente reveladora; como no caso de *Letters home*, o que chama a atenção é muito mais o que se deixou ficar sobre "os que precisam continuar vivendo suas vidas como personagens desse drama" do que aquilo que foi retirado. Os cortes que dizem respeito a Hughes parecem pateticamente pudicos: a exclusão de encômios embaraçosos a sua "extrema virilidade" ou de uma queixa ocasional da esposa por coisas como o estado de suas unhas. A sra. Plath também teve participação na remoção dos "trechos comprometedores", e também nesse caso deixou bem mais do que se poderia esperar. Os "cortes normais" — que formam a maior parte dos cortes — foram feitos por McCullough, no interesse nada sinistro de transformar uma massa de qualidade irregular num livro legível. Seus cortes têm a intenção de tornar mais fluente a narrativa da vida de Sylvia Plath. Nisto, foi assessorada pela própria autora, porque realmente escrevia sobre ela própria e as pessoas que conhecia como se fossem personagens num romance. Os diários são uma espécie de primeiro esboço furiosamente escrito de um *Bildungsroman* em que a autora despejava tudo, sabendo que mais tarde teria tempo de rever, cortar, dar forma e ordenar. Sylvia Plath escreve sobre as pessoas com olhos perceptivos de romancista e é disso que deriva o clima de intimidade revelada de seus diários. Ficamos "conhecendo" Hughes, Sassoon, Dick Norton, Aurelia e a própria Sylvia Plath da mesma forma como "conhecemos" as personagens dos romances, ou seja, com mais profundidade e clareza do que conhecemos todo mundo na vida real, com a exceção das pessoas com quem temos maior intimidade. Na medida em que as Annas, os Vronskis, os Holden Caulfields e os Humbert Humberts não existem fora das páginas de seus romances, não sentimos nenhum embaraço por nosso voyeurismo ou pela massa de informações pessoais que colhemos a seu respeito. Com as personagens de Hughes, Sassoon, Norton e Aurelia, porém, que têm contrapartidas na vida real, perdemos esse sentimento de onisciência confortável; temos vontade de desviar os olhos — como no momento embaraçoso em que encontramos nosso analista na rua. Da mesma forma como o analista não "devia" estar ali — só devia existir em seu consultório —, as personagens dos diários de Sylvia Plath também parecem submetidas a uma espécie de deslocamento. A personagem de Ted Hughes é a que mais nos cria problemas, uma vez que sua contrapartida da vida real é tão proeminente — e recebemos informações o tempo todo sobre ela em cartas aos jornais, edições de sua obra, críticas a seus poemas e suas atividades como executor do espólio literário de Sylvia Plath. Com Sassoon, as coisas correm melhor: por ter tido a delicadeza de desaparecer da vida real, ele nos permite apreciar sem ansiedade sua representação literária. Aurelia, por sua vez, prenuncia o desaparecimento vindouro dos vestígios de pessoas "reais" da "ficção" da vida de Sylvia Plath; tem mais de oitenta anos e está doente.

O relato que Sylvia Plath faz de suas férias de primavera na França é um dos momentos mais vitais de seus diários e foi pouco cortado por McCullough. Seu corte na passagem da *brasserie* foi um erro, a meu ver. A maneira como Sylvia Plath registra a calma que dela se apossa depois de sair da casa de Sassoon e sua sensação de ter direito aos prazeres de Paris, evoca de maneira esplêndida a labilidade dos sentimentos por que se notabiliza a juventude (mas que não é exclusividade dela; basta lembrar a anedota de Proust sobre o pai de Swann, que sai em lágrimas da câmara-ardente de sua amada mulher e depois se descobre exclamando de admiração diante da beleza do dia e do prazer de estar vivo). Os dois cafés, o primeiro preto e amargo e o segundo com o creme que o transforma, sublinham essa sensação. Mas também sou capaz de compreender a ansiedade de McCullough para seguir adiante com sua história, que a própria Sylvia Plath conta com uma impaciência incontida, como se corresse contra o tempo.

A história, que cobre as entradas dos diários entre 26 de março e 5 de abril, é uma meditação sobre o destino de Sylvia Plath enquanto mulher. Ao se descobrir sozinha em Paris, ela é tomada por uma sensação de crise, a sensação de ter atingido um ponto decisivo em sua vida entre os homens. Quando começa a falar dos novos homens que conhece em Paris (um jornalista italiano chamado Giovanni, que ela conhece em plena rua na noite de sua chegada e lhe empresta a Olivetti que ela usa para datilografar seu diário; e um estudante de Oxford chamado Tony com quem vai para a cama mas fica com medo na hora decisiva), dos homens que já conhecia e se encontravam em Paris naquele momento (Gary Haupt, de Cambridge e Gordon Lameyer dos Estados Unidos, ambos bonitos e enfadonhos) e dos ausentes Richard e Ted, ela se entrega a uma febre de ânsia e medo, desafio e vergonha, resolução e hesitação. Hughes agora já está instalado (com alguma hesitação) na vida de Sylvia Plath. Poucas semanas depois da festa da *St. Botolph's*, os diários nos revelam que ele voltou a Cambridge e, de madrugada, junto com um amigo local, atirou pedras numa janela que achava ser a dela; voltou para Londres sem tornar a vê-la, mas o amigo, Lucas Myers, convidou-a para jantar e depois para se encontrar com ele e Hughes em Londres a caminho de Paris; ela aceitou e passou a noite com Hughes, para sua vergonha posterior. "Ele não sabe o quanto eu poderia ser diferente e demonstrar ternura e juízo, porque agora fui fácil demais cedo demais e ele não vai querer se dar ao trabalho de descobrir", escreve ela na Olivetti de Giovanni. Em Cambridge, seu amor eterno pelo diminuto

Sassoon não a impedia de aspirar a uma migalha de atenção do imponente Hughes. "Por favor, faça ele vir", suplica ela em seus diários quatro dias depois de ter mandado a Sassoon uma carta em que dizia querer ter um filho dele.

Só quero tê-lo nessa primavera inglesa. Por favor, por favor [...]. Por favor faça ele vir e me dê a resistência e a coragem para fazê-lo me respeitar, ficar interessado, e eu não me atirar nos braços dele com exagero ou gritos histéricos; com calma, com suavidade, devagar, meu bem, devagar [...]. Oh, ele está aqui, meu bandoleiro moreno; oh quanta fome. Sinto fome de um amor imenso irresistível criativo borbulhante e carregado.

Nós sabemos, embora Sylvia Plath não o saiba enquanto datilografa em Paris, que ela conseguiria Hughes para sua primavera inglesa e mais ainda; ela só sabe que as semanas de suas férias se estendem a sua frente como os anos restantes de uma vida (não pode voltar para seu dormitório em Cambridge, fechado para as férias) e que nenhum dos dois homens que deseja (a essa altura, Ted e Richard são quase objetos intercambiáveis de seu desejo) a quer. Assim, sua alternativa é preencher o tempo de férias que lhe resta com uma viagem na companhia do enfadonho Gordon. "Eu prefiro ficar sozinha com a máquina de escrever a ficar com Gordon", escreve ela; "seu estúpido francês gaguejante e sua incapacidade de se fazer entender aqui, sua total incapacidade de se relacionar, de uma percepção intuitiva dos climas, me enojam". Mas o que uma moça como ela pode fazer? Como numa pré-cognição da consciência feminista, Sylvia Plath para e pergunta: "Será alguma carência terrível que me deixa com alternativas tão mortais? Alguma dependência dos homens que me faz colocar-me sob sua proteção, seus cuidados e seu carinho?". E continua a falar de modo incoerente sobre os homens que são agora suas "alternativas". Sassoon, embora fora de alcance, continua a assombrá-la com sua "imagem sombria" — e a desagradá-la com seu tamanho minúsculo. Ela compara seu "corpo esguio e indisciplinado" e seu "gosto por caracóis e vinho" com a "solidez de galinha assada e suco de laranja" e "o sabor de bife com batatas simples" de Gary e Gordon. (O imenso Hughes ainda não estava suficientemente instalado em sua imaginação para se apresentar como o rival único de Sassoon.) Ela pensa em telegrafar para Hughes em Londres, perguntando se pode ficar morando com ele em seu apartamento até a reabertura de seu dormitório, mas fica inibida ao pensar nos amigos boêmios que entram e saem do apartamento o tempo todo, um dos quais possivelmente a surpreendera na cama com Hughes. Escrevendo sobre seu dilema de escolar quanto à maneira de passar o resto de suas férias, Sylvia Plath usa uma linguagem do tipo "Sim, todos os augúrios são em favor da partida"; "E agora as alternativas giram numa dança fatídica"; "É um momento histórico; tudo somado me impele a ir embora de Paris". O diário de Paris — como seus diários em geral — constitui uma espécie de anatomia da imaginação romântica em funcionamento.

A visão inalterável e desprovida de humor que Sylvia Plath tem de si mesma como a heroína de um grande drama empresta a seu diário uma verve e um brilho ausentes dos diários de escritores clássicos (em oposição aos românticos), sempre mais contidos e autodepreciativos. Todos nós inventamos a nós mesmos, mas alguns acreditam mais que os outros na ficção de que somos interessantes. Provavelmente por sentir o gelo do vazio com uma intensidade tão inquietante, Sylvia Plath era levada a empilhar várias camadas de aquecida autoabsorção entre si e o mundo exterior. Anne Stevenson começa *Bitter fame* com um incidente da juventude de Sylvia, uma anedota sobre um poema chamado "I thought that I could not be hurt" ["Achei que não podia ser ferida"], escrito aos catorze anos, sobre uma dor terrível que depois sabemos ter sido provocada por sua avó, ao borrar por acidente um de seus desenhos em pastel. Já aos catorze anos, Sylvia Plath sabia que precisava de certa forma importar-se em demasia com as coisas, senão corria o risco de parar de se importar de todo. E articula essa ideia numa carta a Sassoon datada de 11 de dezembro de 1955: "Quando nos descobrimos querendo tudo, talvez seja por estarmos muito perto do perigo de não querer nada". Os poemas de *Ariel* descrevem o curto trajeto entre estar perto de não querer nada e deixar de querer toda e qualquer coisa. Nos poemas finais, escritos no terrível inverno inglês de sua morte, Sylvia Plath, como um paciente febril que tira as cobertas, despe o manto estraçalhado de sua raiva e fica esperando, muito calma, que o frio de sua falta de desejo adquira um calor mortífero. Os diários e as cartas são o registro da sua luta contra a depressão clínica e (se é que as duas podem ser separadas) a depressão existencial, lançando mão das várias defesas maníacas fornecidas pela imaginação romântica.

4.

Em sua casa, Anne Stevenson não era a mesma pessoa que eu vira no University Women's Club. Soava diferente — sua fala era menos entrecortada e britânica, e ela falava mais devagar, mais baixo e menos compulsivamente — e tinha outra aparência: vestindo uma saia xadrez e um suéter vermelho, readquirira o aspecto de potranca que eu lembrava de Michigan. No University Women's Club, ficara sentada o tempo todo, transmitindo uma impressão de abatimento com o corpo curvado; em casa, estava sempre em movimento — pondo-se de pé num salto para encher uma xícara de chá, subindo as escadas às pressas para ir buscar um documento, andando de um lado para o outro pela cozinha enquanto preparava o jantar para o qual me convidou. Era uma anfitriã encantadora e muito hospitaleira. A casa — dois chalés de mineiros reunidos para formar uma única casa de dois andares — era um labirinto de pequenos aposentos: às vezes eu entrava numa sala onde achava já ter estado e descobria que não. Havia pelo menos duas salas de estar, com lareiras, livros, quadros e sofás, cada uma das quais dava a impressão de ser *a* sala da casa. E as peças eram separadas por corredores vagos tomados por pratos de comida de cachorro e de gato, combinados a outros objetos inquestionavelmente utilitários (como uma máquina de lavar e outra de secar). As salas eram agradáveis, convidativas, ligeiramente surradas, com livros ocupando um lugar de destaque. O gato e o cão — dois animais tranquilos e simpáticos — dormiam lado a lado junto à lareira na sala onde nos instalamos, Anne numa cadeira de balanço e eu num sofá. A meu pedido, ela falava sobre o assunto ainda doloroso de sua colaboração com Olwyn Hughes na composição de *Bitter fame* e do quanto ela própria contribuíra para o fracasso, dos erros que cometera. Como era de se esperar, lembrou-se de "outro homem" a quem poderia ter recorrido. "Eu devia ter ido falar com Alvarez", disse ela. "Devia ter dito a Olwyn que queria conversar com A. Alvarez para saber o que ele achava. Ele não é nada burro. É a única pessoa que eu respeito entre os adversários e se pudesse ter conversado francamente com ele sobre Olwyn, acho que ele teria dito: 'É claro, Olwyn sempre foi assim. Sempre faz mal aos outros'. Mas não fui conversar com ele e passava as noites chorando. Fiquei arrasada, porque Olwyn achava que eu era uma idiota e não estava sendo capaz de entender." Anne parou para me servir mais uma xícara de chá. E depois falou de ainda "outro homem". "Eu passei o tempo todo esperando que Ted aceitasse me ajudar. Escrevi várias cartas e conversei com ele pelo telefone. Mas Olwyn barrava o caminho a ele de todas as maneiras."

"Você nunca conversou a sós com ele?"

"Eu nunca sequer estive com ele."

"Você não acha que Olwyn pode estar cumprindo as ordens de Ted?"

"Você quer saber se ele não está fazendo o papel do policial bonzinho e ela o do policial durão? É a teoria de Peter Davison, mas não tenho certeza. Acho que Ted é uma pessoa passiva. É um homem muito tímido, que fica mais à vontade com os homens do que com as mulheres. O que você precisa saber é que ele era, e ainda é, um homem muito atraente, e que as mulheres ficam loucas por ele. E Ted nem sempre consegue dizer não. Estou quase certa de que foi fiel a Sylvia durante todo o tempo em que esteve casado com ela — até conhecer Assia. Mas nem por isso as mulheres deixavam de dar em cima dele o tempo todo. Sylvia tinha uma certa razão — talvez mais do que eu dê a entender em *Bitter fame* — para ficar enciumada."

E então Anne me contou a história terrível da morte de Assia Wevill. Assia era a mulher de beleza extraordinária e imenso magnetismo sexual que precipitou a separação de Ted Hughes e Sylvia Plath. Em 1967, teve uma filha de Hughes, chamada Shura, e, em 1969, num gesto bizarro de imitação, também se envenenou com gás — acrescentando a seu gesto a peculiaridade de envenenar a menina junto com ela. O sofrimento de Hughes bem pode (ou talvez nem possa) ser imaginado. A história do suicídio de Assia Wevill não aparece em *Bitter fame*. (Na altura em que conversávamos, já fora contada na imprensa inglesa e pouco depois seria dissecada nas biografias de Ronald Hayman e Paul Alexander.) "Eu sabia do suicídio de Assia há anos", continuou Anne. "Todos os poetas sabiam — mas por pena de Ted ninguém falava no assunto. Ted não exigiu o silêncio de ninguém, mas me pediu que reduzisse ao mínimo minhas referências a Assia, e eu obedeci. Nem me passava pela cabeça deixar de atender a um pedido dele. Não que ele me intimide, mas tem uma certa autoridade. Quando ele pede um favor, todos obedecem; e ele sempre pede por favor. Ted viveu dez anos absolutamente infernais depois da morte de Sylvia. Ele me dava uma pena imensa e eu com certeza não estava disposta a sair cavando mais lama para atirar em cima dele. Mas Ted deve ter um lado escuro. Basta ler os livros dele, *Crow* e *Gaudete* — indicam claramente a maneira como se sentia. Especialmente *Gaudete*. No poema, as mulheres são espíritos demoníacos. São a Fedra de Racine. Ele se sentia devorado. Ted passou dez anos perdido. Acho que, de certa forma, esteve louco durante esse período. Mas agora certamente não está louco. Assim como eu não sou mais alcoólatra."

A curta tarde de inverno já estava acabando e fui com Anne até a cozinha para ajudá-la a fazer o jantar. Ela já tinha preparado alguns dos elementos de uma lasanha; mas faltava ralar o queijo, picar os cogumelos e montar o prato. Continuamos conversando enquanto trabalhávamos juntas. De repente, numa voz um tanto desesperada, Anne me perguntou se eu me incomodava de ir ler um pouco na sala. Ela precisava ficar sozinha para poder se concentrar na preparação do jantar. Era incapaz de cozinhar e conversar ao mesmo tempo.

Concordei, é claro, e me retirei. Na sala ao lado da cozinha, fiquei folheando uma pilha de cartas que ela reunira para mim. A maior parte delas fazia parte da correspondência entre Anne e Olwyn, mas também havia algumas de Peter Davison; de Peter

Lucas, marido de Anne; e de Ted Hughes. As cartas de Hughes me atraíram de imediato, como se fossem o próprio homem com seu magnetismo irresistível. Enquanto eu percorria aquelas folhas densamente datilografadas, pontuadas por cortes assinalados em x e correções a caneta, fui sendo tomada por um sentimento de nostalgia. Aquelas páginas de uma desordem impenitente, coalhadas de uma escrita irregular, lembravam-me as cartas que escrevíamos nas décadas de 1950 e 1960 em nossas Olivettis ou Smith Coronas portáteis, tão diferentes das cartas homogêneas, de frieza marmórea, que os jovens de hoje produzem em seus Macintoshes ou IBMs. Ao ler a carta contendo a reação de Hughes aos capítulos que Anne lhe enviara, senti que minha identificação com a datilografia se transformava num sentimento de intensa simpatia pelo autor. As outras cartas de Hughes que caíram em minhas mãos sempre produziram o mesmo efeito e creio não ser a única a reagir dessa maneira; outras pessoas já me falaram das cartas de Hughes com verdadeira reverência. Algum dia, quando forem publicadas, os críticos hão de tentar descobrir de onde vem seu poder, a razão por que são tão misteriosa e profundamente tocantes.

Anne, depois de pôr a lasanha no forno, veio a meu encontro e retomou o assunto de sua colaboração com Olwyn. "Num primeiro momento, gostei dela", disse Anne. "Só comecei a deixar de gostar quando ela começou a me tratar como uma ginasiana recalcitrante que deixa de fazer o dever de casa. Eu não tenho um caráter muito enérgico. Mas sou muito teimosa quando começam a me pressionar em relação a alguma coisa que eu creio ser capaz de fazer. Quando voltei de Indiana, disse a Olwyn: 'Olhe, muito obrigada mesmo, mas quero trabalhar sozinha'. Ela recebeu essa decisão como um insulto rematado. Ficou totalmente atônita, quando aquela menina boazinha com quem vinha almoçando, sempre tão obediente e submissa, resolveu ser petulante. Meu marido já tinha me avisado que ela não iria aceitar se eu tentasse romper, e estava coberto de razão. Eu caíra numa armadilha e não tinha saída. *Bitter fame* seria um livro excelente se eu tivesse sido capaz de seguir as minhas propensões.

Essa interferência permanente era muito dolorosa. E não sei dizer por que publiquei o livro. Meu marido acha que eu não devia." Fez uma pausa, e depois me perguntou: "O que você acha? Devia ou não ter publicado?".

Eu não soube o que responder. Depois de algum tempo, acabei dizendo que tinha gostado do livro e que ela tinha feito muito bem em publicá-lo. Mas disse que achava pavorosas as condições em que fora produzido e que muitos escritores não conseguiriam aceitá-las.

Anne me atalhou, dizendo: "E eu não aceitava. Mas no final não consegui me convencer a deixar quatro anos de trabalho se perderem pelo ralo. E mais uma coisa. Eu estava sem dinheiro e não teria condições de devolver o adiantamento".

Peter Lucas chegou em casa e se juntou à conversa. Conhece bem toda a história de *Bitter fame*, acompanhou todos os anos difíceis da produção do livro ao lado de Anne e chegou até a interferir em algumas ocasiões, com cartas a Olwyn e Peter Davison. É um sujeito ursino, barbado, grisalho, de aparência jovem e muito agradável, que tem o intelecto disciplinado de um advogado e desempenha o papel de marido sensato e protetor da artista nervosa que é Anne. São um casal afetuoso, muito gentil um com o outro. (Anne e Peter se conheceram e se apaixonaram vinte anos antes, mas só foram se juntar bem mais tarde.) Ele pegou uma garrafa de vinho e nós dois ficamos sentados à mesa da cozinha enquanto Anne andava de um lado para o outro ultimando os preparativos do jantar. Ela abriu a porta da geladeira e deu um gemido. "Esqueci de pôr o molho branco na lasanha", disse com voz abalada. E era tarde demais para corrigir a omissão; a lasanha teria de continuar a assar da maneira como estava. Quando a comemos, meia hora mais tarde, estava saborosa, mas Anne não se conformava e não parava de se desculpar. Como no caso da publicação de *Bitter fame*, não teve outra escolha senão servi-la, mas sabia que era um produto imperfeito, resultado de concessões essenciais. Compreendi sua angústia e me solidarizei com ela.

5.

Quando voltei à casa de Anne no dia seguinte, encontrei-a ainda mais diferente da matrona tensa e deselegante do University Women's Club. Tinha uma expressão de calma e brandura, usava belas calças de *tweed* e um casaco com um bordado interessante. Com seus reluzentes cabelos castanho-claros e seus olhos de Virginia Woolf (os óculos tinham desaparecido sem explicação), personificava a ideia da artista cuja beleza não se altera com o tempo. Durante o almoço, trocamos reminiscências sobre nosso tempo em Michigan e contemplamos com pesar a maneira como era a vida das jovens estudantes universitárias nos anos 50. Num trecho de *The bell jar* que soa como uma *madeleine* para as mulheres livrescas da minha geração, Esther Greenwood diz:

> Minha mãe vivia me dizendo que ninguém ia querer empregar alguém que só tivesse um diploma de inglês. Mas uma diplomada em inglês que soubesse taquigrafia já era outra coisa. Todo mundo correria atrás dela. Seria sempre requisitada pelos jovens bem-sucedidos e viveria transcrevendo uma carta emocionante atrás da outra. O problema é que eu detestava a ideia de ser empregada de um homem [...]. Queria ditar minhas próprias cartas emocionantes.

Diante do problema de ter-se formado sem saber taquigrafia, a solução de Anne foi ir para a Inglaterra. "Eu era muito anglófila", disse ela. "Li Jane Austen, Charles Dickens, Henry James, e achava que a Inglaterra seria o livro em que eu sempre quis viver. A rudeza da vida americana me horrorizava. Achava repelentes todos os rapazes de cabelo escovinha com quem saía." No fim das contas, porém, a Inglaterra era um livro totalmente diferente.

Anne desenvolveu a teoria de que, como ela própria, Sylvia Plath não estava preparada para a vida acelerada dos poetas ingleses e nem se ajustava a ela. "O mundo boêmio da poesia inglesa deve ter contrariado muito o puritanismo ordeiro de Sylvia — como contrariou o meu", disse ela. "Nesse mundo, não importava muito com quem você dormia. Sylvia e eu achávamos que daria para lidar com isso, mas é claro que não dava. Sylvia não sabia como lidar com o fato de Ted se comportar como um poeta inglês. Sempre achou isso muito desconfortável. Havia aí uma espécie de moral à moda de Henry James. Nenhuma de nós duas era naturalmente boêmia, embora eu ache que tenha chegado mais perto do que Sylvia." E Anne continuou a falar, com sua franqueza comovente, das dificuldades que cercaram seu amadurecimento literário. "Acho que eu já lhe contei que bebia muito, da maneira como as mulheres bebiam. Não conseguia passar uma noite sem beber bastante. E precisei parar à força. Acho que Sylvia apelou para o suicídio da mesma forma como eu apelava para a bebida. Era uma coisa irresistível. Eu sempre me perguntei o que teria acontecido se, em vez de estender a mão para a garrafa de uísque, eu tivesse resolvido abrir o bico de gás. Quase todo escritor que eu conheço sofre depressões profundas."

"Faz parte do trabalho."

"Isso mesmo. Quando você percebe que não está se realizando, quando sabe que está deixando de fazer o que deve. Para ser uma artista, você precisa se conceder uma certa autoridade e o mundo dos críticos fica tentando tirá-la de você. O que muitos críticos mais gostam de fazer — talvez por serem artistas frustrados — é arrasar os escritores que *são* artistas autênticos. E se você está passando por dificuldades na vida a fim de produzir a sua arte, a dor pode resultar numa tensão insuportável — que pode se manifestar como alcoolismo, depressão profunda ou as duas coisas. É uma coisa muito dolorosa. Nunca pensei no suicídio, mas houve momentos na minha vida em que eu desejei estar morta — e outros momentos em que achei que a melhor parte de mim já *estava* morta."

"Quando?"

"Em várias ocasiões. No fim do meu primeiro casamento, por exemplo. Ficou claro que eu era uma péssima mulher para um homem de negócios e que nunca daria certo nos círculos que meu marido achava importante frequentar. Precisei reunir muita energia para dizer que precisávamos nos divorciar. Nenhum de nós tinha outra pessoa. Depois disso, eu tendia a ter casos com poetas. Se alguém achava que eu era boa poetisa e podia ser publicada, eu subia aos céus. Se um homem aparecia dizendo que o que eu escrevia era importante, eu me apaixonava e ia viver com ele. Acho que Sylvia teria deixado Ted se aparecesse alguém que ela achasse melhor para a sua poesia. Eu sei disso porque deixei o meu marido e fui viver com Philip Hobsbaum quando estava escrevendo *Correspondences*. Philip era poeta. E me ajudou muito. Eu precisava de uma pessoa com quem eu pudesse falar o tempo todo de poesia. Para mim, a criação do livro era muito mais importante do que a família." Em sua autobiografia, Anne tinha escrito:

> Naquele inverno, eu deixei Mark e os dois meninos aos cuidados de uma governanta e fui viver com Philip Hobsbaum. Philip era tão generoso com os poetas de Glasgow da época quanto fora, nos anos anteriores, com os jovens poetas irlandeses em Belfast. Seamus Heaney, por exemplo, foi uma de suas descobertas. Como Mark, Philip gostava muito de crianças e as nossas condições de vida, embora nada convencionais, não chegavam a ser incivilizadas. Quando Mark se mudou para a cidade, mais perto de nós e da universidade, eu geralmente ia almoçar com os meninos; Philip e eu ficávamos com eles nos fins de semana e os levávamos sempre para viajar nos feriados.

E agora me disse: "Esse tipo de arranjo não era incomum nos anos 70; muita gente deixou os maridos ou as mulheres e foi viver com outras pessoas, e todos se comportavam de maneira muito civilizada. Acho que nós acreditávamos que, sendo adultos, podíamos viver com quem quiséssemos, mas ainda tínhamos responsabilidades para com as crianças. Acho que todos nós aderimos a uma ideia bastante maluca do que era possível para um ser humano. Hoje, quando me lembro disso tudo, devo confessar que fico horrorizada. Não foram tempos felizes. Mas consegui terminar *Correspondences*". E Anne contou ainda que ficara muito magoada com a indiferença que seu poema despertou. "Foi lançado mais ou menos na mesma época em que Ted publicou *Crow*. *Crow* foi um grande sucesso e ninguém deu atenção a *Correspondences*." O tom de derrota tornava a aparecer em sua voz.

Peter Lucas, que tivera a delicadeza de desaparecer para que Anne e eu pudéssemos ficar a sós, voltou, e ele e Anne me levaram de carro até a estação. Ele participou da nossa conversa final sobre *Bitter fame* — novamente com autoridade e tristeza, como se fosse uma espécie de cossobrevivente precário de uma calamidade. Quando nos despedimos, senti uma fisgada de afeto e compaixão por aquelas duas pessoas decentes e honradas que de alguma forma se viram envolvidas num pesadelo. Mas também me ocorreu a pergunta um tanto impaciente que não cheguei a fazer: Por que quando Anne, como sua xará em *Persuasion*, tinha finalmente reencontrado seu Wentworth, resolveu se envolver com Olwyn, mais um "outro homem"?

No trem de volta a Londres, peguei o pacote de cartas que Anne me entregara e li toda a correspondência entre ela e Olwyn de 1986 a 1989. A leitura me deixou fascinada. O que eu estava acompanhando era uma briga de amantes. As cartas eram repletas de acusações, recriminações, ressentimentos, queixas, ameaças, insultos, mesquinharias, raiva, petulância, desprezo e orgulho ferido — todo o repertório de sentimentos negativos que as pessoas muito próximas que se desentendem acabam mobilizando e atirando uma na outra como baldes de água suja. As cartas eram embaraçosamente reais. E devolviam a história que Anne e Olwyn me contaram a sua origem emocional. Senti-me como a possuidora de um tesouro — o tesouro que o narrador de *The aspern papers* tanto se esforça por tentar obter. As cartas são o grande fixador da experiência. O tempo pode erodir os sentimentos e criar a indiferença, mas as cartas servem para nos provar o quanto já estivemos envolvidos. São os fósseis dos sentimentos. É por isso que os biógrafos as valorizam tanto: são a única via que lhes permite ter algum contato sem mediação com a experiência direta. Tudo o mais que cai em suas mãos é estagnado, remoído, contado e recontado, dúbio, inautêntico e suspeito. Apenas quando lê as cartas de alguém o biógrafo sente sua presença plena, e só quando cita suas cartas consegue transmitir a seus leitores a sensação de apresentar-lhes a vida capturada. E algo mais: o sentimento de transgressão produzido pela leitura de cartas que não se destinavam aos seus olhos. Ele permite ao leitor ser *voyeur* junto com ele, bisbilhotar junto com ele, revistar gavetas, apossar-se do que não lhe pertence. O sentimento não é totalmente prazeroso. A bisbilhotice acarreta um certo desconforto e mal-estar: ninguém gostaria que aquilo acontecesse consigo próprio. Quando morremos, queremos ser lembrados nos termos que preferimos e não nos termos de alguém que se apodera de nossas cartas mais íntimas, espontâneas e embaraçosas e se dispõe a lê-las em voz alta para todo mundo.

O conflito entre o deleite que cada um, como leitor, sente com os segredos alheios e seu medo, como pessoa privada, de ter seus segredos revelados manifestou-se de forma curiosa num processo que o escritor J. D. Salinger moveu contra o escritor Ian Hamilton em 1986. Hamilton escrevera um livro curto sobre Salinger — sem qualquer cooperação deste e totalmente contra a sua vontade. Seu plano original, conta ele no livro, era produzir um *tour de force*,

> uma espécie de "*Quest for Corvo*" com Salinger no papel de presa [...]. A ideia — ou uma das ideias — era ver o que aconteceria caso as noções ortodoxas da composição de uma biografia fossem aplicadas a alguém disposto à resistência ativa, ou até mesmo a impedi-la. Seria uma biografia, sim, mas também uma semifarsa, em que o biógrafo desempenharia o papel de protagonista, às vezes cômico.

Mas as coisas não resultaram tão engraçadas quanto Hamilton previu. Salinger, como era de se esperar, não deu resposta à carta que Hamilton lhe enviou sobre o livro ("Não receber uma resposta era um prólogo necessário para meu enredo"), e mais adiante, quando soube que o pretenso biógrafo vinha tentando contato com membros de sua família, chegou até a escrever uma carta de protesto a Hamilton, intimando-o a deixá-lo em paz. Depois disso, porém, o Salinger real saiu de cena. Pior ainda, à medida que Hamilton avançava em suas pesquisas sobre a infância e a juventude de Salinger, seu papel de biógrafo comicamente incompetente ia sendo abandonado; longe de ser inepto, vinha reunindo uma grande quantidade de informações sobre seu biografado. Embora Salinger tivesse uma vida de recluso há mais de 25 anos, vivera no mundo até meados da década de 1960 e deixara os rastros esperados. Assim, com o tempo, foram surgindo amigos, colegas, professores e outros que se mostravam dispostos — e às vezes até ansiosos — a falar com Hamilton. E várias séries de cartas de Salinger começaram a aparecer em bibliotecas, arquivos e escritórios de editoras.

A essa altura, o esquema original foi abandonado e uma biografia regular, embora um tanto escassa e cheia de lacunas, foi tomando forma. Seu caminho no rumo da publicação já tinha chegado ao ponto das provas paginadas quando a editora, a Random House, recebeu uma carta do advogado de Salinger exigindo, sob pena de injunção, que Hamilton eliminasse os muitos trechos de cartas de Salinger que citava no livro. Hamilton (e os advogados da Random House) achavam que as citações podiam ser usadas com base na doutrina do uso legítimo. Mas Salinger alegava — o que até então não ocorrera a nenhum biografado, provavelmente por estarem todos mortos — que a correspondência particular inédita era diferente dos escritos publicados e que portanto não estavam cobertas pela doutrina do uso legítimo. Num primeiro momento, Hamilton venceu: o juiz federal Pierre Leval decidiu que ele tinha o direito de fazer um uso moderado de citações de cartas de Salinger. Mas depois a sentença de Leval foi derrubada por um tribunal de apelação, que confirmou o direito de Salinger de suprimir cartas escritas quarenta ou cinquenta anos antes e que hoje lhe causavam desconforto.

Qualquer pessoa, depois de refletir bem, suporia que esse direito lhe cabia sem a menor contestação, embora as cartas estivessem depositadas em arquivos públicos e embora ele próprio fosse uma espécie de monumento público que despertava muita curiosidade. Digo isso agora, mas me lembro de ter ficado muito aborrecida com Hamilton na época por ter estragado tudo para os outros canalhas editoriais como eu. Se ele não tivesse tido a ideia imbecil de escrever sobre Salinger — que *evidentemente* só podia responder com um processo —, nós poderíamos ter continuado nossas discretas operações de furto e os advogados das revistas e das editoras poderiam continuar a fingir que estava tudo certo, contanto que não roubássemos um número excessivo de palavras. Mas agora era o fim da festa.

Hamilton reescreveu seu livro — que foi lançado em 1988 com o título *In search of J. D. Salinger: a biography* [À procura de J. D. Salinger: uma biografia] — excluindo as citações contestadas e acrescentando um capítulo sobre o processo. Quando li o livro, um ano atrás, minha raiva de Hamilton se dissolveu. Ainda achava (e acho) que a ideia de escrever sobre Salinger contra a vontade dele foi infeliz, mas fiquei desarmada com a consciência que Hamilton tem da confusão em que se meteu e com sua franqueza sobre a necessidade financeira que o impedia de abandoná-la. Como Anne Stevenson, não tinha outra alternativa. E descreve seus sentimentos ao receber a carta de protesto e ameaça de Salinger:

> E eis a carta, obrigando-me a defrontar com a presença do próprio homem. Ele queria ser deixado em paz. E cumpria fielmente sua parte do acordo: não publicava nada, recusava todas as entrevistas, fotografias e tudo o mais. Não chegara ao ponto de retirar seus livros de circulação, mas talvez não tivesse o poder de fazê-lo. Sempre se comportava, ao que tudo indica, com dignidade e contenção quando algum estudante mais ansioso aparecia na porta de sua casa. Não teria o mesmo direito à privacidade de qualquer um?

E Hamilton responde: "Em princípio, sim. Mas não exatamente". Para exprimir a ambivalência de seus sentimentos em relação a seu projeto, ele se divide em duas pessoas, um "eu que se debatia debilmente com as questões morais" e "meu alter ego de biógrafo, agora companheiro constante, ansioso apenas por levar o trabalho a cabo". Há um momento encantador numa das bibliotecas onde as cartas de Salinger estão depositadas: enquanto espera que lhe tragam o arquivo de Salinger, folheia descuidado o índice por autores da biblioteca. "Nem preciso dizer que o primeiro nome que consultei foi HAMILTON, IAN (1938-) [...]. Para meu horror, havia mais de uma dúzia de cartas relacionadas sob meu nome indefeso. Alguém podia simplesmente entrar e [...]. Meu companheiro me indicou que o arquivo de Salinger estava a minha espera na Mesa 3."

O jornalista trabalha sob a mesma maldição do biógrafo. Sentada com meu tesouro de cartas entre Olwyn e Anne, contemplando meu próximo movimento, senti-me tomada pelo conflito entre as duas partes, da mesma forma que Hamilton. À primeira vista, a sentença do caso de Hamilton parece resolver a ansiedade moral do escritor que decide usar trechos substanciais de cartas em seu texto: ou recebe ou não recebe permissão para usá-los. Resta alguma possibilidade de erro? Todas. Se receber a permissão para citar — como recebi de Olwyn e Anne —, isso só significa que o autor das cartas (ou seu herdeiro literário) se transformou em seu cúmplice; consentiu em violar sua própria privacidade, em se trair. Em certos casos, os motivos por trás de sua cumplicidade podem ser recomendáveis, mas a participação do autor das cartas só faz atenuar a transgressão; não livra o biógrafo ou o jornalista de seu dilema moral. Por outro lado, quando um escritor tem recusada a permissão para citar, sua salvação moral também não fica assegurada; na verdade, o campo que se abre para que exerça atos imorais pode ser ainda maior. Uma vez que não pode deixar de ter lido o que já leu, deixar de ter visto o que já viu ou deixar de imaginar o que já imaginou — e uma vez que não é um advogado guardando com discrição os segredos de seu cliente, mas um linguarudo profissional —, a recusa da permissão pode funcionar como um estímulo, não só para seu engenho mas também para sua malícia. As paráfrases que Hamilton escreveu para os trechos das cartas de Salinger que não pôde citar são carregadas de ironia e hostilidade. Duas biografias de Sylvia Plath lançadas em 1991 — *The death and life of Sylvia Plath*, de Ronald Hayman, e *Rough magic*, de Paul Alexander — empregam a paráfrase de um modo que é uma sinistra lição sobre seu uso como instrumento tendencioso.

6.

Folheando a correspondência entre Olwyn e Anne, tenho a sensação de estar na companhia de uma presença antiga e muito familiar, e bruscamente, num clarão intuitivo, descubro o que é. Reconheço em Olwyn a personificação da força — também chamada de resistência — que pode impedir um escritor de escrever. Ela é a voz que murmura no ouvido do escritor, dizendo-lhe para pousar a pena antes que a arranque de sua mão. Em todas as suas cartas, diz a Anne as coisas devastadoras que os escritores se dizem enquanto tentam escrever. Vista como um diálogo entre as vozes interiores do escritor — a voz implacável e sardônica e a voz defensiva e queixosa —, a correspondência entre Olwyn e Anne se transforma em bem mais do que o registro de uma disputa entre duas mulheres que nunca deveriam ter trabalhado juntas. Numa carta típica (de 24 de agosto de 1987), Olwyn diz:

> Mesmo depois dos relatos escritos por várias pessoas que lhe forneci, dos detalhes que desencavei e assim por diante, muitas vezes me surpreendo com sua compreensão imperfeita do que eles representam como material biográfico e com sua relutância em utilizá-las. Também me decepciona você nunca ter voltado (que eu me lembre) a nenhuma dessas fontes para fazer-lhes mais perguntas ou pedir outros esclarecimentos. É como se você preferisse que não existisse *mais nada* a ser avaliado, para você poder terminar LOGO o livro. Você tem trabalhado obstinadamente — pelo menos no nível puramente biográfico — no sentido de TERMINAR o livro, e não de sua CRIAÇÃO final. Até certo ponto, vem resistindo ao seu material [...]. O oferecimento de Ted, pedindo-lhe que me entregasse uma lista de suas

eventuais perguntas para que ele as respondesse à medida que fossem aparecendo, foi totalmente ignorado, afora umas poucas perguntas meses atrás. Sem dúvida, você estava contando com um longo encontro com ele a fim de esclarecer alguns pontos — mas acredito que para tornar útil um encontro com ele eu primeiro precisaria relacionar todas as lacunas onde ele poderia contribuir e tomar notas eu própria durante o encontro. De fato, acho que o melhor seria reunirmos juntas uma lista de perguntas que eu pudesse submeter a ele antes do encontro, e que todo encontro servisse apenas de ocasião em que, tendo visto o tipo de homem que ele é, você possa afastar de seu espírito várias teias de aranha que parece ter acumulado sobre seu caráter e comportamento.

Como você bem sabe, tenho aceito tudo isso e mais ainda com a maior boa vontade — com muito respeito aos seus momentos difíceis e alguma culpa por tê-la envolvido nisto (embora você tenha aceito de muito bom grado minha sugestão de escrever o livro, é evidente que não tinha ideia do que isso representava). Eu penso comigo: "Pobre Anne", e redobro meus esforços, as horas e horas de telefonemas, correspondência, anotações, pesquisa em cartas, diários e todo o resto. Meu trabalho está muito atrasado — tenho deixado de lado meus próprios afazeres. Também tenho sufocado meu ressentimento com seus vários acessos de antagonismo quando lhe apresento novos materiais em várias formas, pois entendi que eles se devem a sua sensação de sobrecarga (e eu sei, melhor do que ninguém, que esse material pode ser muito deprimente). Nunca pude compreender sua recusa em me deixar ajudá-la a *carregar* o peso. Ultimamente, porém, não tenho mais pensado "Pobre Anne", mas "Pobre de mim" (e até mesmo "Como sou idiota") [...]. E as conversas telefônicas que tenho tido com Peter Davison me incomodam. É quase como se ele se visse no papel de defendê-la de mim. Houve um momento em que eu disse a ele que estava lhe enviando novas anotações e ele chegou a me responder: "Por que não a deixa escrever em paz? Vai acabar enlouquecendo a pobrezinha!". Sabe Deus qual é a versão dos fatos que você tem contado a Peter para provocar este tipo de reação. É evidente que ele não tinha a menor ideia do método de trabalho, e ignorava que muito do que você vem "escrevendo" sai diretamente dessas anotações — tanto do ponto de vista do material que contêm como das sugestões (porque também passei muito tempo procurando ser decididamente oriental em matéria de tato, já que o diálogo franco parecia perturbá-la) quanto a como interpretar, selecionar e *usar* a massa de material que você recebe por meu intermédio [...].

Você também deixou muito clara sua falta de interesse pelo bricabraque da biografia. Mas eu achei que, tendo aceito o trabalho, você se dedicaria, com afinco de operária, a organizar todas as informações biográficas que lhe dei e que conseguiu obter por sua própria conta. Achei que ficaria fascinada por elas e que manipularia cada peça do quebra-cabeça com prazer e interesse até encontrar seu encaixe, formando lentamente o quadro completo [...]. Em vez disso, para garantir que esse material venha a figurar no livro da maneira correta, para tentar impedi-la de cortar ou fugir às inúmeras pinceladas diminutas mas relevantes — e interessantes para o leitor —, precisei *lutar* o tempo todo [...].

Anne, por sua vez, personifica o escritor acuado. Dá voz à ansiedade, ao ressentimento e à infinita autocomiseração do escritor. Escreve a Olwyn em 28 de dezembro de 1987: "Por favor, peço que me respeite como autora desse livro e pare de me perseguir com referências desagradáveis às minhas 'veleidades'". E, em 13 de fevereiro de 1988: "Acho que não temos muito mais a dizer uma à outra e por isso lhe peço o favor de respeitar meu desejo de ser deixada em paz. Nem cartas nem telefonemas. No ano passado, você me deixou várias vezes à beira de um colapso". E, em 12 de março:

Quanto à motivação que você me atribui, já devia conhecer o suficiente de meu caráter para saber que, embora eu deteste ser pressionada, tenho uma repulsa profunda pela calúnia e a difamação [...]. Entendo que Ted não queira se envolver. E eu também quero levar minha vida adiante. Minha filha acaba de me dar uma neta e tenho tentado voltar a minha própria obra depois de dois anos de esterilidade — Olwyn, quero voltar a ter uma vida, não essas querelas e vendetas improdutivas!

E, em 18 de maio de 1989:

As pessoas só podem ser bombardeadas, derrubadas na lama, chutadas, insultadas, ameaçadas, amedrontadas e atropeladas até certo ponto [...]. Você quer que todos pensem que você me "ajudou" a escrever *Bitter fame* porque eu era estúpida demais para escrevê-lo sem você. Será que não vê que eu estava quase sempre tão exausta de enfrentá-la no ringue que não me restava nem a energia e nem a vontade para me concentrar no livro? Há muitos modos de "ajudar". Se você tivesse sido capaz de ficar sentada a meu lado, discutindo os originais com calma e sensatez; ou se tivesse dito desde o início que pretendia esquadrinhar e rever cada frase; ou se tivesse decidido apoderar-se do livro num estágio inicial, escrevendo sozinha — tudo teria sido diferente. Mas, do modo como foi, consumi quatro anos da minha vida num combate infeliz. Minha visão, minha digestão, minha *joie de vivre*, os poemas que eu poderia ter escrito, foram todos vítimas de sua perseguição implacável.

Mas então, de surpresa, quase no final da carta de 18 de maio — uma carta longuíssima —, ela escreve: "Apesar de meus sentimentos feridos, sinto-me grata a você. Tudo que foi escrito e reescrito dos dois lados serviu para aperfeiçoar o livro e aumentar seu impacto. No fim das contas, junto com Peter Davison, produzimos uma bela obra". Com o livro finalmente acabado de algum modo, Anne já podia distanciar-se dos destroços manchados de tinta que constituem seu ego de escritora e reconhecer o valor de sua própria resistência. Agora que conseguiu derrotá-la, já pode mostrar-se generosa e reconhecer que teria produzido uma obra muito mais pobre sem as "insatisfações e acusações" de Olwyn. Já do lado de Olwyn, o lado perdedor, não há nenhuma generosidade. Sempre resmungando que deveria ter escolhido outra pessoa para a tarefa, que se deixou iludir pela qualidade dos *tweeds* de Anne, e assim por diante, Olwyn é o emblema do fracasso que toda obra bem-sucedida também é — o fantasma do ideal impossível que lhe deu a vida mas não sobrevive a seu desenvolvimento. A força de Olwyn só vence quando o escritor se curva a seu poder e pousa a pena.

7.

Numa tarde cinzenta, fui recebida por A. Alvarez em sua sala em Hampstead, numa pequena casa retorcida numa rua que desce uma encosta. A sala tinha o piso de madeira coberto de tapetes persas; a decorá-la, quadros modernos e esculturas primitivas; e numa janela que dá para a rua havia uma jardineira com ciclamens, narcisos e violetas. Era uma sala compacta, bonita e muito agradável. O próprio Alvarez foi muito agradável. Era mais velho do que eu esperava. Mas todo mundo era mais velho do que eu esperava. Todas as personagens da história de Sylvia Plath estão envelhecendo. Os contemporâneos dela são homens e mulheres de pouco mais ou menos sessenta anos. Sua mãe está num asilo. Só ela própria continua embalsamada em sua juventude e em sua *angst* de heroína.

Alvarez serviu o chá em grandes xícaras verdes de corte quadrado e falou com uma espécie de satisfação contrafeita de seu papel decisivo na desmoralização de *Bitter fame*. "Tudo que já se ouviu dizer sobre a birra feminina — uma espécie de pressão permanente para reduzir a importância alheia — me parece estar incorporado naquele livro. No entanto, até eu escrever minha crítica, ninguém tinha reparado nisto. O próprio John Updike, que não se deixa enganar por ninguém, tinha escrito uma espécie de elogio ao livro, que recebi acompanhando meu exemplar. Se ninguém tivesse dito o quanto esse livro é birrento, acho que ele teria sido recebido como uma versão final e definitiva." E continuou: "Anne Stevenson está fazendo um número, dizendo que a culpa toda é de Olwyn — 'foi Olwyn que me obrigou a escrever o livro' et cetera et cetera —, mas acho que ela estava muito satisfeita com a colaboração de Olwyn. Ela pode dizer que foi pressionada por Olwyn para escrever o livro, mas acho que a pressão não foi tanta assim. Ela aceitou o jogo em plena consciência". E então Alvarez reiterou a teoria do crítico do *Times Litterary Supplement*, que deixara Anne tão magoada ao acusá-la de invejar Sylvia Plath. "Acho que existe um componente imenso de inveja inconsciente em *Bitter fame*", disse ele. "A inveja de uma poetisa menor por uma poetisa maior." Perguntei se ele tinha lido *Correspondences*. Ele respondeu que não, mas que os poemas de Anne que conhecia não lhe tinham causado grande impressão. "Não estou dizendo que conheço profundamente a obra dela", disse ele. "Ela pode ter escrito alguns poemas muito bons, mas sinto que é uma figura um tanto pálida e é provável que tenha sido justamente *por isso* que foi cooptada por Olwyn e Ted."

Passamos a falar de seu texto de memórias sobre Sylvia Plath e Alvarez disse: "Quando o escrevi, no final dos anos 60, ainda muito perto dos acontecimentos, eu achava, talvez erradamente, que o que tinha acontecido entre Ted e Sylvia não era da conta de ninguém. Eu sabia muito mais do que decidi contar naquele momento. Não contei, por exemplo, que quando Ted deixou Sylvia ele veio morar comigo no estúdio que eu tinha perto daqui. Quando Sylvia começou a me visitar lá, tinha certeza de que era para farejar a toca onde Ted se enfiara. E também por causa da poesia, é claro. Naquela época, eu era editor e crítico de poesia do *Observer*, o lugar ideal para alguém publicar seus poemas. Era uma parte importante do mundo literário da época. Os *Life studies* de Lowell tinham acabado de ser lançados e o *Observer* vinha publicando poemas dele, de Berryman e Roethke. Eu próprio escrevia muitos poemas na época e levava Sylvia muito a sério como crítico. Você precisa entender que, naquele momento, nem todo mundo aceitava o tipo de coisas que ela escrevia. Ninguém estava louco para publicar os poemas dela. Ninguém entendia aonde ela queria chegar, ou não gostavam do que viam".

"Você foi uma exceção."

"Ela sabia que eu era capaz de ler aqueles poemas e entender o que diziam."

No texto de sua crítica a *Bitter fame* na *New York Review*, Alvarez também reafirmara sua decisão de não discutir publicamente o casamento de Sylvia Plath e Ted Hughes, escrevendo: "Eu sempre acreditei, como escreveu Robert Graves sobre outro casal trágico, que 'os acasos de seu leito amoroso/ Não eram da conta de ninguém' ['*the hazards of their love-bed/ Were none of our damn business*']". Mas agora, submetido à influência aviltante da visita de uma jornalista, ele se permitia ser indiscreto. "O problema é que Ted é um homem muitíssimo atraente", disse ele. "Antes do meu segundo casamento, tive uma namorada australiana que conheceu Ted e ela me disse que quando pôs os olhos nele pela primeira vez ficou com os joelhos bambos. 'Ele parece Jack Palance em *Shane*', disse ela. E conheci outra mulher, uma psicanalista, que teve uma reação tão forte ao conhecer Ted — coisa que ela me contou muitos anos depois — que foi até o banheiro e vomitou. Ted percorreu renques de mulheres, como alguém que colhe trigo. Sylvia devia saber disso. As mulheres realmente o assediavam. Eu não sei, é claro, o que pode ter havido entre Ted e Sylvia, mas o que eu sei, por experiência própria, é que uma das coisas que acontecem quando os casamentos vão mal é sair trepando a torto e a direito. E isso é uma coisa insuportável — insuportável para os dois."

"Mas naquela época não havia muitos casamentos que iam mal?", perguntei.

"Havia. Exatamente. Foi a época de *Quem tem medo de Virginia Woolf?* de Albee, não foi? A época do poema de Berryman, 'New year's Eve' ['A véspera de Ano-Novo'] — falando, desconfio, de uma das festas de Ano-Novo de Hannah Arendt. Eram festas maravilhosas. Você foi a alguma delas? Eu fui a várias. Sempre via Berryman. O poema dele tem um verso maravilhoso: 'Alguém deu um tapa na segunda mulher de alguém em algum lugar' ['*Somebody slapped somebody's second wife somewhere*']."

"Evoca bem o espírito da época", disse eu.

"Não é mesmo?"

Alvarez começou a falar de sua relação com Sylvia Plath no outono de 1962 e deixou claro o que seu texto só sugeria de forma vaga. Nele, para explicar o fato de tê-la rejeitado, murmurava alguma coisa sobre "responsabilidades que não desejava". Mas agora confessou que o que não desejava era a própria Sylvia Plath. Outra mulher tinha acabado de entrar em sua vida, contou-me ele — e se tornaria sua segunda mulher —, mas o problema não era este. O problema é que "Sylvia não era mesmo o meu tipo — não era meu tipo físico. Era uma mulher alta de rosto comprido. Tinha olhos maravilhosos, muito vivos, e era muito inteligente e cheia de sentimento. Eu admirava o talento dela e sua paixão pela poesia. Tinha por ela o mesmo amor que tenho por D." — e mencionou o nome de uma mulher que nós dois conhecíamos. "Você conhece D. É tão inteligente, tão cheia de vida. Está entendendo o que eu quero dizer? Era isso que eu sentia por Sylvia. Está entendendo aonde eu quero chegar?"

Eu vi aonde ele queria chegar e isso me deixou embaraçada. Assim como ele me lisonjeara ao me confundir com alguém que poderia ter sido convidada às festas de Hannah Arendt nos anos 50 (na época, acho que eu nem sabia quem era Hannah Arendt), agora me deixava constrangida ao julgar que eu fosse capaz de ouvir sem me incomodar sua conversa sobre as mulheres que achava ou não atraentes. Eu me senti como o judeu que é tacitamente incluído numa conversa de fundo antissemita porque ninguém sabe que é judeu. Em seu artigo sobre *Bitter fame*, quando discute a visão feminista de Sylvia Plath como "uma grande artista que foi maltratada, enganada e traída pelos homens", Alvarez escreveu: "De todas as maneiras, isso não passa de sentimentalismo grosseiro e desconfio que Sylvia Plath, que gostava dos homens e confiava neles, não teria gostado [...]. *Bitter fame* demonstra, com todos os detalhes, que tanto viva quanto morta Sylvia Plath tinha muito mais a temer das pessoas de seu próprio sexo do que dos homens". Mas agora, quando falava de Sylvia Plath (e de D.), ele lançava a dúvida sobre suas próprias palavras. Por baixo da expressão sorridente de colegial que eu exibia a Alvarez — cujos encanto, delicadeza e inteligência me impressionaram —, fiz uma careta de contrariedade e ocultei meu ressentimento feminino. Não há dúvida de que a "moça alta de rosto comprido" tinha muito a temer dos homens. Sabemos pelos *Diários* e pelas cartas de *Letters home*, e podemos inferir do autobiográfico *The bell jar*, que Sylvia Plath sofreu indignidades cruéis nas mãos dos homens. Na figura de Buddy Willard, criou um monumento duradouro a um tipo especialmente repelente de cretino vaidoso que florescia nos Estados Unidos nas décadas de 1940 e 1950. Alvarez está longe de ser um Buddy Willard, é claro. Suas palavras me foram ditas de passagem, sem dúvida provocadas pelo clima retrospectivo da conversa — e são de certa forma as palavras de um espectro. E mais: para ser justa com Alvarez, devo dizer que Sylvia Plath também não é o meu tipo. Todas as suas fotos me decepcionam. Ao longo dos anos do registro fotográfico, ela vai mudando, perdendo aos poucos a meiguice loura de batom escuro dos seus anos de colégio e a vivacidade de dona de casa americana do texto de Alvarez. Da persona que ela exibe em *Ariel* — rainha, sacerdotisa, ajudante de mágico, ruiva devoradora de homens, mulher de branco, mulher apaixonada, mãe terra, deusa da lua — não há sinal nas fotos. Pode ser uma limitação da própria fotografia — há gente que nunca se revela nas fotos em que aparece. Ou pode ser que Sylvia Plath tenha morrido antes de chegar ao ponto de se revelar nas fotos: sua "verdadeira identidade" ainda não se deixava capturar pelo olhar vazio da câmara.

No final da visita, perguntei a Alvarez como tinha sido a suspensão da publicação da segunda parte de seu texto autobiográfico no *Observer*. E ele respondeu: "Quando Ted me escreveu dizendo que meu texto era uma invasão de privacidade, não quis resistir e lutar pela publicação da segunda parte. Se ele ficava tão perturbado, achei que era melhor concordar". Sugeriu que eu fosse à British Library para ler a correspondência entre ele e Hughes sobre o incidente — parte de um acervo de documentos pessoais que vendera à biblioteca —, e foi o que fiz alguns meses mais tarde. Quando me instalei na divisão de manuscritos da biblioteca para ler a correspondência, reconheci a mesma sensação que tive na casa de Anne Stevenson ao ler as cartas de Ted Hughes. Hughes é o Vronski da Anna de Sylvia Plath. É o homem no trem com a dor de dente insuportável. Quando escreve sobre Sylvia Plath, reduz à imperfeição e à trivialidade tudo o mais que se escreveu sobre ela. Escreve com uma inteligência brilhante e exasperada, além de uma espécie de generosidade e melancolia que lembra Tchekhov.

Nas primeiras duas cartas sobre o capítulo inicial de *The savage God* — várias páginas escritas a mão em letra miúda e eriçada —, Hughes diz a Alvarez que ele fez uma coisa inominável ao tornar públicos os detalhes do suicídio de Sylvia Plath. "É humilhante para mim, para a mãe e o irmão dela, ver seus últimos dias exumados, como você faz em seu texto, para a discussão dos estudantes de literatura", escreve ele, e continua:

> Você trata detalhes e interpretações de uma forma que vem sendo entendida como o texto oficial. Achei que você era sensível a esse tipo de perseguição atmosférica, porque é disso que se trata, uma espécie de perseguição. Já foi suficiente, e excessiva, antes. Ninguém poderia ter escrito essa descrição do suicídio dela além de você (ou de mim), e não posso entender como se convenceu de que isso era necessário. Gostaria de saber a qual finalidade você acha que isso vai servir. Você sempre me dizia que ia me mostrar o que estava escrevendo sobre ela — por que não mostrou? Para você, foi uma coisa que escreveu, enfrentando certamente uma grande resistência interior; para os seus leitores, são cinco minutos interessantes; mas para nós, é um desastre permanente.

Hughes passa então do mal atmosférico ao mal particular que acha ter sido causado por Alvarez:

> Para você, ela é um tópico de discussão intelectual, um fenômeno poético e existencial [...]. Mas para F. e N. [Frieda e Nicholas Hughes, na época com onze e nove anos], ela é um eixo central e absoluto — ela se tornou muito importante para eles, mais ainda devido a sua ausência. Ao longo de toda a precariedade com que eu a tenho substituído nos últimos anos, é

a imagem que os dois têm dela — do que ela fez e foi — que vai decidir suas vidas [...]. Antes dos detalhes do seu texto, essa imagem era vaga, um mistério. Mas agora você definiu a coisa toda e revelou tudo ao público. De um modo muito real, você roubou deles a morte da mãe, negando-lhes toda maneira natural de lidar com sua morte. E isso vai estar presente ao longo de todos os anos que eles viverem. Para você e todos os demais, é um fato que vai se apagando depressa — você resolveu o mistério, sabe *exatamente o que aconteceu e como*. (Pelo menos, deu a sua versão.) Mas para F. e N. é uma coisa que ainda nem começou direito; o fato que há de presidir seu futuro só irá realmente despontar neles quando de alguma forma encontrarem o seu texto [...].

Vivendo no mausoléu que Sylvia lhes deixou, já têm um contato excessivo com os fatos e as verdades. O que seu texto traz não são só os fatos (tão poucos fatos — tantas ficções e meras especulações tentando ser fatos), mas um veneno. E nenhum veneno é menos venenoso por ser um fato.

Hughes continua a descrever com mais calma, embora com amargura, a situação dos sobreviventes de Sylvia Plath, mas depois, numa espécie de acesso renovado de fúria contra Alvarez, escreve:

Mais uma coisa. Nem mesmo a insanidade temporária poderia justificar suas afirmações totalmente falsas sugerindo que havia algum tipo de ciúme artístico entre Sylvia e eu [...]. Você nos conheceu muito pouco. Nós dois o considerávamos um amigo, não um repórter enxerido do caderno de TV do *Daily Mirror*, enfiando o olho no buraco da fechadura e no buraco dos ratos, sempre distorcendo todas as observações e nos cobrindo com o gesso dessas teorias pseudopsicológicas e oniscientes, como se fôssemos relíquias de 10 000 a.C. encontradas numa escavação. Do nosso casamento você não sabe nada [...]. Fico furioso de ver minhas experiências e meus sentimentos particulares reinventados de maneira tão tosca, leviana e irresponsável, interpretados e publicados como se fossem a história oficial — como se eu fosse um quadro na parede ou algum prisioneiro na Sibéria. E de ver Sylvia usada da mesma forma.

Alvarez respondeu com uma carta muito sensata e razoável — uma carta muito boa, em circunstâncias normais. Mas à sombra obliterante da retórica emocional de Hughes, ela dá uma impressão de insipidez e insegurança. "Você sabe muito bem que meu texto não é sensacionalista", começa Alvarez, e prossegue:

> Foi escrito com grande cuidado e como um tributo a Sylvia — entre outras razões, para desmentir algumas das fantasias loucas que circulam sobre sua morte, fantasias que você deve ter escutado, imagino, bem mais do que eu [...]. Não me intrometi em seu casamento, nem tornei público nenhum detalhe sobre ele. Não me pareciam ter nada a ver com o meu tema e nem ser da conta de ninguém. E por isso os deixei de fora, embora obviamente os conhecesse e, também obviamente, Sylvia me falasse a respeito de vez em quando. Até Olwyn me telefonou quando leu meu texto [...] para dizer que tinha gostado e achado que tinha muito tato. Só me corrigiu em alguns detalhes [...].
> Quanto às crianças, Deus sabe que isso é terrivelmente difícil. Mas acho melhor para elas acabarem lendo este [texto], que pelo menos foi escrito com algum respeito e sentimento pela mãe delas, do que uma nuvem de rumores vagos e maldosos [...]. Eu não sabia que você ainda não lhes tinha contado o que aconteceu, mas não há nenhum modo de evitar que acabem sabendo. A meu ver, as distorções populares que andam circulando lhes seriam muito mais prejudiciais.
> Vou fazer o que puder em relação ao *Observer* [...]. Já telefonei para eles.
> Nos últimos dez anos ou mais, me empenhei muito para conseguir que tanto a sua poesia quanto a de Sylvia fossem lidas com compreensão e o devido respeito. Não porque vocês sejam meus amigos, mas porque acho vocês os poetas mais talentosos de sua geração. Sylvia sabia disso e sabia que eu com-

preendia de alguma forma o que ela vinha tentando fazer. E é possivelmente por isso que ela me trouxe seus poemas depois da separação. Imaginar que eu esteja me aproveitando da morte dela ou querendo afirmar alguma palavrosa posição intelectual é uma distorção completa de tudo que escrevi, tanto agora quanto antes. Sinto muito que você tenha decidido entender meu texto dessa maneira.

A resposta de Hughes é uma longuíssima carta datilografada — cinco páginas e meia em espaço um. Alvarez o incitou a um nível ainda mais profundo de ódio:

> Você diz que eu sei perfeitamente bem que seu texto não é sensacionalista. É fácil de dizer. Não estou certo — e nem você [...]. Hoje, Sylvia está tendo de atravessar a morte detalhada, ponto a ponto, de um sacrifício público. Os poemas que ela escreveu só constituem o acompanhamento vocal do espetáculo. Seu relato, em estilo aparentemente documentário, de como ela levou seu clamor às últimas consequências é a culminância e a conclusão inevitável da representação. Agora existe de fato um corpo. Os gritos atraíram a multidão, mas eles não vieram para ouvir mais gritos — vieram ver o corpo. E agora conseguiram — podem sentir o cheiro de seus cabelos e de sua morte. Você apresenta em carne e osso o que os gritos de morte vinham conjurando. O público só se interessa pelos gritos de morte quando eles garantem um corpo morto, uma morte lenta e dolorosa, com o máximo de sinais dos sentimentos que provocou. E é isso que você lhes apresenta, a coisa que o público realmente quer e necessita — a morte absolutamente convincente finalizada oficial visível cruenta [...].
>
> Tenha ou não você pensando nisto, para uma congregação semi-histérica reunida para colher sensações (a que os seguidores dela hoje se reduziram), seu artigo é a mais sensacional e desejada das ocorrências. Uma única coisa poderia superá-lo: se ela ressurgisse e tornasse a passar novamente por tudo, corrigindo todos os erros dos relatos, televisada ao vivo — parando

a intervalos para responder às perguntas dos entrevistadores, contando seus sentimentos e suas intenções [...].

Você diz que seu artigo foi escrito com cuidado, mas que tipo de cuidado? Só vejo um cuidado técnico e muito estreito — o cuidado de conseguir o tom correto e mantê-lo sempre correto, e posso acreditar que isso foi difícil, além de deprimente [...]. Seu cuidado lembra o cuidado de um depoente no tribunal — é tudo que eu sei, meritíssimo, só posso falar do que pude ver etc. —, e se você tivesse deixado claro que era isso que estava apresentando, o leitor pelo menos saberia como entender suas palavras e avaliar a credibilidade do seu depoimento. Mas mesmo assim você estaria esquecendo o grande cuidado que realmente decide tudo — o cuidado de saber se todo esse projeto não seria um erro terrível, aético e insensível em todos os aspectos, a coisa errada a fazer com as confidências de uma amizade, com uma visão da intimidade de um fato que escapou ao alcance de todos [...].

Como você pode afirmar que seja um tributo a ela — transformar em espetáculo público a única coisa que pelo menos deveríamos permitir que fosse apenas sua — seu suicídio infinitamente humilhante e particular [...].

Quanto a seu artigo dissipar as loucas fantasias, você sabe que o contrário é muito mais provável. Antes dele, as fantasias não passavam de ar quente, deslocando umas às outras na mesma velocidade com que eram inventadas, todas perfeitamente desprovidas de peso [...]. Todas essas bobagens não passam de boatos que se entredevoram. Mas agora o que você produziu dá a impressão de substância, de realidade e de fundamentação — a história contada por uma das pessoas que estavam lá. Entre o que ela deixou escrito e o seu artigo, abre-se todo um mundo novo de hipóteses. A necessidade comercial e acadêmica de artigos, teses e livros didáticos há de assegurar a superpopulação do mundo, e os fatos do seu texto serão transformados em verdadeiros monumentos da história literária. Ninguém melhor do que você sabe que seu artigo será lido com mais interesse que os poemas dela jamais despertaram, e mais usado do que eles pelos milhões de infelizes que precisam encontrar alguma coisa para dizer em seus jornais. A única diferença nas fantasias será que terão dez vezes mais confiança em seus disparates.

Nesse ponto da carta de Hughes, comecei a sentir a mesma emoção que sentira em outro arquivo — no salão de livros raros da biblioteca do Smith College, onde estão reunidos muitos dos originais datilografados e manuscritos de Sylvia Plath e onde folheei o primeiro esboço de seu poema "The rabbit catcher" ["O caçador de coelhos"], de 1962. Na primeira página do rascunho e em parte da segunda, o poema é irreconhecível — só se veem versos desconexos, quase todos riscados. Tem-se a sensação de um espírito perturbado por alguma coisa, ativado mas incapaz de seguir adiante, como as rodas de um carro girando em falso no fundo de um sulco, sem conseguir aderência. Mas de repente o carro entra em movimento. "Era um lugar de força", escreve Sylvia Plath, e o resto do poema se sucede a essa famosa abertura praticamente da forma como o conhecemos.* A passagem do giro em falso para o movimento em alguma direção é tão brusca que o leitor do rascunho fica atônito e emocionado. No meio de sua carta a Alvarez, Hughes chega a um momento em que parece ter encontrado um piso sólido sob as rodas. Tudo o que vinha antes era uma espécie de preâmbulo — o giro de um espírito sempre ativo e à procura da ideia que finalmente irrompe. E diz Hughes:

> Você não faz nenhuma distinção entre dois tipos completamente diferentes de produção literária [...] entre uma obra subjetiva que tenta chegar a uma forma artística a partir de um acontecimento real e uma obra documentária que alega apresentar sem erros — de uma forma muito pura e impessoal —

---

* No original, "*It was a place of force*". Ver boa parte do poema citada no capítulo 3 da terceira parte. (N. T.)

tudo sobre um acontecimento que de fato ocorreu e ainda é parte ativa de algumas vidas.

Hughes, incansável, continua a fustigar Alvarez e a analisar o problema moral básico do jornalismo e das biografias envolvendo pessoas vivas:

> Se sua intenção fosse o estilo documentário, se você realmente respeitasse o que de fato aconteceu e a maneira como as coisas realmente se deram, você me teria chamado para ser coautor do texto. E quando eu me recusasse a cooperar, como certamente recusaria, você haveria de admitir que esse texto não podia ser escrito. É o que você teria feito, a menos que estivesse mais ansioso por publicar seu relato pessoal que por conseguir o relato mais rico possível e ao mesmo tempo fazer a coisa mais humana e decente [...]. Foi o jornalista egocêntrico que existe em você [...] o jornalista do vou-publicar-e-que-se-dane (você publica e os outros se danam) que atrapalhou os seus planos, que traiu você e, incidentalmente, a nós [...]. Foi só depois de ver a racionalização criada pelo jornalista de *ethos* americano que existe em você para desviá-lo de seus verdadeiros sentimentos e de sua verdadeira imaginação que eu pude compreender como seu texto acabou saindo e como o documento particular, pessoal, que uma parte sua começou a escrever num espírito sagrado, acabou sendo arrebatado e vendido pela outra parte, comprometida com a sôfrega demanda desse público vazio.

Os ex-amigos passaram muitos anos sem se falar. Finalmente trocaram um aperto de mãos e fizeram as pazes numa cerimônia em memória de Robert Lowell, na qual ambos leram poemas do autor. Desde então têm trocado uma correspondência breve, cordial e ligeira, e uma vez quase chegaram a se encontrar. "Ao que me lembre", contou-me Alvarez, "fiquei muito magoado com as cartas de Ted porque, primeiro, achava que ele era um amigo próximo e, segundo, ele sabia tanto quanto eu que eu me esforçara muito, quase ao ponto — que acabei conseguindo evitar

— de falsificar os fatos, para deixar fora de meu relato a questão do fim do seu casamento. Minha impressão dessas cartas, de que não me lembro muito bem — eu só as reli de passagem antes de entregá-las para a British Library —, é de que ele estava meio enlouquecido, e desconfio de que estava enlouquecendo por ter percebido que, por maior que fosse o tato com que era tratada, a questão caíra no domínio público. De certa forma, a morte tinha feito Sylvia cair em domínio público, está entendendo?"

8.

Alvarez sugerira que eu fosse conversar com Elizabeth Sigmund, e poucos dias depois embarquei num trem para Cornwall, onde ela mora com William, seu terceiro marido. A viagem foi dura. As tempestades de neve tinham acabado mas ainda afetavam o delicado sistema ferroviário inglês e cheguei a meu destino com três horas de atraso. William Sigmund estava a minha espera na estação e não parecia muito impressionado com o atraso. É um homem plácido e barbado de menos de cinquenta anos, e, no caminho até sua casa, falou da militância contra a guerra química e biológica em que ele e Elizabeth se envolveram nos últimos vinte anos, financiados por uma fundação.

Elizabeth Compton (como então se chamava) foi a melhor amiga de Sylvia Plath em Devon. Só a conheceu por um ano, mas como esse foi o último ano da vida de Sylvia — o período final do casamento e da composição dos poemas de *Ariel* — seu depoimento adquiriu grande peso e importância para a lenda de Sylvia Plath. É o tipo de testemunha que os mortos deveriam preferir, pois só fala bem deles. No texto sobre Sylvia Plath que publicou em 1976, apresenta sua amiga como uma pessoa notável, adorável, deliciosamente interessante e infinitamente tocante. Depois do famoso diálogo ("Meu leite secou [...]. Ted [...] virou uma pessoa *pequena*"), conta que Sylvia passou a noite no sofá de sua sala e que quando desceu na manhã seguinte encontrou-a "debruçada sobre uma caixa contendo uma gata e seus filhotes recém-nascidos". E acrescenta: "Ainda posso vê-la, com um roupão de lã rosado e felpudo, a trança comprida e castanha caindo na caixa, virando a cabeça e dizendo: 'Nunca vi nada tão pequeno nem tão novo e tão vulnerável. São cegos'. O que eu poderia fazer para proteger e ajudar aquela pessoa fantástica?".

Se Elizabeth personificava a amiga totalmente devotada e acrítica, também preenchia a exigência nada razoável que fazemos aos confidentes em tempos de desarmonia doméstica: ficar totalmente do nosso lado, compartilhar nossos sentimentos feridos e adotar nossa raiva da pessoa que nos magoou, como se ela própria tivesse sido magoada. É evidente que Elizabeth nunca deixou de culpar Hughes, como sua lealdade a fazia culpá-lo no verão de 1962. Quanto a Olwyn, escreve ela:

> A pessoa mais difícil da família de Ted era sua irmã Olwyn, que temia Sylvia e invejava seu talento e sua beleza, bem como sua relação com Ted. Sylvia ficava profundamente sentida com esse ciúme terrível e reconhecia em Olwyn um ódio insuperável. Disse-me muitas vezes que Olwyn a odiava, ressentindo-se de sua posição de nova filha da família. Quando conheci Olwyn depois da morte de Sylvia, percebi que ela tinha sido até moderada em sua descrição da atitude de Olwyn; uma atitude que eu achava difícil de tolerar até mesmo em segunda mão.

"Tentei explicar a Sylvia o terrível e esmagador sistema de classes que existe neste país", continua ela, "e como ele causa às pessoas como a família Hughes um sofrimento difícil de ser entendido por uma americana de formação universitária. Perguntei-lhe se não achava que, de alguma forma, Ted tinha um sentimento de inferioridade. Sua resposta foi uma risada sarcástica. 'Ted já almoçou com o duque de Edimburgo', disse ela, o que evidentemente não respondia a minha pergunta."

Chegamos à casa, um pequeno chalé em pleno campo. Encontrei Elizabeth, uma mulher volumosa de vestido preto, com um xale florido sobre os ombros, sentada num sofá no meio de uma sala pequena, de teto baixo, com uma imensa lareira de pedra. Como Alvarez, era mais velha do que eu esperava, mas o que me provocou um calafrio foi a visão de seus pés inchados estendidos no sofá. No telefone, ao me explicar por que não podia convidar-me para o almoço, ela me contara que estava sofrendo de um forte ataque de artrite e não podia andar, mas só agora eu percebia o quanto estava incapacitada. Ainda assim, saudou-me com uma bem-humorada comparação entre si mesma e Elizabeth Barrett Browning e começou a tagarelar de um modo que visava antes me encantar e divertir do que suscitar minha piedade. Percebi por que Sylvia Plath se sentiu atraída por aquela mulher tão cheia de vitalidade. William nos trouxe um bule de chá e um prato de biscoitos feitos com ingredientes impecavelmente naturais. Depois se retirou para seu escritório, uma sala cheia de computadores, periféricos e uma fotocopiadora. Elizabeth acomodou o xale nos ombros e me contou histórias sobre Sylvia Plath, Hughes e Olwyn que eu já lera em seu texto e na biografia de Butscher, além de histórias que eram novas para mim mas já tinham adquirido o caráter sutilmente deformado das histórias muitas vezes recontadas. Uma delas era a narrativa de uma visita que Elizabeth fizera ao apartamento da Fitzroy Road pouco depois da morte de Sylvia Plath: "Ted tinha saído e uma babá ficara tomando conta das crianças. Ela me disse que Nick não estava mais querendo comer. Sempre tinha tido muito apetite — como Sylvia, adorava comer —, mas agora recusava a comida e não dizia absolutamente nada. Conversamos um pouco e então eu perguntei: 'Ted vai voltar?', e ela respondeu, embaraçada: 'Vai, mas *ela* está aqui'. Eu perguntei: '*Ela* quem?', e a moça respondeu: 'A sra. Wevill', e eu perguntei: 'Morando aqui?', e ela respondeu: 'Sim, senhora'. Aí Ted chegou — ouvi Assia subir as escadas para o quarto — com uma expressão absolutamente desfeita. Olhou para mim e só disse meu nome, depois foi até a outra sala e voltou trazendo um exemplar de *The bell jar*. Estava quase chorando. E disse: 'É para você — você ainda não leu', e eu respondi: 'Obrigada'. Foi horrível. As emoções eram tão fortes e tão terríveis. E então ele me disse — e eu sei que não era o que ele achava de verdade: 'Não são muitos os homens que conseguem assassinar um gênio'. E eu pensei: 'Coitado! Como é que ele vai sobreviver?'. Estávamos de pé na cozinha e ele pusera uma panela para esquentar no fogão — o mesmo em que ela tinha se matado".

Histórias como esta são comuns nas biografias e tidas como

verdadeiras, pois não há como provar sua falsidade. Em todas as biografias de Sylvia Plath, impressões e memórias sobre Hughes contadas por testemunhas da época são reconhecidas como fatos históricos. Podemos imaginar o que Hughes deve ter sentido ao pegar um desses livros e ler o que alguém percebeu nele, pensou a seu respeito ou julgou tê-lo ouvido dizer trinta anos atrás. A memória é notoriamente indigna de confiança; quando se combina com a má vontade, pode se tornar monstruosa de tão traiçoeira. Supostamente, o "bom" biógrafo é capaz de discriminar entre os depoimentos das testemunhas e ter as antenas ligadas para detectar as distorções tendenciosas, as falsas recordações e as mentiras puras e simples. Em sua biografia de Orwell, Bernard Crick dá um exemplo da extrema sensibilidade com que enfrenta esse problema. Depois de citar uma passagem sinistra de um texto de memórias sobre Orwell escrito pelo romancista Raynor Heppenstall, ele faz uma pausa e se pergunta de que forma deve avaliá-lo. A passagem conta um incidente ocorrido nos anos 30, quando Orwell e Heppenstall moravam juntos em Kentish Town e Heppenstall chega tarde em casa uma noite, muito bêbado. Segundo seu texto, escrito vinte anos depois, Orwell primeiro lhe fez uma preleção e depois, quando resolveu responder, deu-lhe um soco no nariz e finalmente o atacou com uma bengala. "Ele me deu uma pancada terrível nas pernas"', lembra Heppenstall, "e depois ergueu a bengala acima da cabeça. Olhei para o seu rosto. Por entre meu nevoeiro particular, percebi nele uma curiosa mistura de medo e exultação sádica." Outra fonte confirma a Crick que "o incidente sem dúvida ocorrera", mas ele se pergunta como Heppenstall, depois de um lapso de vinte anos, ainda consegue se lembrar da expressão de "medo e a exultação sádica". E especula que Heppenstall, na época em que escreveu o relato, teria concluído que as obras de Orwell eram "estupidamente superestimadas", decidindo assim "imprimir a seu relato a intenção de uma crítica simbólica ao caráter de Orwell". Crick acha essa inferência mais razoável do que "acreditar que ele tenha visto o incidente exatamente dessa forma naquela ocasião". Mas ainda não fica satisfeito. Numa nota de pé de página à edição em brochura de sua biografia, afirma que Heppenstall "me parece cristalizar, rematado romancista que é, uma questão complicada e recorrente [os traços sadomasoquistas de Orwell] numa única anedota significativa de revelação aparentemente instantânea". E acrescenta: "Essa questão complicada é sem dúvida evidente o tempo todo [em meu livro], mas talvez eu não tenha sido suficientemente explícito em momento algum [...]. Só digo que é inexplicável, exceto por julgamentos psicanalíticos padronizados e aprioristicos [...]. Mas isso não quer dizer que ela não exista".

E Elizabeth passou de Ted a Olwyn. "Eu só a conheci depois da morte de Sylvia, quando ela veio morar em Court Green com Ted e as crianças", contou ela. "E acabei conhecendo Olwyn muito bem. Nós jogávamos pôquer juntas. Sempre que eu ganhava ficava com medo, porque tinha a sensação de que Olwyn podia resolver me atacar, o que ela nunca fez, é claro. Ela jogava de um modo louco. Arriscava muito. Eu me assustava quando ela ficava irritada — tinha um gênio terrível e era muito sarcástica —, mas também a achava fascinante. Tinha vivido em Paris e contava casos muito interessantes sobre sua vida. Para uma mulher do interior como eu, ela era irresistível. Hoje ela fala de mim com nojo e desprezo, como se eu fosse uma cretina. Uma vez disse a alguém que eu era uma porca que vivia na lama. Ela, Ted e Carol não falam mais comigo. Fui a uma conferência de Anne Stevenson em Exeter ano passado e Carol estava lá, sentada nas últimas filas. Ela é muito morena e muito bonita. Era uma moça muito tímida — era enfermeira e tinha 22 anos quando se casou com Ted —, mas virou uma pessoa muito orgulhosa e bonita. Eu fui até onde ela estava e disse oi, e ela respondeu: 'Não posso falar com você'. Foi ridículo. Não que eu esteja querendo me impor ou conseguir fama à custa da pobre moça morta. Eu sei que eles pensam assim, mas não é verdade. Ninguém pode negar que quando alguém que você conhece fica muito famoso isso faz bem ao ego. Você pensa: 'Essa pessoa genial gostava de mim, eu devo valer alguma coisa'. E pessoas como você vêm me ver — é claro que isso mexe comigo. Mas as vezes em que eu realmente me meti" — e Elizabeth se referia às visitas que fizera e às cartas que escrevera aos jornais — "sempre foi em reação a alguma coisa terrível que alguém tinha feito contra Sylvia."

Numa mesinha baixa a seu lado, Elizabeth tinha uma pasta de recortes de jornal, muitos dos quais eu já conhecia. As personagens e os cronistas da lenda de Sylvia Plath colecionam essas ralas narrativas indignas de confiança como se fossem escritos sagrados. E talvez não haja outra ocasião em que o poder da imprensa seja tão evidente — e tão perturbador — como quando parte de seu gotejamento constante se cristaliza na estalactite conhecida como "material de arquivo". Notícias de jornal escritas originalmente com a finalidade de satisfazer nossa fome diária de *Schadenfreude* aleatória e impessoal — despertar o interesse, divertir e cair no esquecimento na semana seguinte — passam a ser admitidas em meio a fontes sérias de fatos e informações, sendo tratadas como se elas próprias não fossem apenas uma forma de perguntar o que ocorreu, quem é bom e quem é mau.

Fui até o escritório de William e, em sua copiadora, tirei duplicatas dos recortes que não tinha em meu arquivo. Com o correr da tarde, ele não ficara exatamente ressentido, mas um pouco menos amigável; apertou os lábios e não me deu muita atenção quando falei com ele. Quando a visita acabou, chamei um táxi e, enquanto esperávamos, a tagarelice animada de Elizabeth começou a vacilar. Parecia cansada e devia estar sentindo dores. Contou-me que sair do sofá e ir até o banheiro era uma façanha penosa. Percebi a tristeza e a aridez de sua vida; a casa emanava *pathos* e um certo clima mal-assombrado. Meu vislumbre dessa mulher e seu marido, vivendo tão perto da margem e militando contra a guerra química e bacteriológica, revelou-me pouco mais do que acabei de escrever, e me deixou com uma sensação de culpa pela impudência de meu relato jornalístico sobre aquela visita. O que eu sabia sobre eles? Meu relato deve ser impróprio e equivocado! E o biógrafo comete o mesmo pecado quando se propõe a esclarecer o mistério que é uma vida a partir de "dados" que não são menos escassos (quando os comparamos com a massa monstruosa que se acumula a partir das ocorrências minuto a minuto de toda uma vida) e de interpretações que não são menos toscas (quando lembramos que a motivação humana é um instrumento preciso e feito sob medida).

O táxi chegou e a caminho de meu hotel perguntei ao motorista se ele sabia alguma coisa sobre o problema na linha do trem que me fizera chegar três horas atrasada. Ele disse que sabia — um túnel fora danificado pela neve — e previu que eu teria o mesmo problema para ir embora de Cornwall na manhã seguinte. Perguntou-me aonde eu estava indo, e quando respondi Milverton, em Somerset, a 150 quilômetros de distância — almoçar com Clarissa Roche —, ele fez um preço para levar-me até lá. Aceitei.

9.

No dia seguinte, um domingo, o motorista chegou em meu hotel às dez; havia uma mulher e uma criança no banco traseiro do táxi. Sentei-me no banco da frente e o motorista me disse que eram sua mulher e seu filho, mas não me apresentou nenhum dos dois. Ao longo de toda a viagem, despejou uma torrente de tagarelice em minha direção, mas não dirigiu a palavra a sua mulher. A criança choramingou um pouco e depois adormeceu. Num primeiro momento, virei-me para a mulher a fim de incluí-la na conversa, mas ela deixou claro que preferia ficar de fora. Senti que estava na presença de uma relação tão arcaica entre marido e mulher, tão fora de moda, que me dava quase a mesma sensação de contemplar as ruínas de algum extraordinário monumento antigo. Era real, um machismo em estado tão puro e sem disfarce que chegava a inspirar uma certa reverência, quase uma espécie de respeito. Pensei num poema de Sylvia Plath, "The applicant" ["O pretendente"], de 1962:

> *Uma boneca viva, sem pôr nem tirar.*
> *Costura, cozinha,*
> *E fala, fala, fala sem parar.*
>
> *Funciona, não está quebrada.*
> *Tens um buraco, é um cataplasma.*
> *Tens um olho, é uma imagem.*
> *Rapaz, é teu último recurso.*
> *Com ela casarás, casarás, casarás.**

* No original "*A living doll, everywhere you look./ It can sew, it can cook,/ It can*

Perguntei ao motorista se ele podia fazer um pequeno desvio e ele parou no acostamento para estudar o mapa que eu trouxera. No hotel, de manhã cedo, quando examinava o mapa, eu percebera que o povoado de North Tawton não ficava longe da estrada que levava a Milverton. North Tawton é onde fica Court Green. O motorista disse que não havia problema (sem consultar a mulher) e tornou a partir. Mas houve um problema. O motorista passou direto pela saída para North Tawton e depois gastou mais de uma hora — em vez dos dez minutos pelo caminho direto — para encontrar a estrada para o povoado por dentro da engarrafada cidade de Exeter. Agora eu ia me atrasar muito para o almoço na casa de Clarissa Roche (já tinha perdido o sentido ter tomado um táxi em vez de arriscar o trem) e me arrependi profundamente da minha ideia.

Quando finalmente atravessamos North Tawton — um velho povoado pequeno, silencioso e austero — e avistei a torre que devia ser da igreja que se via de Court Green, meu arrependimento se aprofundou ainda mais. Fiquei perplexa com a enormidade do meu erro de ter vindo até ali. O que eu estava pensando? O que faria quando chegássemos à casa? Uma coisa era prestar uma visita reverente à casa onde Sylvia Plath morreu; outra era ir xeretar no lugar onde mora Ted Hughes. Mas eu não tinha como escapar de minha trajetória insensata; não podia mais dizer ao motorista para desistir de tudo, depois de tanto esforço, e quando chegamos a uma casa que reconheci e não reconheci ao mesmo tempo como Court Green a partir da descrição que Alvarez fizera dela e de fotos publicadas nas diversas biografias, mandei que ele parasse. As fotos eram indistintas e sempre deixaram em mim a impressão de uma casa com um telhado de colmo, bastante baixa, cercada por trepadeiras emaranhadas, flores silvestres, árvores antigas e um calçamento de pedras redondas — um lugar que fazia jus à verdura do nome e, como

---

talk, talk, talk.// It works, there is nothing wrong with it./ You have a hole, it's a poultice/ You have an eye, it's an image./ My boy, it's your last resort./ Will you marry it, marry it, marry it". (N. T.)

escreveu Sylvia Plath a sua mãe pouco depois de lá chegar, em setembro de 1961, era "como uma pessoa; responde ao mínimo toque e imediatamente nos parece maravilhoso". A casa que agora eu hesitava em descer do táxi para contemplar era alta e branca com detalhes em preto. Parecia imensa e me lembrou as casas falso Tudor dos anos 20 e 30 em lugares como Riverdale e Scarsdale. Ao lado da casa corria uma cerca de estacas de madeira que eu nunca vira em nenhuma foto e me perguntei se seria mesmo a casa certa. Quando uma criança passou descendo a rua, perguntei: "É aqui a casa do Poeta Laureado?". Ela fez que sim com a cabeça e saiu correndo. A casa tinha um gramado na frente, com poucas árvores nuas. Nas janelas, as cortinas estavam fechadas e fiquei aliviada ao ver que nenhuma delas se mexia. Talvez a família Hughes não estivesse em casa. E então vi um indício de que estavam em casa e de que a minha intrusão podia não passar despercebida. Pendurado numa das árvores do gramado da frente havia um comedouro para pássaros cheio de alpiste, com andorinhas e pintarroxos ingleses esvoaçando a sua volta. Senti ressurgir em mim meu sentimento de ternura por Hughes — pude perceber sua realidade, sua vida, seu dilema, e senti vergonha da minha cumplicidade na perseguição que transformara sua vida num tormento; eu decidira juntar-me à matilha dos caçadores. Mas continuei minha inspeção da casa e do terreno, procurando teimosamente algum troféu mental para levar comigo, alguma impressão que marcasse minha visita ao lugar onde, nas horas azuis que antecedem a alvorada, a moça destinada a morrer pouco depois fizera jus a sua imortalidade. No poema de 1962 "Letter in November" ["Carta em novembro"], Plath escreve sobre uma caminhada em Court Green, "estupidamente feliz,/ Minhas botas de borracha/ Chapinhando e chapinhando no lindo vermelho".* E diz, quase triunfante:

---

* No original, "*stupidly happy,/ My wellingtons/ Squelching and squelching through the beautiful red*". (N. T.)

Esta é minha propriedade.
Duas vezes por dia
Eu a percorro, farejando
O bárbaro azevinho com suas verdes
Conchas, puro ferro.

Minhas setenta árvores
Segurando suas bolas rubras e douradas
Numa espessa sopa de morte cinzenta,
Seu milhão
De folhas douradas metal e sem fôlego.*

Esta é minha propriedade. O amargo fado de Hughes é disputar perpetuamente com Sylvia Plath a posse de sua vida, tentando arrancá-la das mãos dela. Em "Daddy", Plath descreve seu pai morto como um vampiro que finalmente consegue tornar a matar:

Papai, pode se deitar agora.

Há uma estaca fincada em seu coração negro e gordo
E os aldeões jamais gostaram de você
Estão dançando e pisoteando seu corpo.
Sempre souberam que era você.
Papai, papai, seu canalha, eu já acabei.**

Hughes nunca foi capaz de cravar uma estaca no coração de Sylvia Plath e libertar-se de seu domínio. (E quem mais são os

---

* No original, "*This is my property./ Two times a day/ I pace it, sniffing/ The barbarous holly with its viridian/ Scallops, pure iron.// My seventy trees/ Holding their gold-ruddy balls/ In a thick gray death-soup,/ Their million/ Gold leaves metal and breathless*". (N. T.)
** No original, "*Daddy, you can lie back now.// There's a stake in your fat black heart/ And the villagers never liked you/ They are dancing and stamping on you./ They always knew it was you./ Daddy, daddy, you bastard, I'm through*". (N. T.)

biógrafos, jornalistas, críticos, caçadores de curiosidades e *libbers* que enxameiam a sua volta, senão substitutos da própria morta-viva, sua mulher?) Nunca descobriu a manobra correta, nunca fez o gesto certo que resultasse na "morte" que tanto deseja. "Nunca tentei fazer meu relato sobre Sylvia", escreveu ele a Anne Stevenson em novembro de 1989, respondendo a uma carta em que ela o censurava por dissociar-se publicamente da biografia dela, "porque percebi claramente desde o início que sou a única pessoa em toda essa história em que todos que precisam me considerar culpado não podem acreditar". E continua:

> Sei também que a alternativa — ficar em silêncio — me transforma em anteparo de projeção para as piores suspeitas. Que meu silêncio parece confirmar todas as acusações e fantasias. Mas no final preferi isso a permitir que me arrastassem para a arena, me provocassem, me espicaçassem e me obrigassem a vomitar todos os detalhes da minha vida com Sylvia para a alta diversão dos 100 mil professores e estudantes de literatura inglesa que — como você sabe — sentem muito pouco neste caso além de uma curiosidade rasteira, do tipo que circula pelos povoados, que inspira os sanguinários esportes populares, por mais que venha recoberta com a Teologia da Crítica Literária e a santidade ética. Se têm algum sentimento mais forte, geralmente é ainda mais baixo: uma avidez de *status*, sua angústia profissional na disputa pelas promoções.

Com angústia e ressentimento crescentes, continua ele:

> Muitas vezes, tudo o que percebem é a oportunidade de ganhar uns cobres. Mesmo você própria, Anne, deve se lembrar, como eu, que não foi um grande amor pela poesia de Sylvia, ou uma paixão por contar direito sua história, o que a fez começar esse livro. Quando você me disse que o adiantamento prometido pela Penguin cairia muito bem, minha única reação foi a seguinte: Se alguém vai escrever o livro de qualquer maneira (já que sairá numa coleção), por que o dinheiro não pode ir para

Anne? E não é sempre assim? Se um jovem professor ambicioso quiser publicar um artigo num periódico de prestígio, vai escrever alguma coisa sobre Thomas Wyatt ou sobre S. P.? Você deve saber que Paul Alexander (autor de pouco mais que a introdução a um livro de ensaios) entrou na — esqueci qual editora — [...] e saiu com 150 mil dólares no bolso. Ou entendi errado a quantia. Butscher escreveu sua biografia [para que] o editor aceitasse um livro seu de poemas. Uma amiga de Linda Wagner-Martin me contou que, depois do sucesso de seu livro, ela se transferiu para um esplêndido novo posto de professora com um belo salário reajustado. Talvez seja um ângulo vil para se examinar toda essa questão, mas o que mais posso ver quando não param de ulular nos meus ouvidos, dizendo que devo prestar-lhe reverência acima de minha própria vida e alimentá-la, na verdade, com nacos da minha própria vida, ou pelo menos não tentar arrancar qualquer parte da minha vida de sua boca?

Aceitei tudo isso há muito tempo, mas Anne, por favor, não espere que eu aceite com satisfação. Ou que não me esforce, de vez em quando, para cercar as crianças, minha mulher e a mim mesmo com um muro de fogo astral. Se velhos amigos meus desejam me defender (se é que é essa a motivação deles), não acho que eu seja obrigado a concordar com tudo o que dizem e nem, por lealdade a eles, devo deixar que o público me faça mais uma acusação — que eu ando por aí pedindo a outras pessoas que divulguem informações sórdidas sobre Sylvia, porque ficaria feio se fosse eu [...]. Meu desejo simples [é] recapturar, se puder, a privacidade de meus próprios sentimentos e conclusões sobre Sylvia e salvá-los da contaminação por qualquer outra pessoa [...].

Você não deve ficar muito surpresa com a maneira como me comporto. Quisera imaginar um modo mais eficiente. Mas no momento em que você concordou em trabalhar com Olwyn me pôs neste dilema de encontrar um modo, qualquer modo, de lidar com essa bizarra guinada da situação. Você a tornou inescapável.

A carta de Hughes, como sua segunda introdução aos *Diários*, segue em frente até chegar a uma culminação espantosa:

> Em tudo isso, Anne, estou muito consciente de que não é provável que eu jamais venha a fazer a coisa certa, nem mesmo a coisa mais sensata; na melhor das hipóteses, terminei servindo a dois patrões. Estimulei você a deixar que todos contassem as suas histórias. Mas ao mesmo tempo sei o que isso significa para nós que estamos do lado de dentro e já comecei a procurar as defesas. E o fato de você trabalhar com Olwyn torna o dilema infinitamente mais complicado.
>
> Vou lhe dar um único exemplo para mostrar como seu livro está distante do meu mundo. Lamento não ter eliminado uma frase em especial. Quando o livro descreve como Sylvia destruiu meus papéis etc., diz que "isto nunca poderia ser perdoado ou esquecido", ou palavras semelhantes. Lembro que a primeira a chegar a essa conclusão foi Dido, mas parece que você e Olwyn acharam que só podia ser verdade. Não acho que tenha alterado a frase no texto de Dido — estava tão empenhado em tentar convencê-la a compreender Sylvia de maneira totalmente diversa.
>
> A verdade é que eu não culpei [Sylvia] por esse ato — nem na época e nem em nenhum outro momento. Fiquei muito abalado e achei que ela tinha feito uma loucura. Mas talvez me falte alguma coisa. Ela nunca fez nada por que eu a culpasse. A única coisa que acho difícil de entender foi sua brusca descoberta de nossos maus momentos ("Event", "Rabbit catcher") como assunto para seus poemas. Mas dizer que eu não poderia perdoá-la por rasgar aquelas folhas de papel é compreender de modo totalmente errado a natureza de minha relação com ela. Em outras palavras, não é verdade factual. Assim, no futuro, em qualquer nova edição ou tradução, eu gostaria que essa frase fosse eliminada. Que o episódio fale por si.
>
> Todas essas reações ferozes contra ela — reações que ela provocava com tanta ferocidade — vindo de pessoas que podem até ter pensado, às vezes, que me defendiam — para mim foram

verdadeiras calamidades das quais eu tinha de protegê-la. Era como tentar proteger uma raposa de meus próprios cães enquanto ela me mordia. No caso da raposa verdadeira, você saberia sem a menor dúvida por que ela o estava mordendo.

Terceira parte

1.

Entrei de volta no táxi, onde o homem, a mulher e a criança continuavam sentados em silêncio. "Ninguém em casa?", perguntou o motorista. Comecei a explicar que só viera ver a casa mas mudei de ideia. Seguimos em frente, e a ansiedade que vinha pairando logo abaixo da superfície ao longo de toda essa viagem pela Inglaterra emergiu e se aferrou ao fato de eu estar atrasada para o almoço na casa de Clarissa. Quando cheguei, porém, Clarissa, como uma enfermeira que aplica um bálsamo a uma ferida, recebeu-me com alegria e descartou qualquer possibilidade de ter ficado incomodada com meu atraso. Ela é uma americana que mora na Inglaterra há mais de trinta anos e tem quatro filhos crescidos. Até dez anos atrás, era casada com o poeta Paul Roche (ele foi morar em Maiorca depois do divórcio), que em sua juventude posara para o pintor Duncan Grant e depois se transformara no amigo à moda de Watts-Dunton para quem Grant deixou metade de seus quadros e desenhos ao morrer, em 1978. A rara experiência estética que eu esperara ter em Court Green agora me era proporcionada pela casa de Clarissa. Frances Spalding, em sua biografia de Vanessa Bell escrita em 1983, nos dá um retrato de Charleston, a casa em Sussex onde Vanessa vivia para todos os efeitos com o marido, Clive Bell, mas na realidade com Grant, por quem era apaixonada sem esperanças e de quem tinha uma filha, Angelica. A fim de manter Grant a seu lado — e como uma espécie de monumento à união frutífera da disciplina da arte com o caos de arranjos domésticos pouco convencionais —, ela também recebia os namorados dele, um dos quais, David Garnett, casou-se com Angelica quando ela tinha 23 anos. Agora eu me sentia como se tivesse entrado em outra Charleston, um lugar de beleza arrebatadora e interessante, totalmente diferente do "estilo inglês" das revistas de decoração, produto de um gosto elevado e laborioso derivado por sua vez de um amor arraigado à contemplação das superfícies do mundo. Angelica Garnett, em *Deceived with kindness* [Gentilmente enganada], um livro de memórias de sua infância e juventude em Charleston, dá a torção de criança infeliz na história de Bloomsbury, mas corrobora o retrato de Charleston:

> Embora não fôssemos escovadas nem banhadas e vivêssemos em farrapos, nossos tapetes e cortinas fossem desbotados e nossos móveis manchados e cambaios, as aparências de uma natureza puramente estética eram consideradas de suprema importância. Horas eram gastas pendurando um quadro velho num novo lugar, ou escolhendo uma nova cor para as paredes.

A casa de Clarissa estava cheia dos quadros e desenhos de Grant, pendurados com um cuidado e uma premeditação evidentes. Na entrada, havia uma visão singular: um quadro de Grant mostrando duas crianças num sofá e, abaixo dele, o próprio sofá. E quem por acaso estava na casa — passando o fim de semana para examinar as obras e os documentos para uma biografia de Grant — senão a própria Frances Spalding? Clarissa me fez percorrer os principais aposentos (através de portas envidraçadas, vi um jardim murado à moda antiga) e então Frances emergiu de um gabinete: uma Diana alta e magra, muito jovem, com um cabelo cortado à maneira de um garoto, usando calças compridas e uma camiseta comprida e listrada, tudo nela devidamente ordenado e no lugar certo. Tinha gestos calmos, claros e tímidos e falava numa voz baixa, mansa e murmurante — nunca falando muito, mas sempre a propósito. À medida que a fui observando ao longo da tarde, ela me pareceu um exemplo de "boa" biógrafa: uma que nunca invade, que respeita o que lhe dão, que não abusa, é judiciosa, que avalia com sensatez e justiça — e não se mete nas confusões em que Anne Stevenson e Olwyn Hughes se envolveram. Sua biografia favorável de Vanessa Bell lhe valeu o aplauso da crítica e do público; é uma obra longa e bem narrada. Convence o leitor de que Vanessa era esplêndida — uma mulher simpática e gentil e uma artista talentosa, que teve uma vida rica e bela — e se apoia na tensão entre o "enredo" enlouquecido da existência de Vanessa e os serenos fatos e realizações de seu dia a dia. As memórias de Angelica Garnett, em contraste, como o texto de Dido Merwin sobre Sylvia Plath, são cheias de ressentimento e queixas e não atraem a simpatia de ninguém por causa disso — em última instância, é disso que ninguém gosta. Não queremos que ninguém nos diga o que memórias vingativas como as de Angelica e Dido nos obrigam a ver: que nossos filhos e amigos não nos amam, que somos neuróticos, cegos, patéticos, que aos olhos de Deus nossa vida só pode ser vista como um erro, frustração e desperdício. Os protestos contra o texto de Dido Merwin eram o grito do coração dos leitores contra o que podia acontecer postumamente a eles próprios, uma manifestação de seu desejo de serem lembrados com benevolência e de modo algum com tanta riqueza de detalhes. O que incomodava não era a veracidade ou a falsidade das memórias que Dido guardava do mau comportamento de Sylvia Plath, e sim sua tão desconfortável especificidade. Existem nos escritos da própria Sylvia Plath indícios de que ela podia ser extremamente desagradável quando as coisas não iam bem. Ela sabia deste traço seu e podia ser muito rigorosa consigo mesma a respeito, como quando escreve em seu diário de Paris em 1956 sobre "aquele ataque ridículo do inverno passado pelo fato de nossos lugares [no teatro] não serem lado a lado mas um diante do outro, que fez Sassoon ter a gentileza de ceder e devolver as entradas", e acrescenta: "Pensando bem, fico perplexa com meu comportamento malcriado e exigente". Quando ela se critica, nós a aplaudimos por sua honestidade, mas quando Dido Merwin se queixa da comida que Sylvia Plath roubava de sua geladeira só podemos corar diante da pequenez de espírito de Dido Merwin.

Clarissa nos serviu o almoço não na sala de jantar formal, cheia de Grants, mas numa pequena copa, perto da cozinha, que tinha uma lareira onde, à moda inglesa, algumas chamas bruxuleavam. Clarissa é uma arredondada mulher de meia-idade com cabelos louros já grisalhos e modos tranquilos, animados e ligeiramente vagos. Assim como a leitura dos livros sobre Bloomsbury me prepararam para a sua casa, as minhas leituras dos diários de Sylvia Plath me transmitiram a sensação de já conhecer Clarissa. Ela e Paul Roche conheceram Sylvia Plath e Ted Hughes quando Sylvia ensinava no Smith College em 1957-8, e ela escreveu muito sobre o casal em seus diários, embora só uma pequena parte do que escreveu apareça nos *Diários* publicados. Frances McCullough, ao escrever sobre as "partes maldosas" que retirou do texto publicado, menciona os Roche como dois dos amigos em relação a quem Sylvia Plath era maldosa: "Paul e Clarissa Roche, por exemplo, que são alvo de um certo azedume neste livro e no entanto foram muito próximos de Sylvia Plath até o fim". O "azedume" de Sylvia Plath nos *Diários* publicados — suas referências às "maquinações" e ao "desleixo" de Paul e suas descrições de Clarissa "amuada e em lágrimas [...] como miss Muffet num ataque particular" — não passa de um pálido reflexo da acidez corrosiva do retrato completo e derrisório dos Roche que aparece na versão inédita do texto, especialmente de Paul, que exercia sobre ela uma repulsa que beirava o fascínio. Mas a maldade de seu retrato, à diferença da maldade de Dido e Angelica, tem uma qualidade distanciada, desinteressada e quase clínica. Ela escreve com o olho frio da romancista e não com o desamor ainda quente do autor de memórias. E escreve — como também escreve sobre Hughes e Richard Sassoon — com a engenhosa economia e redundância da romancista. Um terno usado por Roche — "um terno verde-claro cor de absinto que dava a seus olhos o tom claro e ácido do verde estranho e desagradável de um mar agitado de inverno cheio de placas de gelo" — é uma de suas figuras recorrentes para ele (assim como o tamanho é sua figura recorrente para Hughes e a pequenez doentia a figura de Sassoon). "Oh, se me deixarem por minha conta, em que poetisa hei de me transformar a chicotadas", escreve Sylvia Plath em seus diários em maio de 1958. Os diários nos forçam a lidar o tempo todo com a ideia da grande romancista em que ela poderia ter-se transformado com a vida. Ao mesmo tempo em que nos contam sua luta para produzir seus contos inertes, eles próprios dão provas de seu talento como criadora de ficção. A ideia de Hughes, de que o gênio de Sylvia Plath para "o confronto instantâneo com as coisas mais centrais e inaceitáveis" só podia se exprimir devidamente em versos, é contestada pelos confrontos que aparecem nos diários.

Em 1958, quando Sylvia Plath e Ted Hughes moravam em Boston (ela decidira parar de lecionar no Smith College) e tentavam viver do que escreviam, ela retomou a terapia com Ruth Beuscher, a jovem psiquiatra que a atendera em McLean, onde passou três meses depois de sua tentativa de suicídio. Os diários a mostram empenhada em sua terapia com diligência característica, adquirindo percepções dolorosas da coisa central e inaceitável — sua relação com sua mãe — com o mesmo empenho com que acumulara cartas de encorajamento das revistas a sua produção literária precoce e notas altas ao longo de sua vida escolar. "Percebeu" também que Ted era uma figura de pai. "Eu o identifico com meu pai em certas ocasiões", escreveu ela em seu diário em dezembro de 1958, "e essas ocasiões adquirem muita importância: por exemplo, aquela briga no final do ano escolar quando vi que ele não estava lá naquele dia especial, e sim com outra mulher". A "briga", que ocorrera sete meses antes no Smith College, é um dos grandes momentos novelísticos dos *Diários*. Que seja novelístico — obra elaborada e premeditada de um narrador competente, e não a confissão inocente de um diarista — fica claro já na primeira linha do texto: "19 de maio, segunda-feira. Só que não é segunda-feira, mas quinta-feira, 22 de maio, acabei minhas aulas, tomei um banho quente e me livrei de muitos ideais, visões e fés". Alguma coisa aconteceu e fez Sylvia Plath desiludir-se com Hughes, acreditando que ele a traiu e mentiu, mas ela não conta imediatamente o que foi. Em vez disso, fala do romance que planeja escrever — "uma história parecida com as de Henry James, sobre os que trabalham e os que são trabalhados, os exploradores e os explorados, sobre a vaidade e a crueldade: com uma *ronde*, um círculo de mentiras e maus-tratos num mundo lindo que se estraga", e acrescenta, misteriosamente: "A ironia que registro aqui para o romance, mas também para o *Ladies' Home Journal*". E escreve:

> Não sou nenhuma Maggie Verver, sou capaz de sentir o calor vulgar de meus erros com suficiente força para engasgar e cuspir o veneno que engoli; mas vou seguir o que Maggie recomenda, bendita seja. Como a ironia vai se acumulando [...]. E vinha acontecendo esse tempo todo, nas bordas mais distantes da minha intuição. Depositei minha fé em Ted e por que a mulher é a última a ver a úlcera do marido?

O que Ted teria feito? Sylvia Plath adia mais a revelação. Conta ter comparecido na noite anterior a uma leitura pública da tradução de *Édipo* por Paul Roche, em que Ted lera o papel de Creonte. Ted não insistira com ela para ir, mas ela fora assim mesmo, esgueirando-se na plateia e sentando-se nas últimas filas, e: "Assim que entrei [Ted] percebeu e eu percebi que ele tinha percebido e a voz dele não correspondeu na leitura. Ele estava com vergonha de alguma coisa". Depois da leitura, Sylvia foi até os bastidores e encontrou Hughes sentado "com uma expressão má e estranha à beira do piano, batucando uma melodia estridente com um dedo só, todo curvado, uma melodia que eu nunca ouvira". Finalmente, Sylvia Plath decide dizer do que se trata. Conta que tinha combinado encontrar-se com Hughes num dos estacionamentos do *campus*, que ele não tinha aparecido, que ela fora até a biblioteca e ainda assim não o encontrara, e então:

> Quando saí da fresca penumbra da biblioteca, sentindo frio nos braços nus, tive uma dessas visões intuitivas. Eu sabia o que iria ver, o que necessariamente iria encontrar, e já sabia disso há muito tempo, embora não soubesse ao certo qual seria o local ou a data deste primeiro confronto. Ted vinha andando pelo caminho que vem do Paradise Pond, aonde as moças levam seus namorados para encontros nos fins de semana. Caminhava

com um sorriso largo e intenso, os olhos presos nos soerguidos olhos de corça de uma jovem desconhecida de cabelos castanhos, um vasto sorriso emoldurado de batom e pernas grossas e nuas enfiadas em bermudas cáqui. Vi a cena em vários flagrantes sucessivos, como se fossem golpes. Não vi a cor dos olhos da moça, mas Ted via, e seu sorriso, embora tão aberto e irresistível como o da moça, adquiriu uma feiura no contexto [...] seu sorriso tornou-se caloroso demais, bobo, como se tentasse conquistar admiração. Vinha gesticulando e tinha acabado de fazer uma observação ou explicar alguma coisa. Os olhos da moça estavam envenenados de aplausos entusiásticos. Ela me viu chegando. Seus olhos revelaram culpa e ela começou a correr, literalmente, sem se despedir, sem que Ted fizesse qualquer esforço para apresentá-la a mim [...]. Meu ciúme se transformou em nojo. Os atrasos na hora de chegar em casa e minha visão, enquanto escovava o cabelo, de um lobo sorridente com chifres negros ficaram claros, se fundiram, e sufoquei com o que via.

Tomada por sua sensação de ter sido traída, Sylvia Plath mergulha cada vez mais fundo num anticlímax amargo, lembrando "as desculpas esfarrapadas, as vagas confusões sobre nomes e turmas. Tudo mentira. Tudo falso [...]. É horrível querer ir embora e não querer ir para lugar algum. Eu dei o passo mais engraçado, irônico e fatal quando acreditei que Ted era diferente de todos os outros homens vaidosos, ofuscantes e autocomplacentes. Eu servia a uma finalidade, gastei dinheiro, dinheiro de mamãe, o que dói mais que tudo, para comprar-lhe roupas, comprar-lhe meio ano, oito meses de criação literária".

O que dói mais que tudo. Saber o que estava passando pela cabeça de Sylvia Plath quando ela escreveu estas palavras seria compreender muito de sua relação com sua mãe. Mas não sabemos; só podemos especular. Da mesma forma, não sabemos como entender suas suspeitas de Hughes. Tinha sido realmente infiel, ou ela o acusava injustamente? Ela de fato percebera alguma coisa real no encontro junto à biblioteca, ou seria tudo imaginação? Em *Bitter fame*, Anne Stevenson opta pela segunda hipótese. E escreve:

> O que é notável em todo este texto é a rapidez de raio com que Sylvia faz suas deduções. Num dia Ted era um pai quase divino que ressurgira para ser seu companheiro; no outro, era um adúltero vulgar se escondendo por trás de uma fachada de desculpas esfarrapadas, confissões vagas e mentiras. Ted era um homem bonito e não há dúvida de que muitas moças lhe faziam propostas. A reação exagerada de Sylvia ao vê-lo conversando com uma estudante foi alimentada, sem dúvida, principalmente por sua exaustão, mas floresceu, como sempre, no teatro de seus terrores, de sua paranoia e de sua imaginação sempre inflamável. Na verdade, a moça era uma das alunas de Hughes da Universidade de Massachusetts que por acaso vinha atravessando o *campus* na mesma hora que ele, a caminho de seu encontro com Sylvia; ele só a encontrara minutos antes de serem vistos por Sylvia.

O leitor cuidadoso terá sua atenção despertada pelos termos "reação exagerada" e "na verdade", usados por Anne Stevenson, e talvez os coloque em dúvida. A fonte de informação que ela usou sobre a moça da Universidade de Massachusetts deve ser Hughes (não pode ter sido Sylvia Plath), mas será que merece crédito? As questões suscitadas por este trecho só fazem sublinhar a insegurança epistemológica que assola a todo momento e em toda parte o leitor de biografias e autobiografias (bem como de história e jornalismo). Numa obra de não ficção, quase nunca ficamos conhecendo a verdade do que aconteceu. O ideal do relato sem mediação só é regularmente atingido na criação ficcional, em que o escritor faz um relato fiel do que ocorre a sua imaginação. Quando Henry James conta, em *The golden bowl*, que o Príncipe e Charlotte estão dormindo juntos, não temos qualquer razão para duvidar do que diz, ou perguntar se Maggie não estará tendo uma "reação exagerada" ao que vê. O relato de James é verdadeiro. Os fatos da literatura imaginativa são tão sólidos quanto a pedra chutada pelo dr. Johnson. Devemos sempre aceitar a palavra do romancista, do dramaturgo e do poeta, assim como podemos quase sempre duvidar da palavra do biógrafo, do autobiógrafo, do historiador ou do jornalista. Na literatura imaginativa, somos poupados do exame de hipóteses alternativas — que simplesmente não existem. As coisas são apresentadas da maneira como elas *são*. É só na não ficção que permanecem dúvidas quanto ao que realmente aconteceu e às reações e sentimentos das pessoas.

A entrada do diário de 19 de maio de 1958 (bem como a entrada seguinte, datada de 11 de junho, em que Sylvia Plath descreve as consequências violentas do momento nada Maggie-Ververesco em que enfrenta Hughes com suas suspeitas) torna a evocar uma velha pergunta: Por que Hughes decidiu permitir que a imaginação do público fosse alimentada com tantos nacos apetitosos de sua vida com Sylvia Plath? Seu consentimento à publicação das entradas de 19 de maio e 11 de junho (nesta última, Sylvia Plath escreve "fiquei com o polegar torcido, carreguei as marcas das garras de Ted por uma semana" e "levei uma pancada e vi estrelas — pela primeira vez —, estrelas cegantes, vermelhas e brancas, explodindo no vácuo negro de rosnados e mordidas") parece contradizer todos os seus protestos aflitos contra a violação de sua privacidade. Por que então, se ele tem tanto apego ao controle sobre os fatos de sua vida, decidiu revelá-los com tanta largueza ao público leitor?

Uma das explicações possíveis é tão óbvia que ficamos tentados a descartá-la desde o início: ele tomou essa decisão porque é o maior crítico, elucidador e (pode-se quase dizer) empresário de Sylvia Plath. Hughes figura há tanto tempo na imaginação do público como inimigo e censor de Sylvia Plath que as pessoas (e às vezes ele próprio, ao que tudo indica) tendem a ignorar o verdadeiro papel que vem desempenhando desde a sua morte. No entanto, quanto mais examinamos as atividades de Hughes como testamenteiro literário de Sylvia Plath, mais somos obrigados a considerar a possibilidade de que, além das razões pessoais, também tenha sido movido por razões literárias — que ele talvez tenha sentido uma inelutável obrigação *literária* de expor-se desnecessariamente ao escrutínio público. Quando a primeira parte do texto de memórias de Alvarez foi publicada no *Observer*, Hughes protestou, dizendo: "O que torna isso ainda pior é que era totalmente desnecessário. E que tenha sido escrito por você — a pessoa que mais deveria saber que existem muitas coisas mais importantes que a literatura — mais importantes ainda que a grande poesia, quanto mais que os textos de memórias". Mas quem falava era apenas uma das identidades de Hughes — a identidade que destruiu o último diário de Sylvia Plath e é referida no segundo prefácio dos *Diários* como "seu marido". Outra identidade — a que preside sobre a reputação póstuma de Sylvia Plath e é, como ela, um criador literário — não acredita nisso. Para essa identidade, nada é mais importante que a literatura e não há sacrifício grande demais em seu nome. As dificuldades de Hughes como homem que tenta servir a dois patrões e sabe que isso nunca vai dar certo são, é claro, as dificuldades de todo artista. Seu esforço para desenredar sua vida da lenda de Sylvia Plath ao mesmo tempo em que alimenta a sua chama é uma espécie de alegoria grotesca do esforço que todo artista faz a fim de recolher para si um pouco de vida normal em meio à calamidade de sua vocação. Embora saibamos pouco sobre os embates do próprio Hughes com a criação literária (nos *Diários*, Sylvia Plath menciona às vezes que está deprimido), podemos imaginar que, se nunca tivesse conhecido Sylvia Plath, ainda estaria vivendo a vida louca e atormentada do criador e não a vida pacata e saudável do leitor médio dos jornais.

Ao reler hoje as entradas dos diários datadas de 19 de maio e 11 de junho de 1958, tenho com mais clareza do que nunca a impressão de que Hughes não conseguiu convencer-se a eliminá-las do texto publicado. São interessantes demais, e a segunda culmina numa cena que uma pessoa tão fascinada pelos mitos como Hughes não poderia deixar de publicar. A cena ocorre ao crepúsculo, num parque perto do apartamento do casal, onde vão dar um passeio no fim de um dia úmido e nevoento. No momento em que saem de casa, Sylvia enfia uma tesoura folheada de prata no bolso de sua capa de chuva. Tem sempre o costume de cortar uma ou duas rosas para o apartamento; está à procura de um botão amarelo para substituir uma rosa vermelha bem escura que já se abriu totalmente na sala. No roseiral, enquanto Sylvia corta um botão cor-de-rosa (as rosas amarelas estão "desalinhadas, estragadas"), três moças "corpulentas" emergem de um canteiro de rododendros. "Aposto que elas querem roubar as flores", diz Hughes. Ele e Sylvia "olham fixamente" para elas e as moças recuam; mas depois, seguindo em frente, Ted e Sylvia ficam chocados e furiosos ao encontrarem dois grandes maços de rododendros, enrolados em jornal, que as moças esconderam atrás de uma moita. E nesse momento (as saídas e entradas em cena lembram um balé), as moças reaparecem:

> Ouvimos risos abafados e galhos estalando. Aproximamo-nos com um olhar mau. Senti sede de sangue — mocinhas atrevidas, todas as três — "Oh, olhe ali uma bem grande", disse uma delas em tom provocador. "Por que vocês estão colhendo as flores?", perguntou Ted. "Para uma festa. Precisamos delas para uma festa." Acharam que ele talvez concordasse. "Vocês não acham que deviam parar?", perguntou Ted. "Este parque é público." Então uma delas tomou coragem e falou, quase com desprezo: "O parque não é seu". "E nem seu", respondi, com um desejo estranho de agarrá-la, tirar sua capa, bater na sua cara, ver o emblema de sua escola no casaco e mandá-la para a cadeia. "Nesse caso, era melhor arrancar logo a planta com a raiz." Ela me olhou com ódio e eu a fitei com um olhar louco furioso imóvel e pétreo que extinguiu totalmente o dela.

Plath não deixa de perceber que também tem sua parcela de culpa. "Fiquei pensando em minha moral dividida", escreve ela. "Trazia no bolso um botão laranja e outro rosado, tinha uma rosa vermelha espalhando seus aromas pela casa, mas ao mesmo tempo sentia vontade de matar aquela menina que roubava braçadas de rododendros para uma festa." E continua — como sabíamos de alguma forma que só podia continuar — a comparar seu furto modesto e aceitável ("A única rosa que colho por semana é uma alegria estética para mim e para Ted e não representa perda ou sofrimento para ninguém") com o assalto grosseiro e leviano daquelas moças corpulentas ("elas estavam arrancando as plantas inteiras"). Cultivando seu próprio ódio, ela escreve:

> Esta grosseria e esse egoísmo indiscriminado me deixaram enojada e furiosa. Tenho em mim uma violência quente como o sangue. Sou capaz de me matar ou — hoje eu sei — até de matar outra pessoa. Seria capaz de matar uma mulher, ou ferir um homem. Acho que seria. Cerrei os dentes para controlar as mãos, mas vi um clarão de estrelas sangrentas em minha mente enquanto forçava aquela menina atrevida a baixar os olhos, e tive um desejo sanguinário de [pular] sobre ela e reduzi-la a pedaços ensanguentados.

Algum tempo depois, Sylvia Plath escreveu um poema sobre o incidente, chamado "Fable of the rhododendron stealers" ["Fábula das ladras de rododendros"], que não considerou suficientemente bom para incluir em *The colossus*. (Chamava seus melhores poemas de "poemas de livro".) É uma versão pálida e rígida da entrada de seu diário, que termina perguntando, em tom afetado: "Se a gentileza foi abafada pelo amor,/ Ou o pequeno roubo pelo grande".* É outro poema de Sylvia Plath, "In plaster" ["Engessada"], escrito em março de 1961, que registra a compreensão do que lhe ocorreu naquele confronto. Ela se viu, é claro, diante de sua porção "não gentil", a "verdadeira identidade" de *Ariel*, que não hesitava em arrancar moitas inteiras, porque é isso que o artista precisa fazer. A arte é roubo, a arte é assalto à mão armada, a arte não é agradar a sua mãe. Em "In plaster", Sylvia Plath recorre à imagem de um corpo engessado

---

* No original, "*Whether nicety stood confounded by love,/ Or petty thievery by large*". (N. T.)

(em suas notas aos *Collected poems* [Poemas reunidos] de Sylvia Plath, Hughes conta que ela escreveu o poema enquanto estava internada para uma operação de apêndice, tendo na mesma enfermaria, numa cama próxima, uma mulher engessada) para falar da oposição entre sua falsa identidade gentil e sua identidade verdadeira e desagradável; ou seja, "esta pessoa nova e absolutamente branca" e a "pessoa antiga e amarela" em seu interior. O poema é um monólogo da "velha amarela". (Tomo esse termo por empréstimo do ótimo ensaio de George Stade sobre o poema, que serve de introdução ao texto de Nancy Hunter Steiner, "A closer look at Ariel".) A voz é inalterada; lembra a Esther Greenwood de *The bell jar* (em que, a propósito, Sylvia Plath estava trabalhando na época):

Sem mim, ela não existiria, e é claro que era grata.
Eu lhe dava uma alma, brotava de dentro dela como uma rosa
Brota de um vaso de porcelana não muito valiosa,
E era eu que atraía a atenção de todo mundo,
Não sua beleza e brancura, como antes pensei.
Eu era um pouco complacente e ela se regalava —
Vi desde logo que tinha mentalidade de escrava.*

A originalidade do poema reside em sua inversão ousada e desnorteante da tradicional oposição entre corpo e alma, em que a alma essencial e irredutível vive encerrada num corpo tosco e irrelevante. Aqui, a parte essencial de uma pessoa, o precioso núcleo interno, é representado por um "meio-cadáver" amarelo, "feio e peludo", enquanto a parte externa, que não importa ("não muito valiosa"), tem a beleza, a pureza e a brancura do gesso. E a velha amarela termina assim sua fala:

---

* No original, "*Without me, she wouldn't exist, so of course she was grateful,/ I gave her a soul, I bloomed out of her as a rose/ Blooms out of a vase of not very valuable porcelain,/ And it was I who attracted everybody's attention,/ Not her whiteness and beauty, as I had at first supposed./ I patronized her a little, and she lapped it up —/ You could tell almost at once she had a slave mentality*". (N. T.)

Eu pensava que podíamos tentar viver juntas —
Afinal, era uma espécie de casamento, sermos tão próximas.
Hoje vejo que só uma ou outra de nós pode existir.
Ela pode ser santa e eu posso ser feia e peluda,
Mas logo ela há de entender que isso não tem importância.
Estou acumulando forças; um dia conseguirei viver sem ela,
E ela então morrerá de vazio e começará a sentir minha falta.*

A verdadeira identidade é agressiva, grosseira, desordenada, sexual; a falsa, que as mães e a sociedade nos ensinam a assumir, é limpa, arrumada, contida, educada, e se contenta em colher um casto botão de rosa com uma tesoura folheada de prata. "Um dia conseguirei viver sem ela." Nenhum de nós consegue viver sem um pouco da matéria rígida e branca das convenções sociais em torno de si, a carapaça que protege e oculta nosso núcleo instintivo. Em *The bell jar*, Sylvia Plath observa detidamente a desintegração mental de sua heroína autobiográfica, Esther Greenwood, assinalando que ela passa três semanas sem lavar os cabelos ou mudar de roupa. "Eu não lavava minhas roupas ou meus cabelos porque isso me parecia uma imensa bobagem", diz Esther. "Parecia uma bobagem lavar num dia para precisar lavar de novo no dia seguinte. Eu ficava cansada só de pensar. Queria fazer tudo de uma vez por todas e acabar logo com isso." Pouco depois, Esther tenta se matar (da mesma forma que Sylvia) arrastando-se para baixo da casa da mãe e tomando um vidro inteiro de soníferos. Quando Alvarez se surpreende com o cheiro dos cabelos de Sylvia na véspera do Natal de 1962, é óbvio que seu estado era novamente o de querer fazer tudo de uma vez por todas e acabar logo com aquilo. Em oposição à sacerdotisa com os longos ca-

---

* No original, "*I used to think we might make a go of it together —/ After all, it was a kind of marriage, being so close./ Now I see it must be one or the other of us./ She may be a saint, and I may be ugly and hairy./ But she'll soon find out that that doesn't matter a bit./ I'm collecting mv strength; one day I shall manage without her./ And she'll perish with emptiness then, and begin to miss me*". (N. T.)

belos de fera, estava a moça americana ultralimpa da descrição de Dorothea Krook. Nos *Diários,* tudo que Sylvia Plath escreve apresenta uma espécie de alternância entre uma linha "limpa" e uma linha "suja" de autorrepresentação. Do lado limpo, descreve obsessivamente os banhos de banheira e chuveiro que toma, a hora em que lava seus cabelos, a lavagem de suas roupas, as faxinas e arrumações da casa; certa vez, chega até a descrever a maneira como lava uma panela. Do lado sujo, fala dos poros entupidos de sua pele, de seus sínus entupidos de catarro, de seu sangue menstrual, de seus vômitos. Numa passagem extraordinária, escrita quando ainda estudava no Smith College, ela prenuncia a poetisa de observação precisa e perversa transgressividade de *Ariel* ao celebrar "a delícia ilícita e sensual que sinto ao enfiar o dedo no nariz":

> Existem tantas variações sutis das sensações. Um mindinho delicado, com a unha afilada, é capaz de se enfiar sob as cascas ressecadas e os flocos de muco da narina e trazê-los para serem examinados, esmagados entre os dedos e espalhados no chão em crostas diminutas. Ou um indicador mais largo e determinado pode trazer para fora os pequenos grumos resistentes, elásticos e verde-amarelados de muco, transformá-los em bolas gelatinosas entre o polegar e o indicador e colá-los na superfície inferior de uma mesa ou cadeira, onde acabam endurecendo e formando crostas orgânicas. Quantas mesas e cadeiras não maculei em segredo desde a infância? Ou às vezes há sangue misturado ao muco: em coágulos secos e castanhos, ou em bruscos filetes de vermelho úmido no dedo que raspou as membranas nasais com força excessiva. Meu Deus, que satisfação sexual! É absorvente contemplar com olhos subitamente renovados os velhos hábitos surrados: ver um súbito "mar verde de ranho" luxuriante e pestilencial, e estremecer com o choque do reconhecimento.

Ted Hughes nos revelou (num ensaio intitulado "Notas sobre a ordem cronológica dos poemas de Sylvia Plath") que existe um poema "gêmeo" de "In plaster" — um poema que Sylvia Plath também escreveu no hospital e no mesmo dia. É o grande poema "Tulips" ["As tulipas"]. Assim como "In plaster" afirma o instinto de vida, "Tulips" é um hino ao desejo de morte. No poema, uma paciente jaz num quarto de hospital em estado de calma inanição. Um ramo de tulipas vermelhas que lhe foram trazidas perturba a atmosfera de brancura e silêncio do quarto. "As tulipas são demasiado sensíveis",* diz a paciente-narradora no primeiro verso de seu protesto contra a invasão pelas flores, emblemáticas da vida e do movimento que não deseja.

> *Não queria flores, apenas queria*
> *Estar prostrada com as palmas das mãos para cima e ficar toda vazia.*
> *Como me sinto livre sem que ninguém faça ideia da libertação —*
> *A paz é tão intensa que nos entorpece*
> *E nada exige em troca, uma etiqueta com o nome, algumas bugigangas.*
> *Aquilo a que finalmente os mortos se agarram; imagino-os*
> *Introduzindo-as na boca, como se fossem hóstias.***

"Mais que tudo me fere o vermelho intenso das tulipas", escreve Sylvia Plath enquanto avança friamente para sua estrofe final notável e surpreendente:

> *Também as paredes parecem animar-se.*
> *As tulipas deviam estar atrás de grades como animais perigosos;*
> *Abrem-se como a boca de um felino africano,*

---

* Uso aqui e mais adiante a tradução do poema ("As tulipas") da portuguesa Maria de Lourdes Guimarães (*Pela água*, ed. bilíngue, Assirio & Alvim, Lisboa, 1990). O primeiro verso do original diz: "*The tulips are too excitable*". (N. T.)
** Novamente a tradução de Maria de Lourdes Guimarães. No original: "*I didn't want any flowers, I only wanted/ To lie with my hands turned up and be utterly empty./ How free it is, you have no idea how free —/ The peacefulness is so big it dazes you,/ And it asks nothing, a name tag, a few trinkets./ It is what the dead close on, finally; I imagine them/ Shutting their mouths on it, like a Communion tablet*". (N. T.)

E é ao meu coração que estou atenta; ele abre e fecha
O seu vaso de florescências vermelhas pelo puro amor que me tem.
A água que saboreio é quente e salgada como o mar,
*E vem de um país tão longínquo como a saúde.**

---

* Ainda a tradução de M. L. Guimarães. No original, *"The tulips are too red in the first place, they hurt me"* e *"The walls, also, seem to be warming themselves./ The tulips should be behind bars like dangerous animals;/ They are opening like the mouth of some great African cat./ And I am aware of my own heart; it opens and closes./ Its bowl of red blooms out of sherer love of me./ The water I taste is warm and salt, like the sea./ And comes from a country far away as health"*. (N. T.)

2.

Na mesa do almoço de Clarissa, Frances Spalding e eu fizemos-lhe perguntas sobre ela própria e suas relações com Sylvia Plath e Ted Hughes, mas era outra coisa que na verdade atraía a nossa atenção; a comida que Clarissa servira à mesa, tão diferente da que geralmente comemos quanto sua casa diferia das que geralmente visitamos. Era uma comida magnífica, reconfortante, deliciosa e sedutora. Frances e eu sabíamos que não veríamos nada parecido por muito tempo e isso nos fez comer com grande empenho. Antes do almoço, Clarissa se queixara, dizendo que nenhum dos memorialistas de Bloomsbury jamais reparara nela, exceto para falar de sua comida; agora a razão ficava evidente.

Perguntei a Clarissa onde ela nascera e ela respondeu: Michigan.

E então Frances, com sua voz murmurante, perguntou: "E seu pai fazia o quê?".

"Meu pai?", refletiu Clarissa. "Meu pai tinha uma agência de publicidade — o que foi acontecendo mais ou menos por acaso, porque ele precisava fazer alguma coisa. Mas tudo se desfez na época da Depressão. Ele era muito excêntrico." E acrescentou em tom vago: "E fazia outras coisas".

"Que coisas?", murmurou Frances.

"Pintava. Esculpia. Era um grande jogador de *bridge*. E foi um bom jogador de golfe."

E Frances fez finalmente a pergunta que queria. "Foi por isso que você aceitou o fato de Paul não ter profissão?"

Clarissa virou-se para mim e explicou: "Eu estava dizendo a Frances que não imaginava nenhuma outra família além da minha capaz de aceitar um genro que ficava deitado nu no jardim, escrevendo poesia e vivendo do sal da terra. Finalmente, depois que Potie" — o segundo filho de Clarissa — "nasceu e a casa ficou cheia demais, a irmã de minha mãe arranjou um emprego para Paul como professor no Smith College". Eu já tinha formado em meu espírito um quadro de Paul desocupado no jardim. Sylvia Plath o descrevera em seu diário, no dia 13 de maio de 1958: "Ouvi dizer como [Paul] ficava deitado no jardim da mansão de Clarissa em Saginaw e tricotei, enquanto via TV com intensidade, uma capinha de lã azul-clara [para uma criança], com as iniciais PR bordadas em lã angorá branca e um rabinho de coelho nas costas".

Quando Clarissa trouxe para a mesa uma torta que ela própria havia preparado, perguntei como tinha escrito seu texto incluído na antologia organizada por Edward Butscher sobre Sylvia Plath.

Ela me deu uma resposta extensa, começando com um relato contrariado da visita que Butscher lhe fizera enquanto preparava a sua biografia. Em todas as rixas complicadas, sempre tendem a existir pequenos bolsões de consenso entre os antagonistas; os dois lados se unem no ódio a certas pessoas e Edward Butscher é uma delas. Ninguém com quem eu tenha conversado dos dois lados da rixa entre Sylvia Plath e Ted Hughes tinha nada de bom a dizer a seu respeito. "Obrigada pela cópia de sua carta àquele rato, Edward Butscher", escreveu Frances McCullough a Peter Davison em 1976, numa boa ilustração do tom como ele é tratado. Butscher apareceu na cena biográfica de Sylvia Plath no início dos anos 70, num momento em que Lois Ames, uma biógrafa oficial indicada pelos herdeiros dela, ainda se encontrava nos primeiros estágios de suas pesquisas. (O livro nunca ficou pronto.) Butscher, por seu lado, embarcou numa biografia própria. Mais tarde, contou em detalhes como — sem nenhuma cooperação de qualquer das figuras centrais, sem lançar mão do material de arquivo hoje depositado nas bibliotecas Lilly e Smith e antes da publicação de *Letters home* e dos *Diários* — reuniu o material para seu livro. "Informações como essas são relativamente fáceis de colher numa sociedade em que a complexidade crescente deu origem a uma rede cada vez maior de instituições oficiais", escreveu ele na introdução a sua antologia. "Escolas, bibliotecas, arquivos de jornal, instituições governamentais etc. estão disponíveis para serem vasculhadas, como toda financeira e o FBI bem sabem, e mesmo o mais preguiçoso dos biógrafos ainda pode construir uma colagem razoável a partir dos fragmentos que se pode encontrar nesses mausoléus burocráticos." Mas Butscher não era nada preguiçoso e sua colagem sobre a curta vida de Sylvia Plath é densa e detalhada. Na verdade, tem uma semelhança notável com as colagens produzidas pelos biógrafos posteriores, que podiam consultar as cartas e diários publicados e inéditos e, no caso de Anne Stevenson, ainda contavam com a colaboração dos herdeiros de Sylvia Plath. As pegadas que deixamos são tão profundas que qualquer investigador acaba tropeçando nelas. Se a porta para um quarto de guardados está fechada, outras estão abertas e nos convidam a entrar. Há uma lei da natureza humana — que podemos chamar de Lei do Confidente — que determina que nenhum segredo jamais seja contado a uma só pessoa; sempre existe pelo menos mais uma pessoa a quem nos sentimos compelidos a contar tudo. Assim, Butscher, que não teve acesso à carta em que Sylvia Plath conta a sua mãe sua briga com Olwyn em Yorkshire, conseguiu "os tristes detalhes" (como os chama) com outra fonte — Elizabeth Sigmund, a quem Sylvia também contou a história. Mas não são só nossos segredos que nos sobrevivem; evidentemente, toda xícara de café que jamais tomamos, todo hambúrguer que jamais comemos, todo rapaz que jamais beijamos sempre se inscreveram na memória de alguém e lá ficaram, impacientes, para serem recuperados pelo biógrafo. Com uma exatidão quase sobrenatural, as diligentes sondagens feitas por Butscher junto aos professores, amigos, amantes e colegas de Sylvia Plath nos Estados Unidos e na Inglaterra revelaram um mundo paralelo ao mundo que se reflete em *Letters home* e nos *Diários*. As datas, os fins de semana escolares, as cenas de namoro e bolinação e as brigas registradas por Sylvia Plath aparecem aqui vistas pelo outro lado, mas com os mesmos detalhes íntimos e a mesma autoridade; o depoente, no momento em que conta tudo ao biógrafo, se comporta como se ele próprio estivesse escrevendo em seu diário ou uma carta para sua mãe, sem vergonha, sem inibição, às vezes quase sem pensar.

Se o livro de Butscher ainda se sustenta entre as cinco biografias de Sylvia Plath em matéria de abrangência e profundidade de pesquisa, em outro aspecto foi mais que suplantado. As biografias de Ronald Hayman e Paul Alexander introduziram uma mesquinharia ainda mais profunda. O livro de Butscher, *Method and madness,* é grande e mal-acabado — informe, desigual, povoado de uma linguagem psicanalítica manipulada de maneira desastrada e especulações presunçosas sobre os pensamentos e os sentimentos das pessoas. Quando foi publicado, os irmãos Hughes ficaram horrorizados. ("Achei virtualmente irreconhecíveis os retratos que o livro apresenta dos meus pais, de Ted, da própria Sylvia, da sra. Plath e de muitos outros", escreveu Olwyn numa carta à *New York Times Review of Books,* afirmando que a resenha do livro escrita por Karl Miller fora complacente demais.) Mas se pudessem ter contemplado o futuro e visto os horrores que os aguardavam nos livros de Alexander e Hayman, teriam mandado flores a Butscher. Os dois autores vangloriam-se de sua total independência dos herdeiros de Sylvia Plath — nenhum dos dois pediu permissão para citar os escritos dela — e, com suas paráfrases e entrevistas de testemunhas hostis, elevaram a um novo nível de martírio o suplício de Hughes pelas biografias. O livro de Hayman, *The death and life of Sylvia Plath,* é tão venenoso quanto o de Alexander, *Rough magic,* mas é escrito de forma mais elíptica e menos grosseira. A contribuição de Hayman ao esporte da perseguição a Hughes é publicar os fuxicos de toda espécie sobre suas relações com Assia Wevill antes e depois da morte de Sylvia. O livro de Alexander é o máximo em matéria de exemplo negativo. Eis aqui a forma como ele apresenta o famoso relato que Sylvia Plath fez da festa da *St. Botolph's:*

> Finalmente, Sylvia decidiu usar uma bela roupa "americana", acompanhada por brincos de prata, uma faixa vermelha na cabeça e um par de sapatos vermelhos. Depois de jantar com

Nat, voltou a Whitstead, onde Hamish foi buscá-la de táxi. No Miller's Bar, uma parada que fizeram a caminho da festa, Sylvia encostou-se no balcão e entornou vários uísques. Daí a pouco, o mundo flutuava a sua volta [...].

Quando chegaram à Women's Union, um prédio soturno do *campus* logo depois de Falcon Yard, Sylvia já estava muito bêbada. Ainda assim, quando entraram no salão do segundo andar onde a festa estava em andamento, tomou conta da cena [...].

Levando-a a uma sala menor, Hughes fechou a porta e serviu-lhe uma bebida [...]. Sonhadora, Sylvia olhou para o seu rosto, reparando em seus lábios sérios, em sua testa alta, em seus olhos cheios de alma. E então, como que reconhecendo a palpável carga sexual que se instalara entre os dois, Hughes se abaixou e beijou Sylvia na boca. Afastando-se um pouco, arrancou a faixa vermelha de sua cabeça e seus brincos de prata. "Ah, vou ficar com eles", disse.

Sylvia se sentia agradavelmente enevoada. Assim que Hughes se inclinou para beijar o seu pescoço, ela, decidida a mostrar que tinha iniciativa nessa matéria, ergueu a cabeça e mordeu o rosto dele com tanta força que os dentes rasgaram a pele, fazendo-o esquivar-se. De alguma forma, parecia impossível continuar, e por isso eles saíram da sala separados.

Além de retirar do incidente toda sua energia e urgência, Alexander complementou o registro dos diários de Plath com vários detalhes — os "lábios sérios", a "testa alta", os "olhos cheios de alma", a sensação de "agradável enevoamento" e a "esquiva" de Hughes — que não aparecem no original. Para ilustrar mais ainda minha profunda antipatia pelo livro de Alexander — cuja finalidade principal parece ser verificar até que ponto consegue caluniar e difamar Hughes sem ultrapassar os limites permitidos pela lei —, apresento mais um trecho:

Um único episódio, no relato de Sylvia, perturbou o ritmo ordenado e produtivo de seus dias em Benidorm. Anos mais tarde, contou a uma amiga íntima que uma tarde, quando ela e Ted estavam sentados no alto de um morro, Ted foi tomado por uma fúria inexplicável. Na descrição de Sylvia, ficou com o rosto branco, o corpo contorcido e o olhar intenso. E, segundo ela, antes que pudesse fazer qualquer coisa ele estava em cima dela — não para beijá-la, como de costume, mas para asfixiá-la. No início, contou ela, ainda resistiu. Depois, com o passar do tempo, acabou por se entregar e ceder à força superior de Ted, que a dominou, com os dedos cada vez mais cerrados em torno de seu pescoço. Finalmente, no momento em que começava a perder a consciência — no momento em que segundo ela já se preparava para morrer —, Ted soltou seu pescoço e interrompeu seu ataque tão bruscamente quanto o começara. Quando Sylvia contou essa história, seu casamento com Ted atravessava grandes dificuldades e ela disse que esse episódio a fizera duvidar da sensatez de sua decisão de casar-se com ele. Seja como for, o que quer que tenha acontecido no morro em Benidorm, Sylvia não fez nada.

Esta história é horrível. Quem será essa "amiga íntima" capaz de acusar Hughes de nada menos que tentativa de homicídio? Será uma depoente confiável? Nunca saberemos. "As informações usadas neste parágrafo vêm de minha entrevista com uma fonte confidencial", declara calmamente Alexander.

Butscher, porém, apesar de tudo que veio depois, ainda conserva sua reputação especialmente negativa no mundo de Sylvia Plath. Quando publicou *Method and madness*, não teve problemas apenas com os irmãos Hughes e a sra. Plath, aborrecidos com a invasão de suas vidas, mas também com algumas das pessoas que lhe facultaram o exercício dessa invasão — as pessoas que lhe fizeram revelações sobre Sylvia Plath, Hughes, Olwyn e a sra. Plath, e depois ficaram horrorizadas ao ver suas palavras impressas. Uma dessas testemunhas arrependidas, David Compton, escreveu a Butscher:

> Fiquei muito perturbado ao ver o uso que você fez em seu livro da conversa que tivemos sobre Sylvia Plath [...]. Especialmente

em relação a Aurelia Plath, parece-me que você só escolheu meus comentários mais negativos — falsificando assim o que acredito ser a verdade e sem dúvida causando mágoa injusta e desnecessária [...]. Quanto às memórias de minha ex-mulher, estas — e tenho certeza de tê-lo advertido — tendem a ser coloridas (para dizer o mínimo) por seu sentido extremado de dramaticidade.

É evidente que Compton não tinha muita razão para se queixar; Butscher tinha todo o direito de escolher o que quisesse para citar entre suas declarações (e ele, afinal, poderia ter evitado qualquer risco de "mágoa injusta e desnecessária" deixando de ventilar seus comentários "negativos"), e também tinha todo o direito de acreditar no que quisesse do que lhe contara a ex-mulher de Compton. Mas a impopularidade de Butscher — a antipatia especial que atraiu na comunidade biográfica de Sylvia Plath — tem mais uma fonte. Butscher figurava como uma espécie de Leonard Bast na imaginação da comunidade — e, devo acrescentar de imediato, em sua própria. Quando estive com ele em Nova York, nossa conversa foi dominada por sua consciência de classe: usava com frequência o termo "baixa classe média" para se definir e "*Wasp*" ou "classe média alta" para falar dos outros. Homem de quase cinquenta anos, com um comportamento afável e acessível, fez o possível para apresentar-se como uma pessoa franca e despretensiosa. É professor secundário em Flushing, Queens, onde sempre viveu, e nunca obteve (a rigor, nunca tentou muito) acesso aos altos mundos acadêmico, jornalístico ou literário habitados pela maioria dos biógrafos literários. Como o judeu fascinado por saber quem mais é judeu, Butscher é obcecado pela questão de saber quem mais tem pais ou avós de classe média baixa ou da classe trabalhadora. Em Olwyn Hughes, julgou ter encontrado uma confortável companheira de condição "judaica", com quem não precisava usar nenhuma afetação. E falou-me sobre ela com uma espécie de maldade afetuosa: "Gostei de ter conhecido Olwyn. Depois de passar muito tempo entrevistando um bando de *Wasps* em Massachusetts, estava ansioso por alguma vulgaridade, por um modo mais cafajeste, à maneira do Queens, de abordar o mundo do poder. É por isso que não tenho os sentimentos negativos habituais em relação a ela. Eu curto muito Olwyn".

Clarissa Roche, porém, não curtiu Butscher nem um pouco quando ele a visitou em sua casa. "É uma coisa incomum, mas não o convidei para passar a noite aqui", contou a Frances e a mim.

> Tratei-o com toda a decência, mas não consegui levá-lo a sério. Fui embora dos Estados Unidos em 1956 e sei que houve grandes mudanças por lá, mas não dava para acreditar que aquele homem fosse um estudioso. E então recebi uma carta dele dizendo que ele não tinha ligado o gravador e me perguntando se eu podia escrever contando tudo que eu dissera. É claro que não atendi. Depois, anos mais tarde, ele tornou a escrever. Nessa época, eu estava reformando a casa e mudando todas as janelas, tinha cismado de mandar tingir um tapete de verde-escuro — quase preto — e descobrira que é possível mandar tingir tapetes de qualquer cor na Wilton. Na carta, Butscher me pedia para escrever um texto para sua antologia e me ofereceu exatamente a quantia de que eu precisava para mandar tingir o meu tapete. E eu aceitei.

Clarissa contou que tinha começado a escrever um texto longo sobre Sylvia Plath, mas que "meses e meses se passavam sem que eu fizesse nada". Inclusive, disse ela, tinha ido duas vezes a um hipnotizador para tentar recuperar mais memórias sobre Sylvia Plath e Ted Hughes, mas sem sucesso. Ao longo de toda a tarde, senti nela o desejo de ser tão generosa com suas memórias de Sylvia e Ted quanto era com sua casa e sua comida, mas enquanto a casa e a comida eram substanciais, suas memórias eram muito exíguas. Acabou reduzida a me apresentar fragmentos sem substância de histórias que refletiam sua antipatia por Hughes. "Quando Sylvia lecionava no Smith College, Ted era aceito mais ou menos por causa dela", contou

Clarissa. "Ninguém desgostava dele, mas ele não era praticamente ninguém."

"Mas era bonito, não era?", perguntou Frances.

"Eu entendo como algumas pessoas podiam achar que era. Mas eu nunca achei."

Deixamos a mesa e voltamos para perto do fogo já quase extinto. Clarissa ficou olhando para as brasas e contou uma história; não ficou claro se a tinha ouvido de Elizabeth Sigmund ou de Y., uma amiga de Elizabeth com quem Ted andara saindo antes de seu casamento com Carol. "Ted apareceu na casa de Y. — tinha atropelado uma lebre — e foi para a cozinha prepará-la. Ficou lá por muito tempo e finalmente Y. abriu a porta. A lebre estava toda espalhada na mesa e ele tinha uma expressão enlouquecida e demoníaca nos olhos. E Y. me contou que quando ele levantou a cabeça e olhou para ela estava" — e aqui Clarissa fez uma pausa e abaixou a voz — "*salivando*. E Y. não seria capaz de inventar uma história dessas."

3.

No dia 18 de março de 1991, um mês depois de chegar a Nova York de volta da Inglaterra, escrevi uma carta a Jacqueline Rose:

Cara Jacqueline

Houve um momento durante nossa conversa de fevereiro que foi como um desses momentos de uma sessão de análise em que o ar fica repentinamente carregado de eletricidade e o que dispara a fagulha é algum gesto pequeno, casual e irrefletido de um dos interlocutores. Quando você me mostrou o trecho da carta de Ted Hughes sobre a crítica literária, os vivos e os mortos, e eu falei da frase que não vira na cópia de Olwyn da mesma carta, houve (e estou interessada em saber se essa descrição também serve para a sua experiência) um espessamento quase palpável da atmosfera emocional. Você percebeu que tinha mostrado inadvertidamente uma coisa que julgava não poder me mostrar, e isso deixou nós duas bastante perturbadas. Quando recapitulei mais tarde esse momento, em termos freudianos, pareceu-me que havia duas questões em jogo: a questão dos segredos e do conhecimento proibido e uma espécie de rivalidade entre irmãs (a imagem de duas mulheres disputando alguma coisa — um homem?). Além disso, esse momento suscitou a questão do lugar da moral no discurso pós-estruturalista. Valorizamos a dúvida e aceitamos a ansiedade da incerteza — mas também temos noções muito definidas do que seja certo ou errado. Você achou imediatamente errado me "dar" o que lhe tinha sido "dado" por Ted Hughes. Quando me pediu para não citar a frase que eu não devia ter visto, usou a palavra "eticamente". Mas será que a própria noção de ética não implica um padrão, uma norma, um cânone de comportamento aceitável? E não haverá alguma incoerência entre a sua posição como teórica literária pós-estruturalista e sua atenção para com as exigências da vida no mundo enquanto pessoa dotada de escrúpulos morais? Finalmente (e para chegar logo ao ponto de nossos respectivos empreendimentos plathianos), será que esse pequeno incidente de supressão não reproduz de certa forma as supressões maiores praticadas pelos irmãos Hughes? Depois de ter visto a frase, poderei deixar de tê-la visto?

Nunca recebi — e nem esperei receber — resposta a essa carta, porque nunca cheguei a enviá-la. Depois de relê-la, escrevi no alto "Carta não enviada", e a guardei numa pasta.

O gênero das cartas não remetidas poderia se prestar a um estudo compensador. Todos contribuímos para ele, e os arquivos literários estão cheios de exemplos. No arquivo de Sylvia Plath na Biblioteca Lilly, por exemplo, há várias cartas que Aurelia Plath nunca chegou a enviar a Hughes — cartas em que se permitia dizer o que depois decidiu não poder permitir-se mais. Mas ela preservou as cartas com todo o cuidado e as incluiu no material entregue ao arquivo. E o aspecto mais interessante da carta não remetida é justamente o fato de ser preservada. Escrever uma carta e não remetê-la é coisa que não chama a atenção (muitas vezes escrevemos cartas que depois jogamos fora), o que já não ocorre com o gesto de guardar a mensagem que não temos a intenção de enviar. Guardar a carta, no fim das contas, não deixa de ser uma forma de "enviá-la". Não estamos desistindo da ideia ou arrependidos do que escrevemos por ser uma bobagem sem valor (como ocorre quando rasgamos a carta); ao contrário, neste caso damos a ela um voto de confiança adicional. Na verdade, estamos dizendo que nossa ideia é preciosa demais para ser confiada aos olhos do destinatário — que pode deixar de perceber seu valor — e por isso a "enviamos" a seu equivalente na fantasia, que com certeza há de compreendê-la e lê-la com a devida atenção. Como ocorreu entre Anne Stevenson e Olwyn, fiquei tentada com a ideia de obter a colaboração de

Jacqueline Rose para produzir um relato sobre o momento que surgiu entre nós duas a partir da leitura da carta de Ted Hughes. Mas temi que ela não entendesse a cena da mesma forma como eu a entendia, que ela me dissesse que sua experiência daquele momento fora totalmente diversa e que era uma ousadia de minha parte querer atribuir-lhe motivações e sentimentos que ela não tinha. E por isso rasguei o envelope aéreo que lhe endereçara. Mas não a própria carta, e agora, quando vou retirá-la de seu lugar de hibernação, ocorre a minha mente a lembrança de que alguns dos primeiros romances ingleses tinham a forma de trocas de cartas.

O momento com Jacqueline Rose que tanto me afetara e me levou a escrever minha ficção epistolar ocorreu no meio de uma conversa que tive com ela em seu belíssimo apartamento, em West Hampstead, poucos dias depois de chegar a Londres de volta de Devon e Somerset. Fui recebida por uma mulher baixa e atraente de pouco mais de quarenta anos, usando uma saia curta e justa e um suéter, com o rosto emoldurado por uma imensa quantidade de cabelos louros cuidadosamente desalinhados e rodeada, toda ela, por uma espécie de nimbo de autocontrole. O fato de ser adepta de uma teoria crítica cujos valores mais altos são a incerteza, a ansiedade e a ambiguidade era uma faceta curiosa mas de certa forma neutra de suas formidáveis clareza, segurança e certeza. Durante nosso encontro, seu comportamento foi cativante — nem amigável e nem distante demais — e numa escala de como as pessoas devem se comportar com jornalistas eu lhe daria grau 9,9. Ela entendia a natureza da transação — sabia que era uma transação — e já tivera o cuidado de separar a medida exata do que tinha a me dar em troca do benefício da entrevista. Na maioria das entrevistas, tanto entrevistado quanto entrevistador dão mais que o necessário. Estão sempre se deixando seduzir e distrair pela semelhança superficial entre a entrevista e um encontro amigável normal. A refeição que muitas vezes reveste a entrevista, para suavizar as arestas; os hábitos da conversa fiada; os reflexos conversacionais, graças aos quais as perguntas são obedientemente respondidas e os silêncios preenchidos com toda a pressa — tudo isso desvia os interlocutores de seus respectivos desejos e objetivos. No entanto, Jacqueline Rose nunca — ou quase nunca — esqueceu ou me deixou esquecer que não éramos duas mulheres travando uma conversa amigável em torno de uma xícara de chá e um prato de biscoitos, mas participantes de um exercício especial e artificial de influência e contrainfluência sutil, com uma tendência antagônica implícita.

Jacqueline Rose leciona literatura inglesa na Universidade de Londres, e agora, como se falasse a uma turma de alunos, fez-me um relato preciso e sucinto dos acontecimentos que a levaram a tornar públicas suas tratativas com os herdeiros de Sylvia Plath. "Procurei os melhores conselhos legais sobre a questão das citações e permissões", contou ela. "Eu tinha acompanhado os acontecimentos nos casos de Linda Wagner-Martin e Anne Stevenson, e sabia que essa área era potencialmente complicada. Depois de terminar uma primeira versão do meu livro, no início de 1990, escrevi a Olwyn Hughes pedindo-lhe permissão para usar os quatro poemas que cito na íntegra, e Olwyn deu a permissão numa carta muito simpática." Mas quando Jacqueline Rose, obedecendo a novos conselhos de seus advogados, enviou seus originais para os irmãos Hughes, todos os sorrisos cessaram. Embora seja uma crítica de prestígio, muito original, aos olhos dos irmãos Hughes, Jacqueline Rose era apenas mais uma a juntar-se à matilha dos perseguidores e torturadores de Ted Hughes, e os dois se opuseram à publicação de *The haunting of Sylvia Plath* com a habitual — ferocidade desastrada. Primeiro, tentaram revogar a permissão para a citação dos quatro poemas, e depois, quando isso fracassou ("Legalmente, depois de concedida, a permissão passa a valer como um contrato, e eu já tinha pago por ela", contou-me Jacqueline Rose), tentaram convencê-la a fazer mudanças em seu texto. O que ficou atravessado na garganta dos irmãos Hughes (e ela esperava que ficasse) foi um capítulo chamado "O arquivo", que ela descreve como "uma leitura — necessariamente especulativa — dos cortes praticados na obra de Sylvia Plath" e onde ela estuda com um olho muito crítico as partes eliminadas das cartas e dos diários. Também ataca *Bitter fame* com alguma violência: caracteriza o livro como "uma espécie de *cause célèbre* no gênero da biografia abusiva", e se associa a Alvarez para protestar contra a severidade com que o livro trata Sylvia Plath, contrastando com sua complacência em relação a Hughes. Nos termos da teoria pós-estruturalista, Jacqueline Rose defende a suspensão de toda e qualquer certeza quanto ao que aconteceu e, com ela, do julgamento e da atribuição de culpas. "Não estou nem um pouco interessada no que aconteceu entre Sylvia Plath e Ted Hughes", disse-me ela. "Minha posição é de que no final só fica um emaranhado de pontos de vista divergentes e que se tentarmos dar-lhe algum sentido só podemos fatalmente errar, numa ou noutra direção. Precisamos viver com a ansiedade que essa incerteza produz. Não adianta tentar resolvê-la depressa demais." Em seu livro, Jacqueline Rose escreveu a respeito de *Bitter fame*: "Um dos efeitos mais estranhos produzidos pela leitura deste livro, especialmente se já tivermos lido o texto integral das cartas e dos diários, é que tudo torna impossível saber em quem se deve acreditar". (Na verdade, *é só* se tivermos lido a íntegra das cartas e dos diários — ou se tivermos sido alertados de algum outro modo quanto ao caráter controvertido da narrativa sobre Sylvia Plath e Ted Hughes — que *Bitter fame* parece estranho. O leitor leigo, que só sabe o que lhe conta a biógrafa, lê o livro, como lê qualquer outra biografia, num estado de equanimidade bovina.) E Jacqueline Rose continua a desenvolver seu argumento:

> Como uma criança envolvida num caso terrível de divórcio entre seus pais, tudo que foi escrito sobre a vida de Sylvia Plath, tanto por ela própria quanto pelos que a conheceram, torna imperioso para cada um de nós — e ao mesmo tempo nos impossibilita — escolher um lado. Em quem devemos acreditar? Como podemos saber? Qual é a verdade do caso? Por trás do interesse próprio dos protagonistas, desenrola-se um drama sobre os limites e os fracassos do conhecimento e do autoconhecimento.

Podemos tentar chegar a uma sentença decisiva, como ocorre nos casos de divórcio, mas só se aceitarmos as formas falsas e nocivas de certeza pelas quais essas sentenças são tão famosas.

O que Jacqueline Rose deixa fora de seu relato (e seus colegas da academia deixaram fora do relato em seus textos ansiosos e retorcidos sobre outro terrível caso de divórcio, o de Paul de Man e seu jornalismo de tempos de guerra) é a impossibilidade psicológica, para um escritor, de deixar de escolher um dos lados. "Torna imperioso para cada um de nós", sim. Mas "nos impossibilita", não. Na falta de alguma certeza "falsa e nociva", é humanamente impossível escrever sobre qualquer assunto. Como o assassino, o escritor precisa de um motivo. O livro de Jacqueline Rose é movido por uma revigorante hostilidade contra Ted e Olwyn Hughes. Sua verve e sua energia derivam da certeza fria com que ela apresenta (em nome da "incerteza" e da "ansiedade") sua acusação contra os irmãos Hughes. No capítulo do "Arquivo", suas acusações contra Hughes por seu "trabalho de edição, controle e censura" chegam a um clímax de virulência. Se Jacqueline Rose não tivesse conseguido de fato escolher um dos lados, seu livro não teria sido escrito; ele não valeria o trabalho que deu para escrever. O ato de escrever não pode ocorrer num estado de ausência de desejo. A pose de equanimidade, a farsa do equilíbrio, a adoção de uma postura de distanciamento nunca pode ser mais que um ardil retórico; se fossem genuínas, se o escritor *realmente* não se importasse com a maneira como as coisas acabam acontecendo, não se incomodaria em representá-las.

Jacqueline Rose é a *libber* em quem os irmãos Hughes finalmente encontraram uma adversária à altura, uma oponente séria e valorosa que não podia ser simplesmente descartada com desprezo. Em *The haunting of Sylvia Plath*, ela fala em defesa da poetisa morta e contra Ted Hughes de um modo que nenhum escritor jamais falou. Objeta não apenas aos cortes feitos por Hughes nos diários e nas cartas, mas também a sua maneira de apresentar Sylvia Plath como uma poetisa de alta arte e *Ariel* como a pequena pepita de ouro extraída do filão bruto de uma vida de escritora dolorosamente desperdiçada. Jacqueline Rose rejeita a distinção entre a arte alta ou baixa, entre a produção literária boa ou má, entre identidades "verdadeiras" e "falsas", em que se baseia a visão de Hughes. A seu ver, os contos escritos para as "revistas lustrosas" (como Sylvia Plath as descreve para sua mãe) não merecem menos estudo que os poemas de *Ariel*. Para ela, não há "refugo". Todos os escritos de Sylvia Plath são preciosos; todos os gêneros em que escreveu, todas as vozes que assumiu — e todas as vozes que zumbem em torno dela desde a sua morte — são bem-vindas na algazarra da consciência pós-modernista de Jacqueline Rose.

The haunting of Sylvia Plath é uma realização brilhante. O arcabouço de ideologia desconstrutiva, psicanalítica e feminista a partir do qual a autora constrói sua polêmica contra os irmãos Hughes empresta a seu livro uma alta refulgência intelectual. Há quase oitocentas notas de pé de página. O leitor fica atarantado, excitado, um tanto intimidado. Os irmãos Hughes, porém, ficaram furiosos; só ouviam a ária condenatória de Jacqueline Rose. Só conseguiam captar a nota de hostilidade que a própria autora evidentemente deixava de perceber — e que talvez só eles, na qualidade de objeto de suas críticas, pudessem ouvir plenamente. Numa carta a Anne Stevenson, Olwyn conta como se sentiu ao se ver atacada no livro de Jacqueline Rose: "Eu não sei se você tem ideia de como é imensamente desagradável abrir originais como os dela e encontrar aquela onda de malevolência — vinda de uma pessoa de quem você nunca ouviu falar".

Como o leitor sabe, eu também escolhi um lado — o dos irmãos Hughes e Anne Stevenson — e também recorro a minhas simpatias e antipatias em apoio de minha escolha. Minha narrativa sobre Rose tem espinhos; minha tesoura folheada de prata resiste a custo à tentação de podá-la. Em outro contexto — ou seja, se eu tivesse lido *The haunting of Sylvia Plath* como um livro sobre um tema em que não investi coisa alguma —, ele não teria despertado em mim nada além de admiração, já que tendo a apoiar os novos teóricos da literatura em seu debate com os tradicionalistas. Mas no debate Plath-Hughes minha simpatia está com os irmãos Hughes, e assim, como um advogado apresentando uma defesa que sabe ser fraca mas ainda assim considera justa por alguma razão obscura, eu me encouraço para resistir aos atrativos da testemunha mais forte e plausível da oposição.

Em seu apartamento, depois de terminar seu relato sobre os problemas criados pelos irmãos Hughes quanto ao capítulo do "Arquivo", Jacqueline Rose serviu o chá e decidiu falar de "outra área de conflitos com os herdeiros", que segundo ela era "pelo menos igualmente interessante". Esta área era um capítulo de seu livro chamado "Não há fantasia sem protesto", centrado na leitura de um poema de Sylvia Plath, "The rabbit catcher". Ted Hughes ficou violentamente contrariado com essa leitura e pediu a Rose que a eliminasse. Ela não esperava que Hughes ficasse satisfeito com seu capítulo sobre o "Arquivo", mas estava totalmente despreparada para suas objeções à leitura de "The rabbit catcher," que nada dizia contra ele e, na verdade, atacava a habitual leitura feminista do poema como uma parábola da dominação das mulheres pelos homens — com as armadilhas que a narradora encontra durante um passeio no campo sendo vistas como a cilada que é o casamento convencional para as mulheres — e como um comentário direto ao casamento da própria Sylvia Plath. Rose apresenta uma leitura alternativa, que percebe uma fantasia de androginia nas imagens fascinantes e enigmáticas do poema. Embora nenhum comentarista jamais tenha encontrado essa fantasia antes — e é duvidoso que a própria Sylvia Plath tivesse consciência dela —, a leitura de Jacqueline Rose não parece exagerada no clima corrente de aceitação da homossexualidade tanto praticada quanto imaginada; a componente bissexual da sexualidade humana é um lugar-comum do pensamento pós-freudiano. Mas para Ted Hughes — e talvez para toda a nação inglesa pré-freudiana — a ideia de uma identidade sexual instável era inaceitável, e a sugestão de que Sylvia Plath pudesse ter pensado em coisas do tipo sexo lésbico (quanto mais praticá-lo) pareceu-lhe uma aberração inimaginável. Falo com tanta segurança por Hughes porque ele tornou públicas suas opiniões numa carta escrita em resposta a uma carta de Rose publicada no *Times Litterary Supplement* de 10 de abril de 1992. Em sua carta, Hughes fala de maneira comovente, embora espantosa, sobre sua preocupação com o efeito injurioso que a leitura de "The rabbit catcher" feita por Rose poderia produzir em seus filhos (que hoje têm mais de trinta anos). "A professora Rose distorce, reinventa etc. a 'identidade sexual' de Sylvia Plath com uma leviandade que me parece incrível — apresentando-a num papel que me pareceu intensamente humilhante para os filhos de Sylvia Plath", escreveu ele, e continuou:

> Tentei fazer a sra. Rose imaginar os sentimentos deles, encontrando seu livro (como eu o encontrei) na casa de um amigo e presumindo no mesmo instante que seu amigo agora passara a cultivar em relação à mãe deles as ideias que a professora Rose lhe ensinou [...].
>
> Tendo-lhe apresentado esse raciocínio, não vi como a sra. Rose poderia deixar de perceber imediatamente o tipo peculiar de sofrimento que momentos deste tipo provocam — o golpe surdo e diminuto de uma coisa semelhante ao desespero, a raiva impotente e a vergonha pela mãe, o pequeno envenenamento da vida, a fúria amarga mas inútil contra a pessoa que lhes cravou essa farpa só por diversão. E o acúmulo infinito de momentos como este, porque o livro de Jacqueline Rose já se instalou nas bibliotecas universitárias e suas ideias vão-se infiltrando em todos os livros subsequentes sobre a mãe deles.

Hughes faz com que o texto de Rose pareça tão indizível e inimprimível que eu só posso me apressar em citar a passagem ofensiva ou inofensiva (seja como for), para que o leitor possa decidir por si mesmo. Diz respeito às duas primeiras estrofes de "The rabbit catcher", que são assim:

Era um lugar de força —
O vento amordaçando minha boca com meus próprios cabelos,

Arrancando a minha voz, e o mar
Cegando-me com suas luzes, as vidas dos mortos
Desenrolando-se nele, espalhando-se como óleo.

Senti o sabor da malignidade do tojo,
Seus espinhos negros,
A extrema-unção de suas flores amarelas em forma de velas.
Tinham uma eficiência, uma grande beleza,
E eram extravagantes, como a tortura.*

Em seu capítulo "Não há fantasia sem protesto", escreve Jacqueline Rose sobre estes versos de abertura:

Pois a sexualidade que descrevem não pode ser contida num só lugar — espalha-se, cega, esparrama-se como o óleo no mar. Com mais franqueza, o vento soprando, o amordaçamento, evocam a imagem do sexo oral e imediatamente a invertem, sufocando a narradora com seus próprios cabelos soprados pelo vento, seus cabelos em sua boca e o sabor de tojo que ela sente (Que corpo — masculino ou feminino — será este? Quem — homem ou mulher — sente o sabor de quem?), mesmo quando os "espinhos negros" e as "velas" funcionam para dar apoio à distribuição mais óbvia dos papéis sexuais em sua devida posição. Para Freud, fantasias como esta, estes pontos de incerteza, são os subtextos inconscientes corriqueiros — para todos nós — da leitura mais retilínea, das narrativas mais óbvias de identidade sexual estável que costumamos escrever.

À beira de sua mesa de chá, Jacqueline Rose continuava seu relato coerente de sua disputa com Ted Hughes em torno de sua

---

* No original, "*It was a place of force —/ The wind gagging my mouth with my own blown hair,/ Tearing off my voice, and the sea/ Blinding me with its lights, the lives of the dead/ Unreeling in it, spreading like oil.// I tasted the malignity of the gorse,/ Its black spikes,/ The extreme unction of its yellow candle-flowers./ They had an efficiency, a great beauty,/ And were extravangant, like torture*". (N. T.)

197

leitura de "The rabbit catcher". E disse: "Em minhas comunicações com Hughes, eu disse — e torno a dizer a mesma coisa vezes sem conta em meu livro — que não estava falando de modo algum da identidade sexual vivida por Sylvia Plath no mundo, da qual eu nada sei. Só estava discutindo a fantasia. Mas ele respondeu que essa distinção não é viável, porque a fantasia diz respeito a aspectos muito íntimos da vida dela. É verdade que é íntima e pessoal. Mas se não pudermos falar das fantasias numa discussão dos textos literários de Sylvia Plath não podemos falar de Sylvia Plath. Porque é sobre isso que ela escreve. Sobre a psique e as imagens interiores. Lindas imagens interiores de dificuldade e dor — imagens que na minha opinião têm a ver com todos nós. Não aceito a leitura segundo a qual essas imagens são uma prova de sua patologia. Não estou interessada em saber se ela era patológica ou não. Acho que ninguém sabe, e só podemos fazer afirmações do tipo 'ela era patológica' se estivermos absolutamente seguros de nossa própria sanidade, o que considero uma posição moralmente inaceitável".

Perguntei a ela se Ted Hughes tinha elogiado outras partes de seu livro. "Não", respondeu ela. E acrescentou, permitindo que uma nota de amargura aparecesse em sua voz: "Hughes escreveu um artigo em que fazia críticas pesadas à leitura que Ronald Hayman faz de um dos poemas de *The colossus*. Disse que esse tipo de interpretação literal seria vista como piada numa sala de aula. E então eu pensei — tolamente, como depois percebi — que ele poderia demonstrar algum reconhecimento do valor das leituras mais complexas que eu faço dos poemas. Mas não recebi nenhuma apreciação positiva de Ted Hughes ou de Olwyn Hughes".

Mencionei que eu estivera com Olwyn poucos dias antes e ela perguntou: "E o que foi que ela lhe disse sobre o meu livro?". Eu contei o que ela já sabia — que Olwyn não gostara —, e quando ela me pressionou, pedindo mais detalhes, citei o trecho da carta de Hughes que Olwyn me dera para ler no restaurante indiano.

Ela me olhou com ar surpreso. "O trecho que fala do que os críticos literários fazem com os vivos e os mortos?", perguntou.

"Sim."

Jacqueline Rose ficou sentada algum tempo em silêncio, pensando. Depois saiu bruscamente da sala, dizendo por cima do ombro: "Quero ver se é a mesma carta". Voltou com uma folha de papel e me entregou. Eu olhei para o papel e disse: "Sim, é isso mesmo. É um ponto de vista interessante, não acha?".

"É um argumento contra o direito à crítica", respondeu ela. "Esta frase sobre a maneira como os críticos reinventam os vivos — 'Estendem aos vivos a licença de dizer o que quiserem, esquadrinhar sua psique e reinventá-los da forma que lhes aprouver'. Implica duas coisas. Primeiro, que eu dê a entender que estou de posse *da* verdade sobre as vidas deles — o que eu nunca disse — e, segundo, que eles próprios estejam de posse dela e que toda interpretação além da deles é uma violação desta verdade singular."

"Posso olhar de novo?", perguntei, estendendo a mão para o papel a fim de acompanhar melhor a discussão.

"Claro. Quer dizer, no fim das contas essa visão não deixa espaço para a crítica literária. E pode ser isso que Ted Hughes quer dizer. O que não deixa de ser muito interessante. Mas também significa que não existe espaço na nossa cultura para a leitura, a releitura, a interpretação e a discussão dos significados. As implicações desta ideia são realmente extraordinárias."

"Mas aqui há uma frase que eu não tinha visto antes. É incrível", disse eu, levantando os olhos do papel que tinha nas mãos. "Não estava na versão que Olwyn me mostrou: 'A srta. Rose achou que estava escrevendo um livro sobre uma escritora morta trinta anos atrás e parece ter desconsiderado, como eu digo, que acabou escrevendo um livro que é em grande parte sobre mim'."

E Rose respondeu muito depressa: "Acho que você não pode citar isso sem pedir licença a Ted Hughes. Poderia criar um problema legal". (Mais tarde, eu de fato pedi e recebi permissão para citar a frase.) "E, na verdade, eu não teria mostrado a você se não fosse para verificar o trecho que Olwyn deu a você." Em seu desconcerto, Jacqueline Rose adotara uma sintaxe mais coloquial: "fosse para verificar" era uma fórmula incomum em sua fala bem construída de conferencista.

Comecei a dizer mais alguma coisa sobre a importância daquela frase — como ela afetava o sentido de todo o trecho — e Rose, numa atitude novamente nada característica, me interrompeu. "É, eu sei", disse ela. "Mas é complicado. Acho que eu não devia lhe mostrar as comunicações que recebi de Ted e Olwyn Hughes. Foram endereçadas a mim. Não se destinavam à circulação pública. Só lhe mostrei porque Olwyn Hughes também lhe mostrou um trecho de uma carta dirigida a mim, certo? E acontece que você viu uma frase a mais. Acho que isso é uma área complicada, do ponto de vista ético. E peço a você para não citar essa frase." Pensou um pouco e acrescentou: "É, acho que é isso que eu devo pedir".

Foi este, assim, o "momento" carregado de que falo na carta que não enviei. Estou contando o que aconteceu com base numa fita gravada, que preservou as palavras trocadas por Rose e eu mas não capturou a linguagem do rosto e do corpo por meio da qual nós todos nos comunicamos e que às vezes revela o que não nos atrevemos a colocar em palavras. Os escritores desconstrutivos usam a palavra "aporia" para se referir a um ponto no texto que apresenta uma dificuldade inesperada ou um impasse, um trecho que não é claro para as abordagens costumeiras, lógicas e frontais do leitor que busca a compreensão. Rose e eu chegamos a uma aporia em nosso encontro — uma coisa inesperada e complicada ocorrera. Lembro de ter sentido que ela e eu estávamos lutando por alguma coisa — travando um combate em torno de algo central e inaceitável —, mas hoje, dois anos depois, muito do que ocorreu entre nós duas não deixou nenhum vestígio objetivo e não tenho mais a convicção — que já tive — de que Jacqueline Rose e eu estávamos duelando por Ted Hughes. Como biógrafa, só tenho a evidência dos textos — neste caso, o texto "ficcional" da carta que não enviei e o texto "factual" de minha fita gravada — para me conduzir em minha narrativa. Não são guias que me pareçam muito confiáveis.

Em seu texto sobre Sylvia Plath em Cambridge, Jane Baltzell Kopp (a moça que zombou de suas malas Samsonite) conta um incidente que, de certa forma, deixa de produzir o efeito pretendido. Jane Kopp conta ter ficado perplexa com a fúria de Sylvia Plath quando esta descobriu que os cinco livros que lhe emprestara foram devolvidos com novas marcas traçadas a lápis além dos riscos a tinta com que sublinhava algumas passagens. Jane Kopp parece não perceber o crime que cometeu ao riscar um livro emprestado; conta que Sylvia Plath exclamou: "Mas, Jane, como é que você *pôde* fazer isso?", e acha essa reação estranha. Sylvia Plath, por sua vez, achou a atitude de Jane suficientemente ultrajante para mencioná-la numa carta a sua mãe e numa entrada subsequente de seu diário: "Fiquei furiosa, sentindo que meus filhos haviam sido violados, ou surrados, por um estranho". A biografia pode ser comparada a um livro em que um estranho faz seus rabiscos. Depois que morremos, nossa história passa às mãos de desconhecidos. O biógrafo não se vê como alguém que toma essa vida emprestada, mas como seu novo proprietário, com o direito de escrever e sublinhar onde quiser. Jane Kopp afirma que foram os próprios sublinhados de Sylvia que a "encorajaram" a fazer "algumas marcas a lápis". (Na versão de Sylvia Plath, Kopp escrevinhou em "todos" os cinco livros.) Outros escritores que falaram de Sylvia Plath julgaram (consciente ou inconscientemente) ter recebido o mesmo tipo de permissão, como se lhes tivessem dado o direito de ousar, até mesmo de forma delirante, em questões nas quais normalmente seriam cautelosos e procurariam agir com delicadeza. Na "explosão catártica" de Sylvia Plath (como ela a descreveu em seus diários), ela acabou submetendo Jane Kopp, obrigando-a a se pôr de joelhos e apagar de forma humilhante todas as marcas dos livros. A contrariedade de Ted Hughes em relação à sujeira que os vários novos donos fizeram no livro que antes era só seu e de Sylvia Plath — mas que a morte e a fama desta, além de sua própria fama, arrancaram impiedosamente de suas mãos — é compreensível, mas seus esforços para tentar obrigá-los a limpar tudo só lhe causaram sofrimento; deixou de ser o único dono, não tem mais a última palavra. Sua tentativa de interferir na biografia de Linda Wagner-Martin deu a esse livro ligeiro um destaque e um interesse que de outra forma não teria; sua tentativa de interferir no estudo de Jacqueline Rose deu um impulso similar à divulgação desta obra mais substancial. Assim como Linda Wagner-Martin triunfou sobre Hughes (e Olwyn), alvejando-os com o relato de suas duras negociações com eles em seu prefácio, Jacqueline Rose, no prefácio *dela*, com o ar de compostura adequado a essas ocasiões, exibe com toda a calma, um a um, os quatro ases que os irmãos Hughes entregaram em suas mãos:

> Na correspondência com os irmãos Hughes, esse livro foi chamado de "maligno". Disseram a seu editor que jamais seria publicado. Num certo momento, foi feita a tentativa de revogar permissões antes concedidas para citar os escritos de Sylvia Plath. Pediram-me que eu eliminasse minha interpretação de "The rabbit catcher", e quando eu recusei Ted Hughes me disse que minha análise seria daninha para os filhos (hoje adultos) de Sylvia Plath e que especulações do tipo que ele julgava serem as minhas sobre a identidade sexual de Sylvia Plath serviriam, em certos países, de "justificativa para um homicídio".

O livro de Jacqueline Rose foi lançado na Inglaterra em junho de 1991, sob aclamação quase universal. Sobre ele saíram artigos substanciais e quase totalmente elogiosos no *Times Litterary Supplement* e na *London Review of Books*, escritos respectivamente por Joyce Carol Oates e Elaine Showalter. Na imprensa diária inglesa, foi resenhado junto com o livro de Ronald Hayman, *The death and life of Sylvia Plath*, que (felizmente para Rose) fora lançado na mesma época; a pouca profundidade do livro de Hayman só fez realçar a seriedade acadêmica do livro de Jacqueline Rose, e vários críticos se apressaram em estruturar seus artigos em torno dessa disparidade. A dificuldade dos irmãos Hughes com essa distinção bem pode ser imaginada. Fiquei condoída, embora soubesse que a distinção era justa, além de toda e qualquer discussão.

Depois de minha volta a Nova York, em fevereiro, Olwyn, nas cartas e em conversas telefônicas, continuou a manifestar sua contrariedade com o livro de Rose. "O livro faz tudo para mostrar Ted como um monstro", disse-me ela numa ocasião. "Ela vê pensamentos maquiavélicos em tudo — pensamentos que eu lhe garanto nunca terem existido. Não há nada de interessante e nem de inteligente em todo o livro. Ela é estruturalista, é feminista, é sabe lá o quê. Você esteve com ela?"

Eu disse que sim.

"E como ela é? Tem quatro olhos?"

"É uma mulher muito atraente, muito precisa e segura de si."

"Inglesa ou americana?"

"Inglesa."

Houve uma longa pausa; era evidente que Olwyn preferia que Jacqueline Rose fosse americana. E tornou a falar: "A maneira como ela fala da vida sexual de Sylvia — é incrível, é difamatória".

"Ninguém pode difamar os mortos", disse eu.

"Mas de certa forma aquele trecho difama todo mundo. Difama Ted, difama Carol, difama toda mulher que já tinha tido alguma coisa com ele."

"Isto está ficando complicado demais", disse eu.

"É espantoso. É uma coisa tão mal-intencionada, tão nociva. E ainda falam da *minha* maldade, por negar permissão a esses anjos para citar os textos de Sylvia. O que é que eu posso fazer? Deixar todo mundo citar o que quiser e deixar os mitos ficarem cada vez mais delirantes — ou tentar corrigir, como eu faço?"

A tentativa que Olwyn fez para corrigir Jacqueline Rose — num documento de vinte páginas datilografadas em espaço um com o título de "Notas ao ms. de Rose — *The haunting of Sylvia Plath*" — só fez jogar mais lenha na fogueira desconstrutiva da autora. Friamente, acrescentou as "Notas" de Olwyn às centenas de referências que menciona em suas notas de pé de página e cita em seu texto. O método de citação usado por Rose me lembra as cenas de prisão nos filmes históricos em que aristocratas e mendigos, mulheres virtuosas e prostitutas, homens honestos e ladrões são todos atirados na mesma cela e tratados pelos guardas com uma igualdade elaboradamente democrática. Em *The haunting of Sylvia Plath*, textos de Freud, Henry James, Ronald Hayman e de uma amiga de Aurelia Plath recebem a mesma ponderada atenção; as "Notas" de Olwyn e as cartas de Ted à autora são simplesmente tratadas como interessantes contribuições de última hora ao livro, e não como ataques raivosos contra ele. ("Achei seus comentários úteis, significativos e informativos, já que contribuíam para a discussão geral do livro e se incluíam nela", escreve Rose.) Em agosto de 1991 — com a pelagem untuosa e algumas penas ainda presas em torno da boca —, Rose me escreveu uma longa carta respondendo a algumas perguntas que eu lhe fizera (numa carta enviada) depois de ler a versão final de seu livro:

> Sobre a razão pela qual enviamos os originais aos irmãos Hughes. Nós (isto é, eu e a Virago) fomos legalmente aconselhadas a fazê-lo. Sabíamos que publicar um livro sobre Sylvia Plath era um processo difícil, e tanto o advogado da Virago quanto o meu acharam que enviar-lhes os originais era na verdade a maneira de assegurar a publicação final do livro. Ficaríamos sabendo da reação deles, da probabilidade de tomarem alguma iniciativa legal, e como reagir antecipadamente a essa possibilidade.

Eu também pedira a Rose que me explicasse um termo estranho, "entidades textuais", que ela usa em sua introdução. ("Neste livro, na análise dos escritos [de Sylvia Plath], nunca falo de pessoas reais, mas de entidades textuais (Y e X), cuja realidade mais que real, conforme explicarei, vai além delas e acaba incluindo a todos nós.") Respondeu-me que também neste caso agiu guiada por considerações de ordem jurídica. Os advogados a aconselharam a usar esse termo para impedir que Hughes viesse a processá-la, escreveu ela, e deu um exemplo: "Embora a violência seja um dos temas recorrentes dos textos de Sylvia Plath, eu não deduzo em momento algum que alguma violência tenha ocorrido entre eles. Fazê-lo teria sido legalmente difamatório e o livro poderia não ter sido publicado". E acrescenta: "O mais importante, de todo modo, é que eu jamais quis fazer essa sugestão, pois me parece que não tenho como sabê-lo e estou convencida de que a literatura é um campo para explorar tanto o que de fato ocorreu quanto o que não nos aconteceu mas — digamos — tememos ou desejamos".

Talvez não se possa prestar tributo maior à posição de Rose e à visão pós-estruturalista da literatura como uma espécie de sonho a cujo fundo ninguém (inclusive o sonhador-escritor) jamais consegue chegar, do que o prestado por Ted Hughes em sua carta de 24 de abril de 1992 ao *Times Litterary Supplement*, onde fala de seu espanto e desolação ao saber que Rose interpretara sua observação sobre o homicídio como uma ameaça. Na carta que ela própria escrevera ao *TLS*, Rose citara as palavras de Ted com indignação: "Ele me disse [...] que especular sobre a identidade sexual da mãe de alguém seria em alguns países 'justificativa para um homicídio'. Se isso não é pressão ilegítima (legalmente, não constitui — é claro que consultei os advogados da Virago — uma ameaça), eu gostaria de saber o que é". Hughes escreveu dizendo que sua intenção fora a de despertar sua "sensibilidade comum (e mesmo maternal)":

> Procurei muito algum exemplo histórico, alguma situação em que alguma coisa percebida como uma injúria extravagante, verbalizada e pública à "identidade sexual" da mãe de alguém tenha atingido seus filhos com uma dor que não fosse apenas violentamente real, mas que também estivesse registrada, documentada e pudesse ser aceita pela professora Rose. Deparei-me com o caso óbvio e resolvi pedir-lhe que imaginasse o que ocorreria se a "identidade sexual" da mãe local de alguém fosse publicamente interpretada (e publicada) da forma como ela interpretara a de Sylvia Plath numa das sociedades mediterrâneas tão regidas pelo orgulho e a honra.
>
> Eu estava tão exaustivamente empenhado em bater a sua porta, como descrevi, simplesmente para acordá-la, que nunca me ocorreu que ela pudesse sentir-se *ameaçada* [...].

Eu vinha tentando, com algum desespero e uma sensação de futilidade, fazê-la pôr a mão na consciência, mas o único efeito que consegui produzir, como ela vem agora revelar, foi levá-la a consultar seu advogado.

4.

O jogo continua. Os jogadores entram e saem da sala e, à medida que os anos vão passando, os irmãos Hughes parecem ficar mais acostumados com as condições precárias do cassino. Agora trabalham melhor; já não gerenciam mais o lugar como se fosse uma loja de doces. Olwyn desistiu da função de agente literária do espólio de Sylvia Plath, embora continue ativa como protetora feroz e desprendida do irmão. Escreve cartas aos editores e diz o que pensa aos jornalistas, "com sua franqueza de Yorkshire", comenta um deles. Quando, em resposta a acusações de que os herdeiros de Sylvia Plath vinham suprimindo material, ela escreveu uma carta ao *Times Litterary Supplement* dizendo que ela era a única responsável, sem o concurso de Ted Hughes, por "todo exercício de 'pressão'" sobre os biógrafos, os leitores quase podiam vê-la se interpondo mais uma vez para proteger Ted Hughes do tiroteio. Nas cartas que me escreveu e nas conversas telefônicas, alternava seus resmungos sobre a probabilidade de eu ter caído "sob a influência Roche-Sigmund" com o relutante reconhecimento da possibilidade de que eu não viesse a escrever as costumeiras "tolices cultistas". "Com essa gente, não se pode apelar para a humanidade, porque não têm nenhuma", disse ela durante um telefonema. "Não se pode apelar para sua compreensão mais ampla, porque também não têm. Não se pode apelar para sua boa vontade, porque seus futurozinhos e suas ambiçõezinhas dependem de sua *má vontade* — e então, o que fazer? Ninguém aguenta ser eternamente obrigada a apresentar canhotos de passagens de ônibus para provar a veracidade do que disse. É um insulto. É uma estupidez. Se as pessoas preferem acreditar nessas mulheres bobas e em suas histerias, que acreditem. Já não me incomodo mais." Aqui e ali, na parte final de sua correspondência, ela usava um tom mais suave e pessoal. Por exemplo, em 10 de dezembro de 1991, escreveu:

> Sylvia & eu: enquanto ela viveu, eu simplesmente a aceitava. Na maior parte do tempo era bastante agradável quando ela estava por perto. Era muito envolvida com Ted e estava sempre ocupada na máquina de escrever ou na cozinha, mas era engraçada e interessante no resto do tempo [...].
>
> Depois da morte dela, ficou claro que os poemas de *Ariel*, por mais maldosos que fossem, eram a obra de uma grande poetisa. Nunca duvidei disso. Então eu li os diários e simplesmente chorei por ela — era espantoso que toda aquela agonia pudesse se esconder por baixo de sua aparência fria e controlada. Achei *Letters home* de um profundo mau gosto, mas pelo menos conseguia compreender o tom das cartas — eu própria também me descobri escrevendo cartas muito artificiais, sobre as crianças, para Aurelia.
>
> Sempre esteve claro que Sylvia tendia a ser egoísta, era extremamente possessiva em relação a Ted e mantinha todos à distância. Mas muita gente tem defeitos de um tipo ou de outro. Meu sentimento geral era [de que] se eram felizes juntos (como sem dúvida foram a maior parte do tempo) era uma coisa com que se podia conviver.
>
> É evidente que, com toda a confusão criada pelos textos e as frases malévolas dela desde então, eu seria uma santa se de vez em quando não me irritasse com esse lado dela. Mas basicamente o que ela me inspira é tristeza [...]. Acho que era corajosa e precisava enfrentar um problema maior do que os que cabem à maioria de nós.

Trechos como esse me levaram a esperar que alguma ligação se manifestasse entre nós duas um mês depois, quando tornamos a nos encontrar. Mas o encontro — num restaurante de Camden Town — acabou sendo estranhamente frio, quase desagradável. Quando voltei a Nova York, Olwyn me escreveu:

> Fiquei deprimida com sua recusa obstinada a perceber, ao que tudo indicava, o que eu queria dizer quando falava da falta de abertura de Sylvia, que — pelo menos para mim — resultava na sensação de que eu a conhecia muito pouco [...]. E o conceito não me parece muito difícil de entender. E eu não era a única a me sentir assim — muitas pessoas que a conheciam melhor ou tão bem quanto eu fizeram comentários semelhantes [...].
> Ter suas palavras continuamente julgadas e submetidas à dúvida [...] é desagradável e frustrante.

O que desencadeara o ressentimento de Olwyn foram algumas observações que eu fizera sobre um homem chamado Ed Cohen, com quem Sylvia Plath se correspondera quando estava na universidade. Na Biblioteca Lilly, eu lera as cartas de Cohen para ela — e pegara um avião para Chicago a fim de entrevistá-lo. Cohen escreveu para Sylvia Plath depois de ler um conto dela publicado em *Seventeen*. Ela respondeu e foi-se desenvolvendo um (velado) namoro postal. E então, um dia, Cohen apareceu sem avisar no Smith College e o romance teve um fim abrupto. Não era evidentemente o tipo dela e ela não o tratou muito bem. Depois, a correspondência recomeça — ao que tudo indica, Cohen a desculpou por tê-lo rejeitado em pessoa e aceitou seu papel de Cyrano. Em Chicago, numa bela e descuidada casa de estuque do início do século, onde mora e mantém um comércio de aparelhos eletrônicos usados, Cohen me contou uma história estranha e complicada sobre como as cartas que Sylvia Plath lhe escrevera tinham desaparecido de um arquivo. Depois de ler a resenha de *Bitter fame* na *New York Times Book Review*, Cohen escreveu uma carta ao editor, publicada seis semanas mais tarde, em que se identificava como "amigo próximo e correspondente frequente de Sylvia Plath no começo da década de 50" e dizia: "Sylvia Plath era, pelo menos a partir do final da adolescência, na melhor das hipóteses o que os psiquiatras chamam de personalidade limítrofe". Durante minha entrevista com ele, Cohen também a qualificou de "maníaco-depressiva", "paranoide" e "praticamente qualquer outra coisa que você queira tirar do chapéu em matéria de rótulos psicológicos", acrescentando: "Ela deve ter sido uma pessoa de convívio muito, muito difícil". Quando contei a Olwyn meu encontro com Cohen, sugeri que seu "diagnóstico" sobre Sylvia Plath podia ser uma espécie de vingança pela rejeição com que ela o tratou, e lembrei outros homens que ela tinha rejeitado (um deles foi Peter Davison) e que, depois de sua morte, resolveram pronunciar-se sobre seus distúrbios de personalidade. Olwyn, com o radar sempre ligado para detectar opiniões cripto-*libbers*, compreendeu minha defesa de Sylvia Plath contra a mágoa de seus ex-namorados como um ataque a sua atitude e às suas posições. Escrevi logo uma resposta apaziguadora e nosso "desentendimento" foi superado. Retomamos nossa correspondência tranquila, estranha e aguerrida.

Uma figura muito profissional e impessoal da Faber & Faber, a editora de Hughes, é quem hoje cuida das permissões. Escreve notas secas aos suplicantes, dizendo-lhes que vai transmitir seus pedidos a Ted e Carol Hughes (o casal é tratado como uma entidade) e depois escreverá de novo quando receber uma resposta. Às vezes passa longos períodos sem receber nada. Depois de pedir as permissões para esse livro, juntei uma pasta de suas respostas breves e exangues. (Minhas negociações com os herdeiros foram tensas mas corretas e francas. Num primeiro momento, os Hughes reivindicaram o direito de ler a íntegra de meus originais como condição para permitirem que eu citasse textos sob seu controle. Achei a proposta inaceitável. Mais adiante, mudaram de posição e só pediram para ver os parágrafos que viriam imediatamente antes e depois das citações. Essa condição eu aceitei, e as permissões pedidas me foram concedidas nesses termos.) Formei uma imagem do sucessor de Olwyn que lembra um dos dois homens do poema "Death & Co." ["Morte & Cia."], de Sylvia Plath:

> *Aquele que nunca olha para cima, cujos olhos vivem encobertos*
> *E arredondados, como os de Blake,*
> *Que exibe*

*As marcas de nascença que são sua marca registrada —
A cicatriz da queimadura com água,
O nu
Azinhavre do condor.**

Alvarez lembra em seu texto de memórias que Sylvia Plath leu esse poema em voz alta durante a visita que ele fez ao apartamento dela na véspera de Natal e que ele "discutira estupidamente" com ela a imagem do condor. "Eu disse que era exagerada e mórbida. Ao contrário, respondeu ela, é uma descrição exata das pernas de um condor. E tinha razão. Eu só estava tentando, de modo fútil, reduzir a tensão e desviar seu espírito por um momento de seus horrores pessoais — como se isso pudesse ser feito com argumentos e críticas literárias!" Em meados de janeiro, conta Alvarez, Sylvia Plath lhe enviou um bilhete propondo uma visita ao zoológico com as crianças para ela poder mostrar-lhe o azinhavre nu do condor. Ele nunca respondeu.

---

* No original, "*The one who never looks up, whose eyes are lidded/ And balled, like Blake's,/ Who exhibits// The birthmarks that are his trademark —/ The scald scar of water,/ The nude/ Verdigris of the condor*". (N. T.)

5.

Ao meio-dia de um dia cinzento mas agradável de setembro de 1991, desci do trem na estação feia e modernizada de Bedford, uma cidade a uma hora de Londres, e descobri que Trevor Thomas, o homem que devia esperar a chegada do meu trem, não estava lá. Thomas era o terceiro membro do eixo anti-Hughes que incluía ainda Elizabeth Sigmund e Clarissa Roche. Foi ele a fonte da notícia sobre a festa com bongôs no apartamento de Sylvia Plath na noite de seu enterro (pela qual o *Independent* precisou pedir desculpas e cuja história ele próprio teve de retirar). Era ele o homem que morava no andar de baixo na Fitzroy Road e pode ter sido a última pessoa a vê-la com vida; conta ele que na véspera de seu suicídio Sylvia Plath apareceu em sua porta e pediu-lhe alguns selos emprestados. No texto de Alvarez, Thomas é a chave da teoria segundo a qual Sylvia Plath não pretendia morrer, mas retornar de sua morte pelo gás da mesma forma como despertara de sua morte por soníferos. Segundo Alvarez, ela contava com "o pintor idoso que morava no andar de baixo" (ele tinha 55 anos) para salvá-la. Uma nova babá havia combinado chegar em casa às nove e, se tudo tivesse corrido de acordo com os planos, Thomas a teria ouvido tocar a campainha; ela teria descoberto o corpo ainda quente de Sylvia Plath e "não há dúvida de que ela teria sido salva". Mas Thomas não escutou a campainha — um pouco de gás escapou para o seu apartamento e o deixou meio tonto — e quando a moça voltou com ajuda, depois de uma espera interminável numa cabine telefônica, já era tarde demais. (Em *Bitter fame*, a ideia de que Sylvia Plath teria sido salva se a moça — que, conforme pesquisas posteriores revelaram, era uma acompanhante para ela própria, enviada por seu médico, o dr. John Horder — tivesse entrado na casa às nove é questionada. Escreve Anne Stevenson: "O dr. Horder é da opinião de que, mesmo que tivesse sido resgatada enquanto seu corpo ainda estava vivo, é provável que seu cérebro sofresse danos irreversíveis".)

O próprio Thomas jamais confirmou nem contestou a versão de Alvarez; mudou-se de Londres e nunca mais disse nada, nem nada se ouviu falar dele, até 1986, quando reemergiu na lenda de Sylvia Plath. Uma carta de Elizabeth Sigmund publicada no *Observer*, reclamando da caracterização de Sylvia Plath numa de suas matérias, captou seu olho aprovador e o estimulou a escrever para ela por intermédio do jornal. Elizabeth passou Thomas, então com 79 anos, para Clarissa Roche, que o convenceu a registrar suas memórias por escrito. A pedido dela, ele produziu um manuscrito datilografado de 27 páginas — em 1989, mandou tirar fotocópias e encaderná-lo com uma tiragem de duzentos exemplares — narrando os dois meses de suas relações com Sylvia Plath no número 23 da Fitzroy Road e contando tudo que viu e ouviu na casa nos meses que se seguiram a sua morte. O texto, intitulado "Sylvia Plath: last encounters" ["Sylvia Plath: últimos encontros"], é um documento notável. Como o texto de memórias de Dido Merwin, transmite um autorretrato imediato e claro, e, a exemplo de Dido, Thomas evoca sem nenhum afeto a memória de Sylvia Plath. À diferença de Dido, porém, Thomas não deprecia Sylvia Plath a fim de resgatar Hughes: fala mal dele também. Na verdade, nenhum dos dois lhe interessa muito, e ele deixa claro que só se interessa por si mesmo. O próprio fato de ter conhecido Sylvia Plath foi apenas mais uma das manifestações do azar que o perseguiu ao longo de toda a vida. "Depois que minha mulher me deixou, em setembro de 1962, procurei desesperadamente algum lugar onde meus filhos Giles e Joshua pudessem morar comigo", escreve Thomas na primeira página de "Últimos encontros". Um dia, no final de outubro ou no começo de novembro — pouco antes de Sylvia Plath escrever sua carta entusiasmada à mãe sobre o apartamento que encontrara na Fitzroy Road —, Thomas viu o mesmo apartamento e ficou igualmente apaixonado. O problema era o valor do aluguel: não sabia ao certo se conseguiria ganhar o dinheiro necessário para pagar o adiantamento de três meses e pediu ao funcionário da imobiliária que reservasse o apartamento para ele durante o fim de semana, o que lhe foi prometido. No entanto, quando ligou na segunda-feira para dizer que tinha uma solução, o apartamento já havia sido alugado. O funcionário "contou que um jovem casal com dois filhos pequenos, o sr. e a sra. Hughes, tinham visto o apartamento na tarde de domingo e, achando que a necessidade deles era maior do que a minha, ele lhes entregou o apartamento de dois andares e reservou o apartamento do térreo para mim". E continua Thomas:

> Fiquei muito aborrecido, porque o apartamento térreo era pequeno demais. Também tinha certeza de ter sido enganado de alguma forma. Embora estivessem separados, Ted Hughes se prestara a ir com ela ao escritório da imobiliária, que dificilmente aceitaria alugar o apartamento a uma mulher sozinha com dois filhos. Anos mais tarde, fiquei sabendo que a sra. Hughes pagara *um ano* de aluguel adiantado, assinando um contrato de cinco anos. Não admira que os funcionários achassem que sua necessidade era maior do que a minha.

Embora o apartamento térreo não lhe conviesse, Thomas o alugou. "Pelo menos já era alguma coisa", resmunga ele. "Tirei meus pertences do guarda-móveis e atulhei tudo no apartamento [...]. E vi que precisava construir beliches para os meninos." A razão para essa concessão aparentemente incompreensível — ele sem dúvida poderia ter procurado um apartamento maior em outro lugar — era a placa azul de cerâmica com o nome de Yeats. Em sua juventude em Liverpool, Thomas produzira uma montagem de uma peça de Yeats, *At the Hawk's Well*, em que trabalhara como diretor, ator e figurinista. Thomas acreditava no sobrenatural e sentia que "precisava" morar na casa da Fitzroy Road que fora de Yeats. Mas nem por isso sentia-se obrigado a ser prestativo, ou mesmo especialmente delicado, com a jovem que se mudara para o andar de cima, e enumera em seu texto, com uma espécie de satisfação, as várias ocasiões em que pôde ser imprestável ou indelicado com ela. Quando Sylvia Plath, no dia de sua mudança, trancou-se por acidente, junto com os filhos, do lado de fora do apartamento e pediu a ajuda de Thomas, "tive de frustrar suas esperanças de encontrar uma cópia da chave, pois só tinha as chaves de meu próprio apartamento. A última coisa que eu desejava era me envolver com ela, por isso recomendei que ligasse para a polícia e fui cuidar da minha vida". Noutra ocasião, durante a onda de frio do inverno, quando a neve estava alta e Sylvia Plath não conseguia dar a partida em seu carro, "ela queria que eu saísse de casa e girasse uma dessas manivelas pesadas que se enfia na frente do carro para dar o arranque. Tive de recusar, porque se você não sabe o jeito certo pode quebrar um dedo, ou até mesmo o pulso". Thomas conta que Sylvia Plath jogava seu lixo nas latas dele, em vez de comprar latas de lixo próprias, e costumava bloquear o corredor com seu carrinho de bebê. "Acho que seria correto dizer que eu não deixava de sentir uma certa antipatia por ela", escreve ele. E acrescenta:

> Ela tendia a ser uma pessoa egocêntrica, que não se envolvia com os problemas das outras pessoas. Nunca pensou em mim, nos meus filhos ou nas dificuldades que podíamos estar vivendo. E nem manifestou interesse pelos meus quadros ou pelo que eu fazia. O mundo girava em torno dela. Já pude observar esse tipo de absorção em si mesma em outras pessoas criativas.

Thomas chega então a seus dois grandes momentos, os "últimos encontros" de seu título. No primeiro, que ocorre em torno das oito da noite de um domingo não muito antes da morte de Sylvia Plath, ela aparece em sua porta e está tão perturbada que até ele fica tocado:

> Ela apareceu com os olhos vermelhos e inchados, as lágrimas correndo pelas faces, e me disse com a voz sacudida de soluços: "Eu vou morrer [...] e quem vai tomar conta dos meus filhos?". Eu não sabia exatamente o que fazer. Estendi a mão e peguei

em seu braço. "É melhor você entrar e se sentar. Vou pegar alguma coisa para você beber."

Chorando, Sylvia conta a Thomas que chegou ao fim de suas forças. E, então, seu humor muda e ela fica

> enfurecida com uma intensidade que chegava a ser assustadora, sacudindo os punhos cerrados. "A culpa é daquela mulher horrível. Ela o roubou. Nós éramos tão felizes e ela o roubou de mim. Ela é maligna, uma pecadora, uma Jezebel. Eles estão na Espanha gastando o nosso dinheiro, o meu dinheiro. Oh! Como eu odeio os dois!" Ela estava tão exaltada que eu tentei distraí-la contando que minha mulher também devia estar na Espanha na companhia do homem com quem fugira; não seria engraçado se todos estivessem no mesmo hotel de Barcelona? Não deu certo. Como em outras vezes, ela estava total e intensamente preocupada apenas com os seus problemas. Não tinha tempo para os meus.

No segundo encontro, às 11h45 da véspera da morte de Sylvia, ela torna a aparecer em sua porta, dessa vez para pedir-lhe selos. Conta que precisa deles para enviar cartas para os Estados Unidos ainda aquela noite. Thomas lhe entrega os selos e ela abre uma bolsinha para pagar por eles. "Eu disse a ela que não se preocupasse, que eu nunca aceitava dinheiro por selos, ao que ela disse: 'Oh! Mas eu preciso pagar, ou então não vou poder me apresentar diante de Deus com a consciência limpa, não é?'." Depois de tornar a entrar em seu apartamento, Thomas vê que a luz continua acesa por baixo de sua porta e volta a abri-la, encontrando Sylvia Plath ainda parada no corredor com "a cabeça erguida e uma espécie de expressão seráfica no rosto". Thomas se oferece para chamar seu médico — ela lhe dá a impressão de estar muito doente —, mas ela diz: "Não, por favor, não faça isso. Só estou tendo um sonho, uma visão maravilhosa". Recusa o convite de Thomas para entrar ou sua sugestão de voltar para casa. Continua parada de pé no corredor, e ele finalmente lhe diz:

"Preciso ir, ou não vou conseguir acordar cedo". Na verdade, só irá acordar às cinco da tarde do outro dia. Devido ao gás que se infiltra em seu apartamento, ignora totalmente a comoção da manhã seguinte: a descoberta do corpo, a chegada da polícia e da ambulância, o choro das crianças, os parentes em estado de choque. É um belo lance — digno de um romancista habilidoso — que o narrador egocêntrico de "Últimos encontros" não possa cumprir o papel de espectador comum atarantado e tenha de passar por sua própria "morte". No momento em que acorda, com uma sensação estranha e muita dor de cabeça, a casa está em silêncio e ele simplesmente vai até seu trabalho, na galeria Gordon Fraser, para (estranhamente) pedir desculpas por não ter telefonado. E é só quando volta — seu patrão o manda de volta para casa — que um vizinho lhe conta o suicídio.

Na estação de Bedford, vinte minutos depois do meio-dia, um sol pálido despontou no céu cinzento. Olhei nervosa para meu relógio. E então um homem alto de cerca de setenta anos apareceu arrastando os pés. "Sou Robbie", apresentou-se, e pediu desculpas pelo atraso que, segundo ele, tinha alguma coisa a ver com a tentativa de comprar uma pizza vegetariana. "Trevor está no carro", disse ele. "Teve problemas com a perna e ficou no carro." Robbie falava devagar, com calma e num tom sempre igual. Tinha uma barriga protuberante, o olhar cansado e os modos seguros e levemente autoritários de uma enfermeira ou um treinador de cães. No carro, Thomas estendeu-me a mão desatenta e começou imediatamente a reclamar da pizza à calabresa que fora obrigado a comprar porque a loja que vendia pizzas vegetarianas fechava aos domingos. Tinha escolhido uma pizza vegetariana por minha causa, e embora eu dissesse que não me incomodava nem um pouco, Thomas continuou a reclamar. Homem de aparência distinta, com barba e cabelos brancos, usava uma espécie de macacão de tecido listrado de preto e branco, com a gola da camisa turquesa aparecendo e um medalhão pendurado no peito. Carregava sua bela cabeça com orgulho e os lábios rosados tinham uma expressão de amuo. Sua perna esquerda estava muito inchada.

O carro era um veículo de segunda mão que Robbie e Thomas tinham comprado no dia anterior e ainda não dominavam muito bem. A cada sinal fechado, Robbie travava uma luta feroz com a alavanca de marchas. Fiz a Thomas uma pergunta sobre seu texto, ele começou a responder mas depois disse: "Agora estou nervoso demais com o carro. Falo mais tarde". Quando passamos por uma pequena loja de comestíveis, Thomas mandou Robbie parar; dava-lhe ordens como se fosse seu chofer. Robbie, obediente, encostou no meio-fio. "Vá comprar azeitonas e molho cremoso Heinz para salada", disse Thomas. Robbie entrou na loja. Enquanto fazia as compras, Thomas me contou o sonho que tivera na noite anterior. "Eu estava numa paisagem de penhascos cor-de-rosa junto ao mar. Uma *hippie* jovem veio me pedir dinheiro. Eu respondi que era francês e precisava voltar para casa. Ela disse que vinha comigo e ficava o tempo todo tentando me atirar no mar do alto das pedras. Eu pedia para ela parar, que eu não tinha dinheiro, e ela só respondia: 'Tanto faz'."

Robbie saiu da loja com um pacote. "Pronto, Trevor", disse ele. "Ela não tinha azeitonas recheadas, mas eu comprei dos outros dois tipos. Tome o troco. Mais alguma coisa?"

Thomas pensou um pouco e respondeu: "Você podia comprar um molho pronto para os abacates". Robbie, imperturbável, dirigiu-se de novo para a loja e eu senti a impaciência vergonhosa e assassina que os lentos meandros dos velhos sempre provocam nas pessoas que ainda têm tempo a perder. Mas Thomas mudou de ideia. "Deixe para lá", gritou para Robbie. "Eu mesmo faço o molho." Robbie, impassível, voltou para o carro.

Quando nos pusemos novamente a caminho, eu perguntei a Thomas: "E como é que o senhor interpreta o seu sonho? Acha que tem alguma coisa a ver com o fato de eu vir entrevistá-lo hoje sobre Sylvia Plath e Ted Hughes?".

"Não", respondeu Thomas. "Tem a ver com o fato do meu irmão ter ido embora com outra pessoa, me deixando..."

E Robbie interrompeu com brandura: "Antes de começar a sua história, Trevor, acho que você devia dizer a Janet aquelas coisas sobre o lado — ahem — legal da situação".

"Por favor, fique quieto", disse Thomas. "Se você ficar falando e me dizendo o que eu devo fazer, acabo me atrapalhando."

"Certo", disse Robbie.

"A melhor coisa é deixar por conta da minha intuição."

"Certo."

"A história é minha. Fui eu que passei por ela e quase morri naquele dia."

Eu já tinha ouvido falar do "lado legal" da situação. Depois de processar o *Independent* diante do Conselho de Imprensa por causa da história do bongô, Hughes obtivera uma ordem judicial contra Thomas para garantir que aquela difamação nunca mais tornasse a circular. A difamação estava contida nas páginas finais de "Últimos encontros", sobre o período que se seguiu à morte de Sylvia, quando os parentes, os amigos e várias babás se sucediam no número 23 da Fitzroy Road e Thomas, de seu posto térreo, observava sem ser visto todas as idas e vindas. Assim como os encontros com Sylvia Plath, seus encontros com os sobreviventes também foram breves e fragmentários; o relato que faz sobre eles é dominado por uma mistura de voyeurismo e ressentimento mesquinho. Thomas conta vários encontros entre ele, Hughes e Assia Wevill. Fala bem dela (foi "muito prestativa ao conseguir uma entrevista para Giles na empresa J. Walter Thompson, onde trabalhava"), mas descreve Hughes como uma figura arrogante e ameaçadora, invariavelmente desagradável com ele: "Desde a primeira vez que o vi, soube que era melhor manter-me sempre a uma distância segura". Mais tarde, conta Thomas, houve um dia em que ele achou por engano que um ladrão tinha entrado no apartamento de cima e chamou a polícia, que acordou Hughes no meio da noite. Hughes, irritado, "gritou escada abaixo para que eu ouvisse: 'É só aquele velho idiota do andar de baixo'". Na carta de Hughes a Andrew Motion sobre a biografia de Linda Wagner-Martin — a mesma carta em que fala das "crises nervosas, colapsos neuróticos, calamidades domésticas" que "nos salvaram da publicação de várias aberrações dessa espécie" —, ele faz em seguida uma afirmação de ordem mais geral e agressiva:

O grande problema dos biógrafos de S. P. é que eles deixam de perceber desde o início, no momento em que embarcam no projeto com a esperança de vender muitos livros, que só metade da parte mais interessante e dramática da vida de S. P. é a própria S. P. — a outra metade sou *eu*. Eles podem caricaturar e recriar S. P. à imagem de suas fantasias idiotas, sem que nada lhes aconteça — e presumem, desmiolados que são, que não terão nenhum problema se me tratarem da mesma forma. Aparentemente, esquecem que ainda estou aqui e que não tenho a menor intenção de me deixar devorar por suas digestões e de me submeter a sua reconstituição, se puder impedi-lo.

No caso do texto de Thomas, Hughes teve de deixar Sylvia Plath à mercê do autor, mas moveu um processo contra ele e o forçou a retirar e retratar-se por — cito aqui um documento legal de 1990 — sua "sugestão de que na mesma noite do funeral de Sylvia Plath o sr. Hughes tenha comparecido a uma festa animada e ruidosa, com bongôs, organizada e realizada no apartamento onde Sylvia Plath se suicidara naquela mesma semana, uma festa cuja suposta finalidade seria 'alegrar' o sr. Hughes". Este documento, lido em sessão pública do tribunal, também continha um depoimento de Thomas afirmando que a sugestão era falsa, que "o sr. Hughes não esteve presente na festa referida em seu texto, e que ele [Thomas] hoje reconhece que estava enganado quanto a tal festa ter ocorrido na noite em questão".

No mesmo momento em que eu fazia a Thomas a primeira pergunta sobre seu confronto legal com Hughes, chegamos a nosso destino: uma casinha numa rua calma de casas estreitas e idênticas de dois andares revestidas de tijolos, tristes e maltratadas, a forma mais comum de arquitetura doméstica inglesa. Mas eu não estava preparada para o que encontrei dentro da casa: um verdadeiro depósito de bugigangas bizarras na mais plena desordem. Entramos por uma passagem estreita — quase obstruída por inchados caixotes de papelão empilhados até o teto — que levava até uma pequena sala quadrada, mal iluminada e sem janelas. Havia uma mesa redonda de plástico no centro da sala, cercada por cadeiras arruinadas de vários tipos, a maior delas, uma poltrona, virada de frente para um aparelho de televisão. Ao longo das paredes, no piso e em todas as superfícies, centenas, talvez milhares de objetos se empilhavam, como se aquele lugar fosse uma loja de quinquilharias em que o conteúdo de 10 mil outras lojas de quinquilharias tivesse sido acomodado de qualquer jeito. Tudo estava coberto por uma fina camada de poeira: não a poeira comum e transitória, mas uma poeira por sua vez coberta de poeira — uma poeira que, com o passar dos anos, quase adquirira a condição de objeto, uma espécie de imanência. Através de uma passagem em arco ao lado do corredor, podia-se ver um sombrio quarto de dormir com a cama desfeita, sobre a qual se espalhavam as cobertas amarrotadas e pilhas irregulares de roupas, cercadas por pilhas obscuras de outros objetos. O único alívio era a cozinha, que recebia a luz do sol e dava para a sala. Mas o alívio tinha curta duração. A seu modo, a cozinha era a peça mais perturbadora da casa. Nela também todas as superfícies estavam apinhadas de objetos — centenas de utensílios, aparelhos, acessórios, potes de condimentos, caixas, cestas e jarros —, de tal modo que as funções da cozinha haviam sido canceladas; o lugar não se prestava ao preparo de refeições e à limpeza necessária em seguida. Não havia lugar onde se pudesse pousar alguma coisa ou trabalhar, nem mesmo cozinhar: o fogão não funcionava e se transformara em mais uma superfície sobre a qual os objetos podiam proliferar.

Robbie levou para a cozinha a pizza numa caixa e o pacote com as azeitonas e o molho Heinz, e olhou em volta desconsolado, como se nunca tivesse visto aquele lugar. Thomas se deixara afundar na poltrona diante da televisão, mas depois se levantou penosamente e começou a dar a Robbie ordens relacionadas com o preparo do almoço. Robbie encontrara um lugar para trabalhar: uma pequena fração de uma tábua de cortar carne, onde começou a fatiar tomates em meio a montes de migalhas velhas. Obedecia às instruções imperiosas de Thomas com boa vontade, embora finalmente tenha protestado "Mas não tem espaço!" em resposta a alguma ordem impossível.

Depois de oferecer ajuda, mesmo sabendo que não havia ajuda que pudesse dar, voltei para a sala; a visão daqueles dois velhos discutindo e zanzando ansiosos por aquela cozinha horrenda era dolorosa demais. Finalmente, os preparativos foram concluídos e, enquanto a pizza esquentava num dos dois fornos de micro-ondas da cozinha, Robbie subiu para seus aposentos e Thomas e eu nos sentamos em torno da mesa branca. Thomas começou uma história vaga sobre sua vida difícil e azarada, cujos infortúnios só haviam sido evidentemente ampliados pelas "vibrações malignas e negras" que "a influência de Yeats" emanava no número 23 da Fitzroy Road. Escutei com a devida atenção enquanto ele me falava sem parar sobre os vários trabalhos que teve mas não tinham dado certo, sobre como sua mulher o trocara por um negociante rico da ilha de Wight, sobre um de seus filhos que fugiu do colégio interno e sobre todas as outras pessoas por quem fora tratado de forma injusta. Assim como meus olhos tinham sido repelidos pela assustadora infinidade de objetos da casa de Thomas, minha mente também se encolheu diante da hipnótica incoerência de seu monólogo. Numa nota sobre o autor no final de "Últimos encontros", R. C. Stuart (Robbie) organizou as informações sobre o autor numa espécie de currículo profissional — "O professor Trevor Thomas, administrador, artista plástico, escritor e ator, teve uma carreira variada e notável" — citando espetáculos "muito elogiados" em que Thomas se apresentara, o estilo "único e marcante" de sua pintura, suas "técnicas revolucionárias de organização de museus" e sua "impressionante integridade". Agora, no recital rabugento de Thomas, aquelas informações tornavam a se apresentar em seu estado primordial.

Mais tarde, ao pensar sobre a casa de Thomas (o que fiz muitas vezes; é um lugar que não se esquece com facilidade), ela me pareceu uma espécie de alegoria monstruosa da verdade. É um lugar que nos diz: é assim que as coisas são; é essa a realidade imediata, em toda sua multiplicidade, incerteza, inconsistência, redundância, *autenticidade*. Diante da confusão magistral da casa de Trevor Thomas, as casas arrumadas em que quase todos vivemos parecem pobres e sem vida da mesma forma que as narrativas chamadas de biografias empalidecem e perdem a força diante da realidade desordenada que é uma vida. A casa de Thomas também ocorre a minha imaginação como uma metáfora para o problema da composição literária. A pessoa que se senta para escrever não se vê diante de uma página em branco, mas de sua própria mente atulhada em excesso. O problema é livrar-se da maior parte do que ela contém, encher imensos sacos plásticos de lixo com a mistura confusa de coisas que lá se acumularam ao longo dos dias, meses e anos de nossas vidas, coisas que fomos recolhendo através dos olhos, dos ouvidos e do coração. A finalidade é abrir um espaço onde algumas ideias, imagens e sensações possam ser arrumadas de tal forma que o leitor queira passar algum tempo entre elas, em vez de fugir correndo como eu tive o impulso de fugir da casa de Thomas. Mas esse trabalho de faxina (da narração), além de árduo, é perigoso. Há o risco de jogar fora o que não se deve e conservar as coisas erradas; há o risco de jogar fora coisas demais e ficar com a casa excessivamente nua; e há o risco de jogar tudo fora. Depois que começamos a jogar fora, pode ser difícil parar. Talvez seja melhor nem começar. Talvez seja melhor aferrar-se a tudo, como Trevor Thomas, para não correr o perigo de ficar sem nada. O medo que senti na casa de Thomas é primo do medo sentido pelo escritor que não consegue correr o risco de começar a escrever.

Robbie voltou e serviu o almoço. Apresentou a cada um de nós um prato em que uma fatia de pizza, um pouco de salada de batatas, algumas azeitonas e fatias de tomate haviam sido arrumados com cuidado, sem nenhum sinal da luta para produzir aquele arranjo. Thomas, com os olhos fixos em seu prato, disse: "Segundo Clarissa, Olwyn contou que Sylvia dizia coisas horríveis sobre mim. Não acredito. Ela não podia ter tanta antipatia por mim e ao mesmo tempo vir me pedir ajuda, não é? Ou podia. Não sei".

Eu disse: "Podemos ter sentimentos diferentes pela mesma pessoa. O senhor mesmo não gostava de Sylvia Plath, mas ao mesmo tempo sentia pena dela".

Robbie disse: "Mas uma coisa são as mudanças de humor e outra as atitudes permanentes".

Eu respondi: "Você também tem a sensação de ter estado lá, Robbie?".

"Já ouvi Trevor contar essa história tantas vezes. Sempre do mesmo jeito. Nunca muda. Ele tem uma memória fotográfica, uma memória visual muito desenvolvida." Robbie falava com orgulho, como se descrevesse um cavalo vencedor.

"É mesmo", disse Thomas. "Quando eu conto a história ainda hoje, torno a ver a cena. Sylvia de pé, quando eu abro a porta. Com as lágrimas correndo pelo rosto. Os olhos vermelhos. O cabelo maltratado. 'Eu vou morrer. Quem vai tomar conta dos meus filhos?' Eu não sabia o que fazer. O que é que eu podia fazer? Eu disse a ela para entrar. Isso foi da segunda vez. A primeira foi quando ela tocou a minha campainha e me pediu para eu ir dar a partida no carro. Nevava muito. Eu disse que não ia, que podia quebrar o pulso. 'É melhor ligar para a BBC.' E foi o que ela fez — estava preparando um programa de rádio. Disseram para ela pegar um táxi. Enquanto ela esperava o táxi, me disse: 'Eu adoro essas antiguidades inglesas que o senhor tem. Sabe, o senhor me lembra o meu pai. Ele também era professor, na América'. Quer dizer que ela sabia que eu era professor. Mas nunca me perguntou o que eu fazia. Nunca me perguntou se eu pintava, se eu desenhava, se eu era artista. Eu podia ter pintado um retrato dela, se ela tivesse cooperado."

"E alguma vez o senhor perguntou o que *ela* fazia?"

"Achei que era dona de casa", respondeu Thomas depois de uma pausa. E acrescentou: "Só soube que ela era escritora na noite em que ela ficou histérica". Na cena de sua memória em que Sylvia Plath vem até o seu apartamento e fala da Jezebel que lhe roubou Hughes, ela também lhe mostra uma página do *Observer* com um artigo sobre *The bell jar* e, na página oposta, por coincidência, um poema de Hughes. E conta a ele que Victoria Lucas é ela. E então, "com uma intensidade feroz", diz: "Ele está lá com os nossos amigos, recebendo elogios pelo poema, no centro das admirações, podendo ir e vir à vontade. E eu aqui, prisioneira desta casa, acorrentada às crianças".

Perguntei a Thomas se ele tinha lido The bell jar.

"Li sim, depois que ela morreu. Antes eu não li nada que ela tivesse escrito. Nunca tinha lido nenhum poema dela. Não me interesso muito por poesia. Gosto de romances, de livros de memórias. Acima de tudo, gosto de biografias. Acho que eu próprio escrevo bastante bem. Clarissa me disse que o estilo do meu texto é muito emocionante. Disse que gosta do meu estilo. Acho que eu devia estar inspirado. É legível, não é?"

"É sim."

"Quase todo mundo me diz que não conseguiu largar o texto antes de acabar. Eu não sei do que é que Hughes tanto se queixa. Eu não o denegri de forma nenhuma. Robbie, não ponha leite. Janet não quer leite."

"Eu sei. Este é para você."

"Mas eu já estou com a minha xícara."

"Está gelada. Eu fiz um chá fresco."

Thomas olhou com desgosto para a xícara de chá que Robbie pousou a sua frente. E então disse: "Quando a srta. Malpass me ligou — ela trabalha no escritório de advocacia, Nabarro Nathanson, que representa Ted Hughes. São basicamente judeus. Têm uma clientela imensa. Muitos advogados. Quando ela me ligou e disse: 'Por que não tentamos um acordo? É uma bobagem, dois homens se atacando desse jeito', Robbie me disse: 'Por que não aceitamos logo? Essa história toda está deixando você nervoso'. E eu andava nervoso mesmo. Fiquei até doente, não foi, Robbie?".

"Foi. Um esgotamento nervoso. Tanta preocupação. Essas coisas todas dando voltas na memória fotográfica. De novo, de novo. Sempre que ele dá uma entrevista, como hoje..."

Thomas interrompeu. "Mas eu não me incomodo. Foram as ameaças de Ted Hughes. Eu tive medo dele, medo de que ele me processasse por perdas e danos. Um oficial de justiça veio até aqui. E meu advogado me disse que Hughes podia tomar a minha casa, os meus quadros — tudo que eu tenho. Parece meio presunçoso, eu sei, mas eu acho um absurdo que um literato — se é que Ted Hughes pode ser considerado um literato de respeito — tome esse tipo de atitude contra um homem como eu, muito mais velho e também de um certo calibre intelectual. Quer dizer, o meu verbete no *Who's who* é bem maior que o dele. O dele é só uma lista dos livros que escreveu."

Quando chegou a hora de ir embora, os dois homens indeferiram minha ideia de chamar um táxi e me levaram de carro até a estação. Robbie já manejava melhor a alavanca de câmbio. Em resposta a minha pergunta sobre o que fazia na vida, disse que estava aposentado havia seis anos e descreveu, com surpreendentes minúcias técnicas, seu trabalho no campo da eletrônica. Quando acabou sua explicação, Thomas comentou: "Está vendo? Robbie é bem mais do que parece".

No trem de volta, li a cópia que Thomas me dera de seu verbete no *Who's who*. Era extenso e relacionava vários trabalhos em museus e universidades, vários deles com duração de apenas um ano, mencionando ainda três artigos publicados em revistas de museologia. Em seguida, tomei minhas notas sobre a casa de Trevor Thomas. Eu sabia que o labirinto da história de Sylvia Plath e Ted Hughes acabaria por me levar de volta até lá — o Aleph da minha história — e que quando esse momento chegasse eu iria querer provas de que eu simplesmente não a tinha inventado para servir a meu enredo, mas de fato estivera lá.

Posfácio

Pouco depois da publicação de A mulher calada na New Yorker, em agosto de 1993, várias pessoas que figuram no livro me escreveram para propor mudanças e acréscimos ao texto para a versão americana em livro e aceitei várias de suas sugestões. Ted Hughes, contudo, guardou seu silêncio majestoso de Poeta Laureado até depois de o livro ter sido lançado nos Estados Unidos, quando a edição inglesa já estava sendo produzida. E então, numa carta datada de 11 de abril de 1994, me escreveu:

> Uma parte de sua narrativa não é muito exata [...] Você cita um trecho da minha carta em que eu pergunto a Aurelia o que ela acha de publicarmos The bell jar nos Estados Unidos. Isso aconteceu no início de 1970; eu queria dinheiro para comprar uma casa [...] Quando Aurelia respondeu e deixou claro como se sentia, embora dissesse que a decisão de publicar ou não cabia apenas a mim, eu abandonei a ideia de comprar a casa. É evidente que minha carta para ela procurando tranquilizá-la não está no arquivo que você examinou (ou seu relato seria obviamente diferente).

E continua:

> Também não devem figurar nesses arquivos as cartas que explicam como, depois que assegurei a Aurelia que The bell jar não seria publicado nos Estados Unidos, o livro acabou sendo lançado lá, com o selo da Harper, no ano seguinte. Eles deveriam conter mais de uma carta minha, cartas de Olwyn e cartas de Fran McCullough — além das cópias das respostas que Aurelia me mandou. (Pelo menos, às vezes ela tirava cópias.) Onde estarão?

Não tenho essa correspondência. Em 1971, alguém tentou incendiar minha casa em Yorkshire (onde eu tentava viver nessa época) empilhando todos os meus anos de correspondência acumulada, além de outros papéis e todas as minhas roupas — uma pilha em cada um dos três quartos, com uma máquina de escrever no alto de cada uma — e depois ateando fogo. A casa estava tão úmida (eu tinha acabado de voltar a morar lá) que as fogueiras se limitaram a abrir buracos no piso, caindo por eles e espalhando brasas pelas salas que ficavam logo abaixo. Mesmo assim, ainda deve haver muito material em meio aos papéis de Olwyn; foi uma crise importante. E nos arquivos da Harper também — se as editoras americanas derem a seus arquivos a mesma importância que as inglesas.

O que aconteceu foi o seguinte: em algum momento de 1970, Fran McCullough descobriu que as obras publicadas no estrangeiro mas não nos Estados Unidos por um cidadão americano que depois morre deixam de ser protegidas pelo direito de autor nos Estados Unidos sete anos depois da morte do autor. Fran nos escreveu — uma carta urgente e alarmada. A menos que *The bell jar* fosse publicado imediatamente nos Estados Unidos, em alguma nova forma (com alguma diferença física em relação à edição britânica), e o *copyright* americano fosse assim estabelecido — aí etc. Uma outra editora, disse Fran, já estava planejando piratear o livro (e foi assim que ela ouviu falar da tal lei).

Escrevi explicando tudo a Aurelia. E acho que Fran também escreveu. E Aurelia, naturalmente, respondeu. Foi uma correspondência febril. Aurelia acabou concordando: o romance seria publicado nos Estados Unidos de toda maneira, fosse qual fosse nossa opinião a respeito. A única questão era a seguinte: quem iria publicá-lo e ganhar os direitos autorais? Se não fôssemos nós, seria alguma outra pessoa. E Aurelia concordou que seria melhor se fôssemos nós.

Nenhuma parte dessa correspondência aparece nos arquivos? De todo modo, foi assim que *The bell jar* acabou sendo publicado nos Estados Unidos [...].

Respondi a Hughes em 23 de abril de 1994:

Sua carta é mais uma ilustração, e muito contundente, da impossibilidade de se ter pleno controle sobre o processo e do problema fundamental da narração onisciente na não ficção. Se eu tivesse lido sua carta a Aurelia dizendo que não ia publicar *The bell jar*, minha história, como você diz, teria sido diferente. Acabei de falar com a Biblioteca Lilly para me certificar de que a carta que não vi realmente não está lá — de que eu não teria (uma ideia horrível) deixado de vê-la de alguma forma. E ela não está lá, como também não está todo o resto da correspondência relativa à publicação de *The bell jar* nos Estados Unidos. A correspondência do arquivo pula da carta de Aurelia em que ela diz "o direito de publicar é seu" para cartas escritas depois que *The bell jar* foi lançado nos Estados Unidos. (Na era do telefone, ninguém sabe ao certo se as cartas se perderam ou nem chegaram a ser escritas.)

Encontrei as anotações que fiz enquanto trabalhava na Biblioteca Lilly e vi por que eu presumi que você tivesse simplesmente seguido em frente, publicando o livro e comprando a casa. Em 1971, Aurelia fez uma anotação em sua carta de 24 de março de 1970. Ela escreveu, com letra muito pequena, "'71 — crianças disseram que a casa era horrível' e não queriam viver lá. Ted me mandou 10 mil dólares dos direitos (protestei contra a publicação, que Sylvia não teria permitido) e depositou [ilegível] em contas para Frieda e Nick — Ted [ilegível] comprou a propriedade!!!". Sem nada que me indicasse o contrário, aceitei ao pé da letra as palavras de Aurelia. Depois Fran McCullough me falou sobre a situação dos direitos, mas (sem ver a correspondência que você menciona) eu não sabia que por isso Aurelia aprovara a publicação de *The bell jar*. Só encontrei a frase "protestei contra a publicação". Achei que a questão dos direitos só tinha feito *você* andar mais depressa.

Em sua carta, após me fazer seu relato, Hughes escreveu:

Não sei o que você pode fazer a respeito, mas é óbvio que eu precisava contar-lhe. Entendo que você precise de uma questão desse tipo para chegar à "devida frieza" em seu ponto de vista. Deve haver muitas coisa ruins que você poderia usar e são mais próximas da verdade. Mas acho que já é tarde demais para corrigir isto. Sem essa pressão da questão dos direitos, estou praticamente seguro de que eu jamais teria publicado *The bell jar* nos Estados Unidos sem a plena permissão de Aurelia. Eu sei que não, e sabia que estava indo longe demais quando perguntei a ela.

A isso, eu respondi o seguinte:

Digo que teria contado uma história diferente se soubesse de toda a verdade sobre essa situação, mas acho que ela só seria diferente por reconhecer sua consideração pelos sentimentos da sra. Plath. Não mudaria o fato de que *The bell jar* deu origem a *Letters home*, e estas aos *Diários*. E minha "frieza" não se deve ao fato de você ter publicado o livro sem as bênçãos da sra. Plath. O que me deixou gelada foi a própria carta. ("Sabia que estava indo longe demais quando perguntei", você escreve, como se também tivesse sentido o mesmo frio.) A ideia não era encontrar coisas "ruins" a seu respeito. Eu vejo esse incidente e essa frieza como aspectos do tema do dinheiro — a rachadura no vaso de ouro, a rachadura através da qual todos nós, os canalhas do mundo do livro, acabamos entrando. Talvez (ou sem dúvida) essa visão seja insuficiente...

Numa conversa telefônica posterior a essa troca de cartas, Hughes e eu discutimos as possíveis maneiras de incluir no livro essa nova informação — e o resultado foi a presente nota. Uma ponta solta permanecia: a anotação exaltada feita por Aurelia Plath dizendo que Hughes comprara a casa à beira-mar — a casa que claramente ele não comprara. Na carta que me enviou, Hughes escreveu sobre o lugar com sua velha vocação romântica ("um jardim cercado de muros [...] trinta acres ondulantes descendo até o mar [...]") e uma renovada amargura diante do valor que a propriedade assumira em poucos anos, saltando de 16 500 libras em 1970 para mais de 1 milhão no início dos anos 80. Agora, ao telefone, transmitindo uma sensação de tristeza e desconcerto, não ocorria a Hughes nenhuma explicação para a anotação da sra. Plath. Disse que nem sabia ao certo se as crianças jamais chegaram a ver o lugar.

Na manhã seguinte acordei com um daqueles palpites de que a ficção policial se alimenta regularmente. Telefonei outra vez para a Biblioteca Lilly e pedi à bibliotecária o favor de ler para mim a anotação de Aurelia Plath na carta de Hughes de 24 de março de 1970. Estava particularmente interessada numa palavra que considerara ilegível quando fizera minhas anotações na biblioteca, em 1991. Imaginei que talvez a bibliotecária conseguisse ler. Ela disse que ia tentar. Quando chegou à frase em questão guardou um angustiante silêncio enquanto se esforçava para decifrar o que estava escrito. Em seguida leu, como eu estava certa de que faria: "Ted *jamais* comprou a casa".

J.M.
Maio de 1994

Agradecimentos pelas permissões

Um reconhecimento agradecido é feito às seguintes pessoas e instituições pela permissão para reproduzir textos previamente publicados ou inéditos:

Doubleday e *Faber and Faber Limited*: Trechos dos *Diários de Sylvia Plath*, editados por Ted Hughes e Frances McCullough, copyright © 1982 by Ted Hughes na qualidade de Executor do Espólio de Sylvia Plath. Direitos fora dos EUA administrados por Faber and Faber Limited, Londres. Reproduzidos por permissão da Doubleday, divisão do Bantam Doubleday Dell Publishing Group, Inc., e da Faber and Faber Limited.

Faber and Faber Limited: Trechos de duas cartas inéditas de Ted Hughes a A. Alvarez; trechos de duas cartas inéditas (set./out. de 1986 e 4 de nov. de 1989) de Ted Hughes a Anne Stevenson; trecho de carta inédita (inverno de 1991) de Ted Hughes a Jacqueline Rose; e trecho de material inédito dos diários de Sylvia Plath no Arquivo Smith. Reproduzidos por permissão da Faber and Faber Limited.

HarperCollins Publishers, Inc.: Trechos escolhidos de dezessete páginas de *Letters home by Sylvia Plath: correspondence 1950-1963*, de Aurelia Schober Plath, copyright © 1975 by Aurelia Shober Plath. Reproduzidos por permissão da HarperCollins Publishers, Inc.

HarperCollins Publishers, Inc. e *Faber and Faber Limited*: Trechos de "The applicant", "Daddy", "Death and Co.", "Lady Lazarus", "Letter in November", "Medusa" e "Tulips", do livro *Ariel*, de Sylvia Plath, copyright © 1962, 1963, 1965 by Ted Hughes. Copyright renovado. Trecho de "Fable of the rhododendron stealers" do livro *Collected poems*, de Sylvia Plath, copyright © 1960, 1965, 1971, 1981 by Espólio de Sylvia Plath. Copyright renovado. Trecho de "In plaster", do livro *Crossing the water*, de Sylvia Plath, copyright © 1971 de Ted Hughes. Trecho de "Rabbit catcher", do livro *Winter trees*, de Sylvia Plath, copyright © 1972 by Ted Hughes. Direitos fora dos EUA sobre *Collected poems* administrados por Faber and Faber Limited, Londres. Reproduzidos por permissão da HarperCollins Publishers, Inc., e da Faber and Faber Limited.

Olwyn Hughes: Trechos de cartas inéditas a Anne Stevenson e à autora. Reproduzidos por permissão de Olwyn Hughes.

Anne Stevenson: Trechos de cartas inéditas a Olwyn Hughes e à autora. Reproduzidos por permissão de Anne Stevenson.

Ted Hughes: Trechos de cartas inéditas à autora. Reproduzidos por permissão de Ted Hughes.

Wylie, Aitken & Stone, Inc.: Trecho de uma carta de A. Alvarez a Ted Hughes, copyright © 1971 by A. Alvarez. Trecho do livro *The savage God*, de A. Alvarez, copyright © 1971 by A. Alvarez. Trecho de resenha sobre *Bitter fame*, de Anne Stevenson, escrita por A. Alvarez (publicada originalmente em *The New York Times Review of Books*), copyright © 1989 by A. Alvarez. Reproduzidos por permissão de Wylie, Aitken & Stone, Inc.

Sterling Lord Literistic, Inc.: Trecho de "Wanting to die", do livro *The complete poems*, de Anne Sexton, copyright © 1966 by Anne Sexton. Reproduzido por permissão de Sterling Lord Literistic, Inc. Todos os direitos reservados.

Janet Malcolm nasceu em Praga, em 1934, e emigrou com a família para os Estados Unidos em 1939. Vive atualmente em Nova York e trabalha na revista *New Yorker*. É autora, entre outros, dos livros de reportagem *Psicanálise: a profissão impossível*, *Nos arquivos de Freud*, *Duas vidas: Gertrude e Alice* e *O jornalista e o assassino*, lançado pela Companhia das Letras.

COMPANHIA DE BOLSO

Jorge AMADO
  Capitães da Areia
Carlos Drummond de ANDRADE
  Sentimento do mundo
Hannah ARENDT
  Homens em tempos sombrios
Philippe ARIÈS, Roger CHARTIER (Orgs.)
  História da vida privada 3 — Da Renascença ao Século das Luzes
Karen ARMSTRONG
  Em nome de Deus
  Uma história de Deus
  Jerusalém
Paul AUSTER
  O caderno vermelho
Jurek BECKER
  Jakob, o mentiroso
Marshall BERMAN
  Tudo que é sólido desmancha no ar
Jean-Claude BERNARDET
  Cinema brasileiro: propostas para uma história
David Eliot BRODY, Arnold R. BRODY
  As sete maiores descobertas científicas da história
Bill BUFORD
  Entre os vândalos
Jacob BURCKHARDT
  A cultura do Renascimento na Itália
Peter BURKE
  Cultura popular na Idade Moderna
Italo CALVINO
  O barão nas árvores
  O cavaleiro inexistente
  Fábulas italianas
  Um general na biblioteca
  Por que ler os clássicos
  O visconde partido ao meio
Elias CANETTI
  A consciência das palavras
  O jogo dos olhos
  A língua absolvida
  Uma luz em meu ouvido
Bernardo CARVALHO
  Nove noites
Jorge G. CASTAÑEDA
  Che Guevara: a vida em vermelho
Ruy CASTRO
  Chega de saudade
  Mau humor

Louis-Ferdinand CÉLINE
  Viagem ao fim da noite
Sidney CHALHOUB
  Visões da liberdade
Jung CHANG
  Cisnes selvagens
John CHEEVER
  A crônica dos Wapshot
Catherine CLÉMENT
  A viagem de Théo
J. M. COETZEE
  Infância
Joseph CONRAD
  Coração das trevas
  Nostromo
Alfred W. CROSBY
  Imperialismo ecológico
Robert DARNTON
  O beijo de Lamourette
Charles DARWIN
  A expressão das emoções no homem e nos animais
Jean DELUMEAU
  História do medo no Ocidente
Georges DUBY
  História da vida privada 2 — Da Europa feudal à Renascença (Org.)
  Idade Média, idade dos homens
Mário FAUSTINO
  O homem e sua hora
Rubem FONSECA
  Agosto
  A grande arte
Meyer FRIEDMAN,
Gerald W. FRIEDLAND
  As dez maiores descobertas da medicina
Jostein GAARDER
  O dia do Curinga
  Maya
  Vita brevis
Jostein GAARDER, Victor HELLERN,
Henry NOTAKER
  O livro das religiões
Fernando GABEIRA
  O que é isso, companheiro?
Luiz Alfredo GARCIA-ROZA
  O silêncio da chuva
Eduardo GIANNETTI
  Autoengano
  Vícios privados, benefícios públicos?

Edward GIBBON
Declínio e queda do Império Romano

Carlo GINZBURG
Os andarilhos do bem
História noturna
O queijo e os vermes

Marcelo GLEISER
A dança do Universo
O fim da Terra e do Céu

Tomás Antônio GONZAGA
Cartas chilenas

Philip GOUREVITCH
Gostaríamos de informá-lo de que amanhã seremos mortos com nossas famílias

Milton HATOUM
Cinzas do Norte
Dois irmãos
Relato de um certo Oriente

Patricia HIGHSMITH
O talentoso Ripley

Eric HOBSBAWM
O novo século

Albert HOURANI
Uma história dos povos árabes

Henry JAMES
Os espólios de Poynton
Retrato de uma senhora

Ismail KADARÉ
Abril despedaçado

Franz KAFKA
O castelo
O processo

John KEEGAN
Uma história da guerra

Amyr KLINK
Cem dias entre céu e mar

Jon KRAKAUER
No ar rarefeito

Milan KUNDERA
A arte do romance
A identidade
A insustentável leveza do ser
A lentidão
O livro do riso e do esquecimento
A valsa dos adeuses
A vida está em outro lugar

Danuza LEÃO
Na sala com Danuza

Primo LEVI
A trégua

Paulo LINS
Cidade de Deus

Gilles LIPOVETSKY
O império do efêmero

Claudio MAGRIS
Danúbio

Naguib MAHFOUZ
Noites das mil e uma noites

Norman MAILER (JORNALISMO LITERÁRIO)
A luta

Janet MALCOLM (JORNALISMO LITERÁRIO)
O jornalista e o assassino
A mulher calada

Javier MARÍAS
Coração tão branco

Ian MCEWAN
O jardim de cimento

Heitor MEGALE (Org.)
A demanda do Santo Graal

Evaldo Cabral de MELLO
O negócio do Brasil
O nome e o sangue

Patrícia MELO
O matador

Luiz Alberto MENDES
Memórias de um sobrevivente

Jack MILES
Deus: uma biografia

Ana MIRANDA
Boca do Inferno

Vinicius de MORAES
Livro de sonetos
Antologia poética

Fernando MORAIS
Olga

Toni MORRISON
Jazz

Vladimir NABOKOV
Lolita

V. S. NAIPAUL
Uma casa para o sr. Biswas

Friedrich NIETZSCHE
Além do bem e do mal
Ecce homo
A gaia ciência
Genealogia da moral
Humano, demasiado humano
O nascimento da tragédia

Adauto NOVAES (Org.)
Ética
Os sentidos da paixão

Michael ONDAATJE
O paciente inglês

Malika OUFKIR, Michèle FITOUSSI
Eu, Malika Oufkir, prisioneira do rei

Amós OZ
A caixa-preta

José Paulo PAES (Org.)
- *Poesia erótica em tradução*

Georges PEREC
- *A vida: modo de usar*

Michelle PERROT (Org.)
- *História da vida privada 4 — Da Revolução Francesa à Primeira Guerra*

Fernando PESSOA
- *Livro do desassossego*
- *Poesia completa de Alberto Caeiro*
- *Poesia completa de Álvaro de Campos*
- *Poesia completa de Ricardo Reis*

Ricardo PIGLIA
- *Respiração artificial*

Décio PIGNATARI (Org.)
- *Retrato do amor quando jovem*

Edgar Allan POE
- *Histórias extraordinárias*

Antoine PROST, Gérard VINCENT (Orgs.)
- *História da vida privada 5 — Da Primeira Guerra a nossos dias*

David REMNICK (JORNALISMO LITERÁRIO)
- *O rei do mundo*

Darcy RIBEIRO
- *O povo brasileiro*

Edward RICE
- *Sir Richard Francis Burton*

João do RIO
- *A alma encantadora das ruas*

Philip ROTH
- *Adeus, Columbus*
- *O avesso da vida*

Elizabeth ROUDINESCO
- *Jacques Lacan*

Arundhati ROY
- *O deus das pequenas coisas*

Murilo RUBIÃO
- *Murilo Rubião — Obra completa*

Salman RUSHDIE
- *Haroun e o Mar de Histórias*
- *Oriente, Ocidente*
- *O último suspiro do mouro*
- *Os versos satânicos*

Oliver SACKS
- *Um antropólogo em Marte*
- *Tio Tungstênio*
- *Vendo vozes*

Carl SAGAN
- *Bilhões e bilhões*
- *Contato*
- *O mundo assombrado pelos demônios*

Edward W. SAID
- *Cultura e imperialismo*
- *Orientalismo*

José SARAMAGO
- *O Evangelho segundo Jesus Cristo*
- *História do cerco de Lisboa*
- *O homem duplicado*
- *A jangada de pedra*

Arthur SCHNITZLER
- *Breve romance de sonho*

Moacyr SCLIAR
- *O centauro no jardim*
- *A majestade do Xingu*
- *A mulher que escreveu a Bíblia*

Amartya SEN
- *Desenvolvimento como liberdade*

Dava SOBEL
- *Longitude*

Susan SONTAG
- *Doença como metáfora / aids e suas metáforas*

Jean STAROBINSKI
- *Jean-Jacques Rousseau*

I. F. STONE
- *O julgamento de Sócrates*

Keith THOMAS
- *O homem e o mundo natural*

Drauzio VARELLA
- *Estação Carandiru*

John UPDIKE
- *As bruxas de Eastwick*

Caetano VELOSO
- *Verdade tropical*

Erico VERISSIMO
- *Clarissa*
- *Incidente em Antares*

Paul VEYNE (Org.)
- *História da vida privada 1 — Do Império Romano ao ano mil*

XINRAN
- *As boas mulheres da China*

Ian WATT
- *A ascensão do romance*

Raymond WILLIAMS
- *O campo e a cidade*

Edmund WILSON
- *Os manuscritos do mar Morto*
- *Rumo à estação Finlândia*

Simon WINCHESTER
- *O professor e o louco*

1ª edição Companhia das Letras [1995]
1ª edição Companhia de Bolso [2012]

Esta obra foi composta pela Verba Editorial
em Amplitude e NuSwift e impressa pela Prol Editora Gráfica
em ofsete sobre papel Pólen Soft da Suzano Papel e Celulose